JN273146

概説
家事事件手続法

秋武憲一 編著

青林書院

はしがき

　家事事件手続法（平成23年法律第52号）が平成23年5月19日に成立し，同月25日に公布され，平成25年1月1日から施行されることになった。
　家事事件手続法は，家庭裁判所における家事審判及び家事調停の手続を定めるものであるが，これまでの手続法である家事審判法を全体として見直し，本来手続法として備えるべき事項等を整理するとともに，当事者等の手続保障等にも配慮して新たに制定されたものである。
　家事事件手続法は，社会の変化に伴う家庭をめぐる紛争の複雑化，多様化に対応できるように，手続を明確化するとともに利用しやすいものにするために，その制定過程において，家事審判法のもとでの規律と実務について十分な検討が行われた。しかし，そうであっても，今後の実務の運用において，検討工夫されるべきことは少なくない。
　本書を解説しているのは，東京家庭裁判所及び仙台家庭裁判所において，実際に家事事件を担当していた裁判官である。実務家であるから，当然のことながら，これまでの家事審判法のもとにおける手続や実務を十分理解しており，家事事件手続法において，何がどのように改められ，今後，家事事件の手続がどのように運用されるべきかについて，十分な知識と高い関心を持っている。
　また，全国の家庭裁判所においては，これまで家事事件手続法についての検討会等が開かれ，施行に向けて，いろいろな試行や従前の実務の見直しが行われてきたが，執筆者は，いずれもこうした検討会等を通じて，議論を深めてきた。本書で述べられていることは，各人の見解のみならず，こうした検討会等で行われた議論等に基づくものともいえる。
　本書は，こうした家庭裁判所の実務家が，家事事件手続法について，家事審判法のもとでの手続や実務がどのようになっていたのかを説明するとともに，家事事件手続法のもとにおける実務のあり方をわかりやすく解説したものである。

はしがき

　その意味では，本書は，家事事件手続法を理論的に説明するというだけではなく，実務家が家事事件手続法をどのように理解し，どのように運用しようとするのかを説明したものといえる。

　なお，本書は，従前の家事審判法のもとにおける家事事件の手続になじみのない方が読んでも理解できるように，一般に知られていないような制度等については，一応の説明を加えた。それゆえ，これをお読みになれば，家事事件について，関心はあるが，必ずしも十分な知識等をお持ちでない方であっても，家事審判事件及び家事調停事件がどのようなものであるか，また，どのように運用され，今後，どのように運用されようとしているのかがおわかりになると思う。

　本書をご覧になり，家事事件手続法が目指す家事事件の処理のあり方について，ともに検討し，実際に運用して，新しい実務を作り上げていければと思っている。

　これが，本書を，家庭裁判所の裁判官，書記官，家庭裁判所調査官及び家事調停委員や弁護士のほかに，研究者，家事事件等の実務に携わっている方，家事事件に関心を有する方々に広く読まれることを期待するゆえんである。

　平成24年9月

元仙台家庭裁判所長
秋　武　憲　一

凡　例

1. 用字・用語等

　本書の用字・用語は，原則として常用漢字，現代仮名づかいによったが，法令に基づく用法，及び判例，文献等の引用文は原文どおりとした。

2. 関係法令

　関係法令は，原則として平成24年8月末日現在のものによった。

3. 本文の注記

　判例，文献の引用や補足，関連説明は，脚注を用いた。法令の引用，例示などは，本文中にカッコ書で表した。

4. 法令の引用表示

　本文解説中における法令条項は，原則としてフルネームで引用した。ただし，家事事件手続法（平成23年法律第52号）は「法」，家事事件手続規則（平成24年最高裁判所規則第8号）は「規則」と表した。

　カッコ内における法令条項のうち主要な法令名は，後掲の〔主要法令略語表〕によった。

5. 判例の引用表示

　脚注における判例の引用は，原則として次のように行った。その際に用いた略語は，後掲の〔判例集等略語表〕によった。年号は，昭和は「昭」，平成は「平」と略記した。

　（例）
　平成7年7月4日最高裁判所判決，最高裁判所民事判例集49巻7号2674頁
　→　最判平7・7・4民集49巻7号2674頁

凡　例

昭和41年2月23日東京家庭裁判所審判，家庭裁判月報18巻9号93頁
→　東京家審昭41・2・23家月18巻9号93頁

6．文献の引用表示

　脚注中に引用した文献について，頻出する文献は略語を用いて引用し，その際用いた略語は，後掲の〔主要文献略語表〕によった。それ以外のものについては，著者（執筆者）及び編者・監修者の姓名，『書名』（「論文名」），巻数又は号数（掲載誌とその巻号又は号），出版者，刊行年，引用（参照）頁を掲記した。
　主要な雑誌等は後掲の〔主要雑誌等略語表〕によった。

〔主要法令略語表〕
　　家審　　　家事審判法（昭和22年法律第152号）
　　家審規　　家事審判規則（昭和22年最高裁判所規則第15号）
　　裁　　　　裁判所法
　　借地非訟規　借地非訟事件手続規則
　　商　　　　商法
　　人訴　　　人事訴訟法
　　人訴規　　人事訴訟規則
　　非訟　　　非訟事件手続法（平成23年法律第51号）
　　旧非訟　　非訟事件手続法（明治31年法律第14号）
　　特定調停　特定債務等の調整の促進のための特定調停に関する法律
　　特別家審規　特別家事審判規則（昭和22年最高裁判所規則第16号）
　　破　　　　破産法
　　民　　　　民法
　　民執　　　民事執行法
　　民訴費　　民事訴訟費用等に関する法律
　　民調　　　民事調停法
　　民調規　　民事調停規則
　　民保　　　民事保全法
　　労審規　　労働審判規則

〔判例集等略語表〕
　　最　　　　最高裁判所

凡　例

高	高等裁判所
地	地方裁判所
家	家庭裁判所
判	判決
決	決定
審	審判
民集	最高裁判所民事判例集
刑集	最高裁判所刑事判例集
集民	最高裁判所裁判集民事
高民集	高等裁判所民事判例集
下民集	下級裁判所民事裁判例集
家月	家庭裁判月報
判時	判例時報

〔主要文献略語表〕

梶村＝徳田編・　→梶村太市＝徳田和幸編『家事事件手続法〔第2版〕』（有斐閣，2007年）

家審法講座(1)・　→加藤令造編『家事審判法講座(1)』（判例タイムズ社，1966年）

家審法講座(3)・　→加藤令造編『家事審判法講座(3)』（判例タイムズ社，1975年）

講座実務家審(1)・　→岡垣学＝野田愛子編『講座実務家事審判法(1)』（日本評論社，1989年）

佐上・家審法・　→佐上善和『家事審判法』（信山社，2007年）

実務講義案・　→裁判所職員総合研修所監修『家事審判法実務講義案〔6訂再訂版〕』（司法協会，2009年）

注解家審規則・　→斎藤秀夫＝菊池信男編『注解家事審判規則〔改訂〕』（青林書院，1992年）

注解家審法・　→斎藤秀夫＝菊池信男編『注解家事審判法〔改訂〕』（青林書院，1992年）

補足説明・　→法務省民事局参事官室「非訟事件手続法及び家事審判法の見直しに関する中間試案の補足説明」（平成22年8月）法務省ホームページ

〔主要雑誌等略語表〕

家月	家庭裁判月報
判タ	判例タイムズ

編著者・執筆者紹介

編 著 者

秋 武 憲 一（山梨学院大学法科大学院教授，
　　　　　　元仙台家庭裁判所長）
　　　　　　執筆担当：第1編Ⅰ～Ⅲ

執 筆 者

髙 橋 信 幸（名古屋地方裁判所判事
　　　　　　元仙台家庭裁判所判事）
　　　　　　執筆担当：第2編Ⅰ（論点1～論点10）

竹 内 純 一（東京高等裁判所判事
　　　　　　元東京家庭裁判所判事）
　　　　　　執筆担当：第2編Ⅱ〔1〕（論点11～論点26）

細 矢 　 郁（横浜家庭地方裁判所小田原支部判事
　　　　　　元東京家庭裁判所判事）
　　　　　　執筆担当：第2編Ⅱ〔2〕（論点27～論点53）

髙 取 真理子（静岡地方家庭裁判所沼津支部判事
　　　　　　元東京家庭裁判所判事）
　　　　　　執筆担当：第2編Ⅲ（論点54～論点64）Ⅳ（論点65・論点66）

（執筆順）

目 次

第1編 総　論

I　家事事件手続法（新法）制定の経緯と意義 ... 3

1　家事事件手続法（新法）制定の経緯 …… 3
2　家事事件手続法（新法）制定の背景 …… 4

II　家事審判事件の審理について──残された課題と今後の運用を含む ... 8

1　家事事件の特徴 …… 8
2　家事事件手続法による審理 …… 9
3　家事調停事件の運営 …… 18

III　家事事件手続法施行に向けた家庭裁判所の取組み ... 26

1　家事事件手続法施行に向けた家庭裁判所の取組み …… 26
2　家事事件手続法施行に向けた準備作業と今後の方針 …… 27

第2編 各　論　　新法の解説

I　総則規定 ... 31

論点1　裁判所及び当事者の責務 ── 31

1　家事事件手続における信義誠実の原則 …… 31
2　これまでの実情 …… 31

目　次

　　3　家事事件手続法2条の趣旨…… *32*
　　4　職権探知等と家事事件手続法2条との関係…… *33*
　　5　別表第1の審判事件及び調停事件への適用…… *34*
　　6　どのような場合に家事事件手続法2条に反したとして，不利益な取扱いが許容されるのか…… *34*
　　7　裁判所の責務について…… *37*

論点2　管　轄 ───────────────────── *38*

　　1　家事事件手続法における管轄…… *38*
　　2　住所により管轄が定まる場合における管轄権を有する家庭裁判所…… *38*
　　3　優先管轄…… *38*
　　4　管轄裁判所の指定…… *39*
　　5　他の規定により管轄裁判所が定まらない場合…… *39*
　　6　管轄の標準時…… *40*
　　7　民事訴訟法7条の不準用…… *40*
　　8　調停と審判で管轄権を有する裁判所が異なる場合…… *41*

論点3　移送・自庁処理 ───────────────── *43*

　　1　移送・自庁処理に関する規定の整理…… *43*
　　2　管轄権を有しない裁判所による移送・自庁処理…… *43*
　　3　管轄裁判所による移送…… *45*
　　4　即時抗告…… *46*
　　5　移送の裁判の拘束力…… *47*

論点4　除斥・忌避・回避 ──────────────── *49*

　　1　除斥・忌避…… *49*
　　2　裁判官・参与員・裁判所書記官の除斥・忌避…… *49*
　　3　家事調停官への準用…… *50*
　　4　家庭裁判所調査官の除斥…… *50*
　　5　家事調停委員の除斥…… *51*
　　6　除斥理由…… *52*
　　7　忌避理由…… *54*
　　8　除斥・忌避の裁判…… *54*
　　9　申立てから確定までの間の事件の停止などについて…… *55*
　　10　簡易却下…… *56*
　　11　回　避…… *56*

目　次

論点 5　当事者能力と手続行為能力 ―――――― 58

1. 家事事件手続法における当事者能力及び手続行為能力の原則…… 58
2. 当事者能力…… 58
3. 手続行為能力の原則…… 59
4. 未成年者，成年被後見人の場合…… 60
5. 被保佐人，被補助人の場合…… 62
6. 外国人の場合…… 63

論点 6　法定代理人 ―――――― 64

1. 未成年者及び成年被後見人の法定代理人…… 64
2. 法定代理人の代理権の範囲の明確化…… 65
3. 特別代理人…… 66
4. 法定代理権の消滅とその通知…… 67
5. 民事訴訟法，法人の代表者等への準用について…… 69

論点 7　手続代理人及び補佐人 ―――――― 70

1. 手続代理人について…… 70
2. 裁判長による手続代理人の選任…… 71
3. 代理権の範囲・特別の授権…… 73
4. 手続代理人の代理権消滅の通知…… 74
5. 民事訴訟法の準用…… 75
6. 代理権の証明…… 76

論点 8　手続費用の負担 ―――――― 77

1. 家事審判法における現状…… 77
2. 家事事件手続法における原則…… 78
3. 当事者以外の者に対する負担…… 78
4. 手続費用の負担の裁判…… 80
5. 手続費用の立替え…… 84
6. 費用確定手続…… 85
7. 手続費用に関する民事訴訟法の準用等…… 86
8. 費用の強制執行…… 87
9. 不服申立て…… 87
10. 手続上の救助…… 87

目　　次

論点 9　家事事件の審理 ——————————————————— 91
　　1　家事事件の非公開原則…… 91
　　2　期日及び期間…… 92
　　3　期日変更…… 93
　　4　手続の併合…… 94
　　5　送　　達…… 95
　　6　手続の中止…… 97

論点 10　電子情報処理組織による申立て等 ——————————— 99

II　家事審判に関する手続
100

〔1〕総　則

1．家事審判の手続

論点 11　家事審判の手続の通則 ——————————————— 100
　　1　審判事項…… 100
　　2　参与員…… 102
　　3　当事者参加及び利害関係参加…… 103
　　4　手続からの排除…… 106
　　5　受　継…… 106
　　6　調書の作成等…… 108
　　7　記録の閲覧等…… 109
　　8　検察官に対する通知…… 111

論点 12　家事審判の申立て ——————————————————— 113
　　1　申立ての方式等…… 113
　　2　申立ての変更…… 115

論点 13　家事審判手続の期日 —————————————————— 116
　　1　事件の関係人の呼出し…… 116
　　2　裁判長の手続指揮権…… 117
　　3　受命裁判官による手続…… 117
　　4　音声の送受信による通話の方法による手続…… 118

目　次

　　5　通訳人の立会い等…… *119*

論点 14　事実の調査 ──────────────── *120*

　　1　事実の調査及び証拠調べ…… *120*
　　2　疎　　明…… *121*
　　3　家庭裁判所調査官による事実の調査…… *121*
　　4　家庭裁判所調査官の期日への立会い…… *121*
　　5　裁判所技官による診断等…… *122*
　　6　事実の調査の嘱託等…… *122*
　　7　事実の調査の通知…… *123*
　　8　証拠調べ…… *124*

論点 15　家事審判の手続における子の意思の把握等 ──── *128*

　　1　家事審判の手続における子の意見…… *128*
　　2　子の陳述の必要的聴取…… *129*
　　3　児童の権利に関する条約との関係…… *129*

論点 16　家事調停をすることができる事項についての家事審判手続の特則 ──────────────────────── *131*

　　1　合意管轄…… *131*
　　2　家事審判の申立書の写しの送付等…… *131*
　　3　陳述の聴取…… *132*
　　4　審問の期日の立会い…… *134*
　　5　事実の調査の通知…… *134*
　　6　審理の終結…… *135*
　　7　審　判　日…… *136*

論点 17　審　判　等 ─────────────────── *137*

　　1　審　　判…… *137*
　　2　審判の告知及び効力の発生等…… *137*
　　3　審判の執行力…… *138*
　　4　審判の方式及び審判書…… *139*
　　5　更正決定…… *140*
　　6　審判の取消し又は変更…… *141*
　　7　審判に関する民事訴訟法の準用…… *142*
　　8　中間決定…… *143*

目　次

  9 審判以外の裁判…… *143*

論点 18　取下げによる事件の終了 ——————————— *146*

  1 申立ての取下げ…… *146*
  2 申立ての取下げの例外…… *146*
  3 申立ての取下げの通知…… *147*
  4 申立ての取下げの同意擬制…… *147*
  5 申立ての取下げの方法及び効果…… *147*
  6 申立ての取下げの擬制…… *148*

論点 19　高等裁判所が第1審として行う手続 ——————— *149*

2．不服申立て

論点 20　審判に対する不服申立て ——————————— *151*

  1 抗告審の手続の特徴…… *151*
  2 即時抗告…… *152*
  3 特別抗告…… *158*
  4 許可抗告…… *160*

論点 21　審判以外の裁判に対する不服申立て ——————— *161*

  1 不服申立ての対象…… *161*
  2 受命裁判官又は受託裁判官の裁判に対する異議…… *161*
  3 即時抗告期間等…… *162*
  4 審判に対する不服申立ての規定の準用…… *162*

3．再　審

論点 22　再　審 ————————————————————— *163*

  1 再　審…… *163*
  2 再審事件…… *163*
  3 再審手続…… *164*
  4 再審手続における執行停止…… *164*
  5 再審の申立て棄却決定に対する不服申立て…… *165*

論点 23　執行停止の裁判 ————————————————— *166*

4．審判前の保全処分

論点 24　審判前の保全処分 ———————————————— *167*

目　次

　　　1　審判前の保全処分…… *167*
　　　2　陳述の聴取…… *169*
　　　3　記録の閲覧等…… *169*
　　　4　審　　判…… *170*
　　　5　即時抗告…… *170*
　　　6　即時抗告に伴う執行停止…… *171*
　　　7　民事保全法の準用…… *171*
　　　8　調書の作成…… *172*

論点 25　審判前の保全処分の取消し ── *173*

　　　1　審判前の保全処分の取消し…… *173*
　　　2　即時抗告等…… *173*
　　　3　民事保全法の準用…… *174*

論点 26　戸籍の記載等の嘱託 ── *175*

　　　1　戸籍の記載等の嘱託…… *175*
　　　2　戸籍の記載の嘱託…… *175*
　　　3　後見登記の嘱託…… *176*

〔2〕　家事審判事件

論点 27　成年後見に関する審判事件 ── *178*

　　　1　成年後見に関する審判事件等の位置づけ…… *178*
　　　2　管　　轄…… *178*
　　　3　手続行為能力…… *179*
　　　4　精神の状況に関する意見聴取等…… *179*
　　　5　陳述及び意見の聴取…… *180*
　　　6　申立ての取下げの制限…… *180*
　　　7　審判の告知等…… *181*
　　　8　即時抗告…… *181*
　　　9　管理者の改任等…… *182*
　　10　保全処分…… *182*

論点 28　保佐に関する審判事件 ── *184*

　　　1　保佐に関する審判事件等の位置づけ…… *184*
　　　2　管　　轄…… *184*

目　次

    3　手続行為能力…… *185*
    4　精神の状況に関する意見聴取等…… *185*
    5　陳述及び意見の聴取…… *185*
    6　申立ての取下げの制限…… *186*
    7　審判の告知…… *186*
    8　即時抗告…… *186*
    9　保全処分…… *187*

論点 29　補助に関する審判事件 —————— *189*

    1　補助に関する審判事件等の位置づけ…… *189*
    2　管　　轄…… *189*
    3　手続行為能力…… *190*
    4　陳述及び意見の聴取…… *190*
    5　審判の告知…… *191*
    6　即時抗告…… *191*
    7　申立ての取下げの制限…… *191*
    8　保全処分…… *192*

論点 30　不在者の財産の管理に関する処分の審判事件 —————— *193*

    1　不在者の財産の管理に関する処分の審判事件の位置づけ…… *193*
    2　管　　轄…… *193*
    3　管理者の改任等…… *193*
    4　処分の取消し…… *194*

論点 31　失踪の宣告に関する審判事件 —————— *195*

    1　失踪の宣告に関する審判事件の位置づけ…… *195*
    2　失踪の宣告の審判事件…… *195*
    3　失踪の宣告の取消しの審判事件…… *196*

論点 32　婚姻等に関する審判事件 —————— *198*

    1　婚姻等に関する審判事件の位置づけ等…… *198*
    2　管　　轄…… *199*
    3　手続行為能力…… *199*
    4　陳述聴取…… *200*
    5　申立ての取下げの制限…… *200*
    6　給付命令等…… *201*

目　　次

　　7　即時抗告……　*201*
　　8　保全処分……　*202*

論点 33　親子に関する審判事件 ─── *203*

　　1　親子に関する審判事件の位置づけ……　*203*
　　2　嫡出否認の訴えの特別代理人の選任の審判事件……　*203*
　　3　子の氏の変更についての許可の審判事件……　*204*
　　4　養子縁組をするについての許可の審判事件……　*205*
　　5　死後離縁をするについての許可の審判事件……　*206*
　　6　離縁等の場合における祭具等の所有権の承継者の指定の審判事件……　*207*
　　7　特別養子縁組に関する審判……　*207*

論点 34　親権に関する審判事件 ─── *212*

　　1　親権に関する審判事件の位置づけ等……　*212*
　　2　親権停止の審判についての手続の創設等……　*212*
　　3　管　　轄……　*213*
　　4　手続行為能力……　*213*
　　5　陳述聴取……　*214*
　　6　審判の告知……　*214*
　　7　引渡命令等……　*215*
　　8　即時抗告……　*215*
　　9　管理者の改任……　*216*
　　10　保全処分……　*216*

論点 35　未成年後見に関する審判事件 ─── *217*

　　1　未成年後見に関する審判事件の位置づけ等……　*217*
　　2　管　　轄……　*217*
　　3　手続行為能力……　*218*
　　4　陳述聴取……　*219*
　　5　即時抗告……　*219*
　　6　申立ての取下げの制限……　*220*
　　7　管理者の改任等……　*220*
　　8　保全処分……　*221*

論点 36　扶養に関する審判事件 ─── *222*

　　1　扶養に関する審判事件等の位置づけ等……　*222*

xv

目　　次

  2　管　　轄……*223*
  3　申立て……*223*
  4　陳述聴取……*224*
  5　給付命令……*224*
  6　即時抗告……*224*
  7　保全処分……*225*

論点 37　推定相続人の廃除に関する審判事件 ——— *226*

  1　推定相続人の廃除の審判事件等の位置づけ……*226*
  2　管　　轄……*227*
  3　手続行為能力……*227*
  4　陳述聴取等……*227*

論点 38　相続の場合における祭具等の所有権の承継者の指定の審判事件 ——— *229*

  1　相続の場合における祭具等の所有権の承継者の指定の審判事件の位置づけ等……*229*
  2　管　　轄……*229*
  3　祭具等の引渡し及び即時抗告……*229*

論点 39　遺産の分割に関する審判事件 ——— *230*

  1　遺産の分割に関する審判事件の位置づけ等……*230*
  2　管　　轄……*230*
  3　審理方法等……*231*
  4　即時抗告……*232*
  5　申立ての取下げの制限……*233*
  6　保全処分……*233*

論点 40　相続の承認及び放棄に関する審判事件 ——— *234*

  1　相続の承認及び放棄に関する審判事件の位置づけ……*234*
  2　管　　轄……*234*
  3　手続行為能力……*235*
  4　申述の方式等……*235*
  5　申述の受理の審判……*235*
  6　即時抗告……*236*

目　次

論点 41　財産分離に関する審判事件 ────── 238

1　財産分離に関する審判事件の位置づけ等…… 238
2　管　　轄…… 238
3　即時抗告…… 239

論点 42　相続人の不存在に関する審判事件 ────── 240

1　相続人の不存在に関する審判事件の位置づけ…… 240
2　管　　轄…… 240
3　審理方法等…… 241
4　即時抗告…… 241
5　相続財産の換価…… 241
6　管理者の改任等…… 241

論点 43　遺言に関する審判事件 ────── 242

1　遺言に関する審判事件の位置づけ…… 242
2　管　　轄…… 242
3　陳述聴取…… 242
4　申立ての取下げの制限…… 243
5　審判の告知…… 243
6　即時抗告…… 244
7　保全処分…… 244

論点 44　遺留分に関する審判事件 ────── 245

1　遺留分に関する審判事件の位置づけ…… 245
2　管　　轄…… 245
3　即時抗告…… 245

論点 45　任意後見契約法に規定する審判事件 ────── 246

1　任意後見契約法に規定する審判事件の位置づけ…… 246
2　管　　轄…… 246
3　手続行為能力…… 247
4　精神の状況に関する意見の聴取…… 247
5　陳述聴取…… 248
6　申立ての取下げの制限…… 248
7　審判の告知…… 248

目　　次

　　　8　即時抗告……*249*
　　　9　保全処分……*249*

論点 46　戸籍法に規定する審判事件 ──────── *251*

　　　1　戸籍法に規定する審判事件の位置づけ……*251*
　　　2　管　　轄……*251*
　　　3　手続行為能力……*251*
　　　4　事件係属の通知……*252*
　　　5　陳述等の聴取……*252*
　　　6　審判の告知等……*252*
　　　7　即時抗告……*252*

論点 47　性同一性障害者の性別の取扱いの特例に関する法律に規定する審判事件 ──────── *254*

　　　1　性同一性障害者の性別の取扱いの特例に関する法律に規定する審判事件の位置づけ……*254*
　　　2　管　　轄……*254*
　　　3　手続行為能力……*254*
　　　4　即時抗告……*254*

論点 48　厚生年金保険法等に規定する審判事件 ──────── *256*

　　　1　厚生年金保険法等に規定する審判事件の位置づけ等……*256*
　　　2　管　　轄……*256*
　　　3　陳述聴取……*257*
　　　4　即時抗告……*257*

論点 49　児童福祉法に規定する審判事件 ──────── *258*

　　　1　児童福祉法に規定する審判事件の位置づけ……*258*
　　　2　管　　轄……*258*
　　　3　手続行為能力……*258*
　　　4　陳述聴取……*258*
　　　5　審判の告知……*259*
　　　6　即時抗告……*259*
　　　7　保全処分……*259*

論点 50　生活保護法等に規定する審判事件 —— *261*

1. 生活保護法等に規定する審判事件の位置づけ等…… *261*
2. 管　　轄…… *261*
3. 手続行為能力…… *262*
4. 陳述聴取…… *262*
5. 審判の告知…… *262*
6. 即時抗告…… *262*

論点 51　精神保健及び精神障害者福祉に関する法律に規定する審判事件 —— *264*

1. 精神保健及び精神障害者福祉に関する法律に規定する審判事件の位置づけ…… *264*
2. 管　　轄…… *264*
3. 意見聴取…… *265*
4. 即時抗告…… *265*
5. 保護者等の改任等…… *266*

論点 52　破産法に規定する審判事件 —— *267*

1. 破産法に規定する審判事件の位置づけ…… *267*
2. 管　　轄…… *267*
3. 即時抗告…… *268*

論点 53　中小企業における経営の承継の円滑化に関する法律に規定する審判事件 —— *269*

1. 中小企業における経営の承継の円滑化に関する法律に規定する審判事件の位置づけ…… *269*
2. 管　　轄…… *269*
3. 審判の告知…… *269*
4. 即時抗告…… *269*

Ⅲ　家事調停に関する手続
271

〔1〕　総　　則

目　次

論点 54　家事調停に関する手続の通則 ——————————— 271

　　1　家事調停事項…… 271
　　2　管轄等及び移送…… 274
　　3　調停機関…… 277
　　4　調停委員会…… 277
　　5　家事調停官…… 279
　　6　家庭裁判所調査官…… 280
　　7　家事調停の当事者…… 281
　　8　調停手続における代理…… 284
　　9　参　　加…… 285
　　10　受　　継…… 285

論点 55　家事調停の申立て等 ———————————————— 286

　　1　書面による申立て…… 286
　　2　申立書の記載事項…… 286
　　3　申立ての却下…… 287
　　4　申立ての併合，申立ての変更，申立書却下…… 287
　　5　申立書の写しの送付…… 289
　　6　調停前置主義…… 289

論点 56　家事調停の手続 —————————————————— 291

　　1　家事審判の手続の準用…… 291
　　2　調停委員会の権限…… 292
　　3　調停委員会による調停運営…… 293
　　4　調停手続における事実の調査等…… 293
　　5　調停の場所…… 296
　　6　調停前の処分…… 296
　　7　裁判官のみで行う調停…… 297
　　8　調書の作成…… 298
　　9　記録の閲覧等…… 299

論点 57　調停の成立 ———————————————————— 303

　　1　調停の成立…… 303
　　2　成立調書の効力…… 303
　　3　調停条項の書面による受諾…… 304

xx

- **4** 電話会議，テレビ会議…… *304*
- **5** 調停調書の更正決定…… *305*

論点 58　調停の成立によらない事件の終了 — *307*

- **1** 調停不成立…… *307*
- **2** 調停申立ての取下げ…… *307*
- **3** 調停をしない措置…… *308*
- **4** その他の終了事由…… *309*

論点 59　付調停等 — *310*

- **1** 付調停の手続…… *310*
- **2** 訴訟手続及び家事審判手続の中止…… *312*
- **3** 訴えの取下げの擬制等…… *312*

〔2〕 合意に相当する審判

論点 60　合意に相当する審判 — *314*

- **1** 合意に相当する審判の対象…… *314*
- **2** 合意に相当する審判の当事者…… *315*
- **3** 調停手続の主体…… *316*
- **4** 合意に相当する審判の期日等…… *316*
- **5** 合意に相当する審判の方式等…… *317*
- **6** 合意に相当する審判の申立ての取下げ…… *318*
- **7** 異議の申立て…… *318*
- **8** 異議申立てに対する審判…… *319*
- **9** 合意に相当する審判の効力…… *319*
- **10** 婚姻の取消しについての合意に相当する審判の特則…… *320*
- **11** 申立人の死亡により事件が終了した場合の特則…… *321*

〔3〕 調停に代わる審判

論点 61　調停に代わる審判 — *322*

- **1** 調停に代わる審判の主体…… *322*
- **2** 調停に代わる審判の対象及び要件…… *323*
- **3** 調停に代わる審判の方式等…… *323*

　　　　4　調停に代わる審判の特則…… *324*
　　　　5　異議の申立て…… *324*
　　　　6　調停に代わる審判に服する旨の共同の申出…… *326*
　　　　7　調停に代わる審判の効力…… *326*

〔4〕 高等裁判所が行う調停手続

論点 62 高等裁判所における調停 ———————————— *327*

論点 63 高等裁判所が調停を行う場合の調停機関 ———————— *328*

〔5〕 不服申立て等

論点 64 不服申立て等 ———————————————————— *329*
　　　　1　家事調停の手続においてされた裁判に対する不服申立て…… *329*
　　　　2　家事調停の手続においてされた裁判の再審…… *329*

Ⅳ　履行の確保・罰則
331

論点 65 履行の確保 ————————————————————— *331*
　　　　1　家事債務の履行の確保…… *331*
　　　　2　履行勧告…… *332*
　　　　3　履行命令…… *334*

論点 66 罰　　則 —————————————————————— *337*
　　　　1　家事事件手続法における過料の制裁…… *337*
　　　　2　人の秘密を漏らす罪等の所要の規定…… *339*

　　索　　引…… *341*

第1編

総論

Ⅰ 家事事件手続法（新法）制定の経緯と意義

1 家事事件手続法（新法）制定の経緯

　家事事件手続法（平成23年法律第52号）が，非訟事件手続法（平成23年法律第51号），非訟事件手続法及び家事事件手続法の施行に伴う関係法律の整備等に関する法律（平成23年法律第53号）とともに，平成23年5月19日に成立し，同年5月25日に公布され，平成25年1月1日から施行される。

　家事事件手続法（以下「新法」ともいう。）は，家庭裁判所における家事審判及び家事調停の手続を定める法律であり，昭和22年に制定された家事審判法を見直し，新たに制定されたものである。

　家庭裁判所における家事審判及び家事調停は，非訟事件であり，その手続を定める家事審判法は，家事事件に特有の手続以外について，非訟事件手続法の規定を広く準用している。しかし，非訟事件手続法は，明治時代に制定されたものであり（明治31年法律第14号），民事訴訟法等の民事関係の手続法が順次整備された関係で，早急に見直しすることが求められていた。したがって，非訟事件手続法が改正されれば，家事審判法もその影響を受けざるを得ない関係にあった。

　他方，家事審判法は，制定以来，抜本的な改正がされないまま今日に至っており，近年の民事関係の手続法と比較すると，手続法として備えるべき基本的な事項や当事者等の手続保障に関する規定が十分とはいえないものとなっていた面がある。また，家事審判法が制定された後，社会及び経済状況が著しく変化し，それに伴い家庭をめぐる紛争も複雑化・多様化した結果，同法の中には，現在の社会の状況に適合していない部分も生じるようになった。そのため，こうした状況から，国民にとってより利用しやすく，現代社会の要請に合

致した紛争処理の手続法を新たに制定し，家事事件の手続の改善を図るべきという要請も生じた。

　なお，家庭をめぐる紛争を扱う手続のうち，訴訟手続については，平成15年に人事訴訟法が制定され，現代化が図られていた。

　このように，社会の変化等に伴い，家庭をめぐる紛争が複雑化・多様化したため，家事審判法及び家事審判規則等の規定では，こうした社会状況に適合又は対応できない部分が生じるに至ったが，全国の家庭裁判所においては，東京家庭裁判所をはじめとして，事件の動向や内容，当事者等の意識の変化等に応じて，実務の運用等において，いろいろな工夫を重ねていた。しかしながら，実務の運用等で処理するとしても一定の限界があったといえる。

　こうした経緯等から明らかなように，非訟事件手続法の改正等に伴い，家事審判法を見直すに当たっては，社会状況の変化等に対応するために，改めて手続法として備えるべき基本的な事項等を整備することで，家事事件の手続をより明確で利用しやすいものとするとともに（手続の透明性），当事者等が主体的に主張や資料の提出をすることができるようにして（当事者権の保障），裁判所における審判や調停の適正さを担保し，それとともに当事者等の納得を得られるようにすることが要請されたのである。

　このように，家事審判法を，手続法として整備することにより，家事事件の手続を，国民にとってより利用しやすく，現代社会の要請に合致したものとするために，新たに家事事件手続法が制定されたのである。

2　家事事件手続法（新法）制定の背景

(1)　家事事件の事件動向等

　家事事件全体の事件数は，継続的に増加している[☆1]。このことは，家事事件が国民の生活に身近なものとなっているということであり，その手続が国民にとって重要なものになっているということである。ただし，こうした家事事件の増加傾向には，事件類型に応じた特色が見られることはいうまでもない。こ

☆1　統計数値については，「家庭裁判所事件の概況」家月64巻1号（2012）1頁以下参照。

Ⅰ　家事事件手続法（新法）制定の経緯と意義

うした傾向については，これを概括的にいえば，社会の変化を反映して，家庭をめぐる紛争が複雑化するとともに多様化し，紛争内容が激しくなってきているからといえる。

(2) 最近の家事事件の当事者の傾向

　家庭裁判所の実務担当者の印象では，近時，当事者の権利意識が強くなり，こうした当事者が着実に増加傾向にある。これは，実務に携わる者に共通する印象であろうと思われる。従前から，遺産分割事件は，紛争性が高く，それも財産自体をめぐる争いだけではなく，感情的対立も激しく，その結果，相続分，特別受益及び寄与分等について，様々な主張がされてきた。しかし，それ以外の事件類型においても，当事者から様々な主張がされるようになってきている。例えば，いわば金銭をめぐる紛争であるともいえる養育費や婚姻費用の分担についても，算定表という一定の指針があるにもかかわらず，これに従わず，いろいろな主張をするという状況が生じている。このことは，金銭をめぐる紛争ではない子に関する事件については，いっそう顕著である。特に面会交流事件は，子の福祉という観点から，どのように交流することが子の健全な成長にとって望ましいのかを考えるべきであると思われるが，実際の紛争場面では，当事者双方が，それぞれの感情を前面に出し，自分の思いや立場に執着し，子の福祉に考えが及ばないという状況が生じ，その結果，紛争の解決が非常に困難になっているという傾向が見られる。

　当事者が権利の内容について，高い関心を寄せるのは，当然のことであるといえるが，近時は，紛争解決の手続面に対しても関心を寄せている当事者も増えている。つまり，家事事件を担当していると，当事者から，家事事件の手続は，どのように進行するのか，裁判所は，何を争点と考えているのか，その争点を解明するためには，どのような資料が必要であり，それは，誰が収集すべきであるのか，事件は，いつごろ終わり，その後は，どのようになるのかなどについて，具体的な説明を求められることも少なくないのである。

　当事者が自分の権利の内容について，高い関心を寄せるのであれば，権利を実現するための手続について，関心を寄せるということも当然のことであるともいえる。そして，このことは，相手方がどのような主張をしているのか，ど

のような資料を提出しているのかについて,これを明らかにするよう求めることにつながる。

こうした当事者がいる一方で,さしたる理由もなく,つまり,DV（ドメスティック・バイオレンス）の被害者であるなどの理由もないのに,相手方当事者と同席することを拒んだり,自分の住所や勤務先を相手方当事者に秘密にしてもらいたいなどと要求する当事者も少なくない。こうした当事者は,住所等の秘匿だけではなく,紛争に関する自分の言い分や主張等を相手方当事者に明らかにしないでほしいとか,提出した資料を絶対に相手方当事者に見せないでほしいなどということを要望しがちである。

さらにいえば,このように自分の考えや意向を強く述べる当事者等がいる反面,自分で判断したり,資料の収集提出等をすることなく,裁判官や調停委員会（裁判所）に対し,自分は一体どうしたらよいのかと尋ね,いうとおりにするから,裁判所の意見を聴かせてほしい,また,資料が必要であるというのであれば,裁判所で金融機関や法務局等から取り寄せてほしいなどと,本来,自分で判断し,資料を収集すべきであるのに,これをしようとせず,いわば過度に裁判所に依存するという当事者も増えている。

こうした当事者に加えて,社会的,経済的に変動の激しい時代を反映してか,精神的な問題を抱えている当事者が増えていることも,実務を担当する者の共通認識と思われる。

このように,双方の当事者の家事事件の進行や手続等に対する考えが明らかに異なる以上,裁判所が当事者の納得を得ながら,手続を進行させるというのは,非常に難しく,また,こうした状況で審判や調停の適正さを維持するには,どのようにすべきかを判断するのも難しいというのが実務の実情であると思う。

(3) 実務の実情と家事事件手続法の制定

現在の実務の実情は,前記のとおりであるが,こうした状況をも踏まえて家事事件の手続に関する基本法である家事事件手続法が制定され,手続が整備された。つまり,家事事件手続法においては,非訟事件手続法の改正に伴う見直し作業というだけではなく,手続法としての整備がされ,民事訴訟法と同様

I　家事事件手続法（新法）制定の経緯と意義

に，手続の透明性と当事者の権利保護の規定が設けられた。しかも，実務の実情をも考慮して，様々な事案に対応できるように手続の柔軟性も維持されている。その結果，当事者にとってわかりやすい手続となっただけではなく，手続保障規定が整備され，これらを活用することにより，双方から，裁判に必要な資料が適時適切に提出されることも期待されるようになったといえる。

　なお，家庭裁判所は，公的な紛争解決機関であり，当事者は，その手続の主体であるとしても，当事者がその立場や身分，親族関係や財産関係等の問題について，自分自身で主体的に解決していく能力や姿勢等を身に付けることが必要であり，重要なことであるとして，これに沿う運用をしてきた。この点は，家事事件手続法が制定されても変わりがないと思われる。つまり，家事事件は，家族や親族という身分関係の中で生じる紛争であるが，身分関係は，継続性を有するから，常に紛争が再発する可能性があるといえる。それゆえ，当事者が紛争を再発させないようにし，仮に再発したとしても，自主的に解決できる能力や姿勢を身に付けなければ，紛争を解決しても，再び同じような紛争が生じてしまう可能性がある。その結果，家庭裁判所が再び同一身分関係の紛争解決をせざるを得ないことになってしまう。そこで，紛争当事者が自ら紛争を解決する能力等を身に付ける必要があるのである。家事事件手続法が制定され，手続が整備されたとしても，家庭裁判所は，こうした観点を見失ってはならないと思われる。それゆえ，この点は，今後の実務の中で検討されなければならない課題であるといえる。

〔秋 武 憲 一〕

第1編 総　論

II　家事審判事件の審理について
──残された課題と今後の運用を含む

1　家事事件の特徴

　家事事件は，身分関係を形成又は変更し，その結果が当事者以外の第三者に効力を有し，公共の利益にも影響が及ぶため，実体的真実に基づいた判断をすべき要請が強い。そこで，当事者の主張に拘束されず，当事者の提出した資料に限定されずに，職権で事実の調査や証拠調べを行って，事実を認定する必要がある（公益性と後見性）。また，家事事件は，国民に身近な紛争である一方で，実体法上の権利義務の存否を最終的に確定するものではなく，一定の権利義務関係が存在することを前提に，具体的な法律関係を形成等するため，一般的に簡易かつ迅速に処理することが要請される（簡易迅速処理の要請）。さらに家事事件は，夫婦や親子等家庭をめぐる紛争を対象とするため，おのずから家庭内の秘密や個人のプライバシーに触れざるを得ず，その紛争解決手続は，公開せず，事件記録も当事者以外には，公開すべきではないという要請が強いものである（非公開性又は秘密性）。

　こうした家事事件の特徴から，その手続においては，職権探知主義が採られている。しかし，裁判所が審理の基礎資料を収集することには限界があり，また，事実関係を一番よく知っているのは当事者であるから，当事者の協力が不可欠である。

　なお，家庭裁判所の行う事実の調査（法56条）は，家事審判の判断の基礎となる資料を収集する手続で，証拠調べ以外の方法によるものであるが，これには，当事者に対して意向調査や金融機関等に対する調査嘱託等をしたり，審問期日において，当事者の陳述を聴いたりすることのほかに，家庭裁判所調査官に命じて子どもの意向や監護状況を調査したりすることが含まれる。当事者か

ら提出された資料も事実の調査の対象となる。

2 家事事件手続法による審理

(1) 申立書の写しの送付

　家庭裁判所は，別表第2事件の申立てがあれば，その申立てが不適法であるか，申立てに理由がないことが明らかであるときを除き，家事審判の申立書の写しを相手方に送付しなければならない（法67条1項本文）。これは，相手方当事者の防御権を含めての手続保障を図るということである。相手方は，申立書の写しが送付されることにより，申立ての内容を知って，自分の考えをまとめたり，主張すべき点を検討したりすることができるから，第1回の審理が充実することにもなる。

　こうしたことからすれば，申立書の写しの送付は，当然のことであるともいえるが，従前の実務においては，家事事件の性質（公益性と後見性，簡易迅速処理の要請，非公開性）から，家庭裁判所は，必要に応じて相手方を呼び出していたものの，必ずしも申立書を送付することは行っていなかった。

　しかしながら，このような申立書写しの送付の意義及び効果等に照らせば，申立書の写しの送付は，基本的には，ほぼ例外なく行うことになるであろう。家事事件手続法が，家事審判の手続の円滑な進行を妨げるおそれがあると認められるときは，家事審判の申立てがあったことを通知することをもって，家事審判の申立書の写しの送付に代えることができる（法67条1項ただし書）としているのも，こうした趣旨と解すべきである。

　申立書の写しの送付の目的が手続保障である以上，申立書には，相手方が知りたいこと，相手方に知らせておかなければならないことが適切に記載されていなければならない。しかし，当然ながら，申立書の送付が家事事件手続の初期段階で行われることからすれば，送付に適さない内容が書かれないようにしなければならない。つまり，相手方の感情をいたずらに刺激する内容が申立書に記載されていると，相手方が裁判所の呼出しや証拠調べに応じず，家事審判の手続の円滑な進行を妨げるおそれがあるからである。他方，こうしたことに配慮しすぎると，申立書の内容が簡素化されてしまい，相手方の手続保障に欠けるだけでなく，審理を担当する裁判所が事案を理解し，審理の方向性を検討

するのに必要な主張や情報を得られないことになる。裁判所は，こうした主張や情報を把握していないと，円滑かつ迅速な審理ができない。何より警備を要する事件であるか否かなどの情報は，手続運営のために必要不可欠であり，こうした情報は，事前に得ていないと，警備態勢等の準備ができないのである。したがって，今後の実務においては，裁判所としては，必要な情報をどのようにして得るか，申立人としては，どのように裁判所に伝えるかが検討されなければならない。

　こうしたことについての一つの工夫としては，こうした情報を送付されることになる申立書には記載せずに，事情説明書や陳述書等に記載し，これらを申立書と同時に提出することが考えられる。しかし，こうした事情説明書や陳述書等は，提出されれば，家事審判事件の記録となるから，家庭裁判所は，当事者から事件記録の閲覧謄写許可の申立てがあったときは，一定の例外事由がある場合を除き，これを許可しなければならない（法47条3項）ことになり，いずれ相手方に知られることになる。こうした情報を他方当事者に開示すべきか，開示すべきであるとしても，その時期や方法をどうすべきかは，今後の実務の課題と思われる。

　なお，調停事件についても，申立書の写しの送付をどうすべきかという問題がある。家庭裁判所において扱う事件数は，一般調停も含めると調停事件の方が乙類審判事件よりもはるかに多く，乙類審判事件として申立てがされた事件についても，多くはそのまま調停に付されることが多いので，別表第2事件についても同様になると思われる。そうすると，上記で説明したことは，調停事件においても検討されなければならない。この点は，後述する。

(2)　音声の送受信による通話の方法による手続

　家事事件手続法においては，家庭裁判所及び当事者双方が音声の送受信（いわゆる電話会議及びテレビ会議の方法）により同時に通話をすることができる方法によって，家事審判の手続の期日における手続を行うことができるようになった（法54条1項）。この規定は，家事調停の手続の期日について準用されている（法258条1項）。

　従前の実務においては，当事者の一方又は双方が遠隔地に居住しているため

に，審判期日への出頭が確保できない場合には，家庭裁判所調査官の調査や書面による照会等を利用するなどの工夫をしていた。今後，こうした電話会議等の方法が採用されたことで，当事者の便宜が図られるとともに，審判事件の解決がより簡易迅速に行われることが期待される。しかしながら，これらの方法によるとしても，家事審判においては，当事者に代理人がついていないことが多いので，通話している者が当事者本人であることをどのようにして確認するか，また，通話している当事者に不当な影響を及ぼす第三者が同席していないかなどの確認をどうすべきかなどの問題が検討されなければならない。今後，実務においては，電話会議等の利用について，具体的にどのように運用し，活用すべきか検討されることになる。

(3) 必要的陳述聴取と審問

　家庭裁判所は，別表第2事件の手続においては，申立てが不適法であるとき又は申立てに理由がないことが明らかなときを除き，当事者の陳述を聴かなければならず，また，この陳述聴取は，当事者の申出があるときは，審問の期日において行わなければならないとされている（法68条）。

　従前においても，家事審判事件については，通常，申立てが不適法であるとき又は申立てに理由がないことが明らかなときでなければ，いわゆる年金分割事件（請求すべき按分割合に関する処分事件）や親権者所在不明の場合の親権者変更事件等を除いて，まず，審判期日を開いて，双方の当事者を呼び出し，双方から事情等を聴取するという運用が行われていたと思われる。したがって，今後も，当事者から申出がされるか否かにかかわらず，従前の審判事件における一般的な運用が引き続き行われるものと思われる。

　なお，いわゆる年金分割事件では，実質的な審理の対象は，対象期間における保険料納付に対する夫婦の寄与を同等でないとすべき特別の事情があるか否かであり，実務においては，こうした特別の事情の有無について，相手方に書面照会して，必要な場合に審問を行うことにしている。それゆえ，家事事件手続法233条3項も，いわゆる年金分割事件については，審問の申出を認めていない。したがって，この事件については，原則として，引き続き書面照会による陳述聴取をすることになると思われる。

第1編 総　　論

　問題は，調停手続が先行した場合である。つまり，調停を不成立とした後の審判手続においては，いつ，どのような形で当事者の陳述聴取を行うべきかが検討されなければならない。考えられるのは，

> ①　調停事件が不成立により審判に移行した際，改めて審判期日を指定し，審判期日において，審問して陳述を聴取する
> ②　審判期日は開かずに，当事者双方に陳述聴取書を送付し，これに回答して，返送してもらうことで陳述を聴取する
> ③　調停期日に当事者双方が出席している場合，調停不成立とした後，直ちに審判期日を開いて，審問して陳述を聴取する

などであるが，具体的な事案において，どのような方法を採用するかは，調停手続における資料の提出状況や当事者の意向等も考慮して検討されることになると思われる。しかし，それぞれの事件類型に応じて，一定の傾向が出てくるのではないかと思われる。
　つまり，婚姻費用分担や養育費分担の事件は，申立人の経済生活に必要な金銭の支払を求めるものであるから，当然，迅速性が強く求められており，加えて，その審理方法についても，いわゆる算定表☆1 の考え方によるという方法が実務上定着しているから，調停期日に双方当事者が出席し，かつ，双方の収入資料が提出され，当事者の主張もほぼ尽くされているのであれば，可能な限り，上記③の方法をとることになるであろう。また，上記③の方法がとれない場合であっても，当事者が審判期日における陳述の聴取を求めるということは，それほど多くないと思われる。そうであれば，上記②の方法によるということが多くなると思われる。
　その一方で，親権者変更事件や面会交流事件においては，調停不成立となれば，調停段階で家庭裁判所調査官による調査結果を踏まえた調整が試みられたとしても，審判をするためには，当事者の陳述を聴取することが重要であると

☆1　家月55巻7号（2003）155頁，ケース研究276号（2003）119頁，判タ1111号（2003）285頁参照。

II 家事審判事件の審理について——残された課題と今後の運用を含む

思われるので，当事者からの申出の有無にかかわらず，上記①の方法によって，審問による陳述聴取を行うことになると思われる。

また，遺産分割事件や財産分与事件は，一般的にいえば，婚姻費用分担・養育費分担事件ほどには迅速性が求められず，また，対象財産の存否や評価等に関する争点が複数あることが多いので，当事者から説明を求めながら，主張を整理することが行われているはずである。しかも，こうした主張等の整理が行われた後においても，これに基づいて，再度，調停成立に向けた意向確認等がされることも少なくない。そのため，こうした事件においても，当事者からの審問申出の有無にかかわらず，上記①の方法がとられることが多くなると思われる。

家事事件手続法においては，裁判所が審問期日を開いて当事者の陳述を聴くという方法で事実の調査をするときは，他の当事者は，事実の調査に支障を生ずるおそれがあると認められるときを除き，当該期日に立ち会うことができることになった（法69条）。事実の調査に立ち会うことで，他方の当事者に反論等の攻撃防御の機会が保障されるから，これは，当事者に対する手続保障の規定である。しかし，いわゆるDV事案等においては，当事者の身体生命の安全を確保しなければならず，また，事案によっては，当事者が，相手方当事者が同席すると過去の出来事を思い出すなどして，きちんと主張や供述等をすることできなくなることもある。したがって，このような場合には，裁判所は，「事実の調査に支障が生ずるおそれがある」として，相手方当事者の立会いを認めないことができることになっている。しかしながら，この規定が当事者の手続保障である以上，立会いを認めないためには，それなりの根拠が必要であると思われる。つまり，客観的に見て「事実の調査に支障を生ずるおそれがある」といえなければならない。客観的に支障があるというのは，どういう場合であるかは，事案ごとに検討されることになる。

ところで，実務においては，審判や調停の当事者が相手方当事者との同席を拒んだり，同席することに難色を示すことが少なくない。この場合，客観的に相手方当事者から暴力等を振るわれるなどの危険性があるとか，心身の状況等から相手方当事者と同席すると供述等をすることができない状況にあるというのではなく，相手方当事者の言動等に対して感情的になっていたり，相手方当

第1編 総　論

事者に対して嫌悪の情を抱いていることを示すために同席を拒否するということが多いように思われる。このように，単に感情面等から相手方当事者の同席を拒むというのでは，客観的に見て「事実の調査に支障が生ずるおそれがある」とはいえないであろう。しかしながら，家事事件の性質からすれば，当事者のこうした感情面等を理由のないものとして，一概に無視したり，排斥したりしてはならないと思われる。また，当事者が相手方当事者の立会いを強く拒む場合には，事実上，円滑に事実の調査を行うこともできないであろう。そこで，裁判所としては，当事者が同席を拒む場合，それがどのような理由に基づくのかについて，当事者の感情面等を含めて，的確に把握したうえで，必要に応じて，当事者の同席についてその趣旨等を丁寧に説明したり，粘り強く説得するなどすべきである。とにかく，裁判所は，このような場合には，事案の内容とその状況等に応じた対応，処理をしなければならない。

　その際，忘れてはならないのは，夫婦及び親子関係等の家族をめぐる紛争を真に解決するには，当事者自身が相手方当事者ときちんと向き合わなければならないということである。それゆえ，裁判所は，当事者にこうした認識をもたなければならないことについても十分説明するなどして，審判及び調停が紛争解決制度としてより効果的に機能するようにしなければならない。

(4)　事実の調査の通知

　家庭裁判所は，別表第2事件の審判手続において，事実の調査をしたときは，特に必要がないと認める場合を除き，その旨を当事者及び利害関係参加人に通知しなければならない（法70条）とされた。

　これは，当事者に対する手続保障，手続の透明性の観点から規定されたものである。従前の家事審判法には，事実の調査の通知に関する規定はなかったが，実務においては，家庭裁判所調査官の報告書や当事者から提出された資料のうち，重要なものについては，裁判所から，上記の報告書が作成されたことや資料が提出されたことを当事者に対して通知するという運用がされていた。しかし，この規定と後述の事件記録の閲覧謄写の規定が設けられたことにより，当事者は，どのような事実の調査がされたかを知り，それを検討することができるようになった。このように，自己の審判の基礎となる資料を知ること

Ⅱ 家事審判事件の審理について——残された課題と今後の運用を含む

ができることが明確に規定されたことは，当事者の手続保障という観点からすれば，非常に重要なことである。

事実の調査の通知については，今後，どのような運用をすべきかについて，検討されなければならないが，特に次の点に注意すべきである。

すでに説明したように，当事者から提出された資料も事実の調査の対象となるから，当事者から資料が提出されれば，裁判所は，その旨を相手方当事者に通知することになる。事実の調査の通知を受けた当事者は，記録の閲覧謄写をして，その資料を見て，検討することになる。そうであれば，当事者が資料を提出しようとする場合には，相手方当事者用の写しも提出し，審判期日において，これを相手方当事者に交付するという運用を定着させるべきであろう。この方法は，事実の調査の通知とその後の閲覧謄写という経過をたどるよりも，端的に相手方当事者が資料に接することができ，資料に対する意見や反論等を述べることができるので，審判手続の迅速化が図れるはずである。何より，当事者間で確実に資料の共有化ができることになる。従前も，こうした運用がされている場面はあったが，双方に弁護士が代理人となっている事件等に限定されていた。確かに，資料の内容によっては，記録の閲覧謄写を制限すべき場合があるから，すべての審判事件について，一律にこのような取扱いをするというのは適当ではないかもしれない。しかし，例えば，財産分与・婚姻費用分担・養育費分担事件では，提出される資料は基本的に当事者双方の経済状況に関するものに限られており，内容も性質上，相手方当事者に秘すべきものではなく，かえって当事者双方が相互の収入等を正確に認識したうえで主張し，協議することが望ましいことなどから，審判段階のみならず，調停段階から，このような取扱いをすることが相当ではないかと思われる。したがって，今後，実務において，それぞれの事件類型ごとに，通常，提出される資料がいかなるものであるか，それに対する当事者の意向がどのようなものであるかなどを検討し，事件類型に応じた実務上の運用を検討すべきと思われる。この点については，当然のことながら，審判事件のみならず，その前段階である調停段階における運用についても検討しなければならないであろう。

次に，調停が不成立となり，審判に移行した場合の事実の調査に関する問題である。調停と審判とは，紛争解決という点では同じであるが，手続のあり方

が異なるから，事件記録の閲覧謄写の制限の範囲も異なっている（家事事件手続法47条3項と254条3項及び6項を対照のこと。なお，この点は，後述する。）。従前は，調停が不成立となり，審判に移行する場合，調停事件記録がそのまま審判記録になるという取扱いがされていたが，新法においては，調停事件記録が当然に審判の資料にならないことになった。その結果，調停事件記録のうち，審判に必要な資料については，裁判所が事実の調査をすることにより審判事件の資料となることになった。したがって，裁判所は，事実の調査をした旨を当事者に通知しなければならないことになる。この通知をどのようにすべきかがまず問題となる。また，すでに説明したとおり，審判手続においては，裁判所は，原則として，当事者の陳述を聴かなければならないが，これを効果的に行うためには，裁判所から，当事者双方に対し，調停事件記録に関する事実の調査をしたことを通知して，当事者が必要な資料を閲覧謄写したり，必要と思われる資料を追加提出したりすることができるようにしておくべきである。それゆえ，上記(3)で説明した3つの方法に対応した事実の調査の通知をどのようにすべきかを，今後，検討する必要がある。

(5) 事件記録の閲覧謄写等

　家庭裁判所は，当事者から家事審判事件記録の閲覧謄写許可の申立てがあったときは，一定の例外事由がある場合を除き，これを許可しなければならない（法47条3項）。

　一定の例外事由とは，次の①又は②の場合である（法47条4項）。

> ①　(i)事件の関係人である未成年者の利益を害するおそれがあること，(ii)当事者等の私生活や業務の平穏を害するおそれがあること，(iii)当事者等の私生活についての重大な秘密が明らかにされることによりその者が社会生活を営むのに著しい支障を生じる等のおそれがあると認められるとき
> ②　事件の性質，審理の状況，記録の内容等に照らして当該当事者に許可することを不適当とする特別の事情があると認められるとき

　従前における事件記録の閲覧謄写は，家事審判規則12条1項により，家庭

裁判所が相当と認めるときに，閲覧謄写を許可するものとされていたから，審判事件については，原則と例外が逆になったかのように見える。しかし，従前の実務においても，申立ての当否に影響があり，しかも，上記①又は②のような事由が認められない記録は，これを許可するという運用が一般的であったと思われる。

　なお，調停事件（合意に相当する審判対象事件を除く。）については，家庭裁判所は，記録の閲覧謄写許可の申立てがあった場合，相当と認めるときはこれを許可することができるものとされ（法254条3項・6項），審判事件における規律と異なり，従前と同様の規律となっている。

(6)　審理の終結と審判日

　家庭裁判所は，別表第2事件の審判手続においては，申立てが不適法であるとき又は申立てに理由がないことが明らかなときを除き，相当の猶予期間を置いて，審理を終結する日を定めなければならないことになった（法71条）。ただし，当事者双方が立ち会うことができる家事審判の手続の期日においては，直ちに審理を終結する旨を宣言することができる。また，家庭裁判所は，審理を終結したときは，審判をする日を定めなければならないことも規定された（法72条）。

　これは，手続の透明化を図る規定であり，当事者の権利保障を目的とするものである。従前の実務においても，審判期日を開いた場合のみならず，開かない場合であっても，当事者双方に対して主張や資料があるのであれば，いつまでに出すようにと期限を明示して指示をしたうえで，いつごろ審判をするとか，追って審判をするなどと伝える運用が一般的であったと思われる。しかし，その場合でも，審判をする日を具体的にいつと特定することは少なかったように思われるが，多くの場合には，10日後又は2週間後，あるいは1か月以内をめどにするなど，審判の時期についての一応の目安を述べることが多かったと思われる。しかし，裁判所によっては，追って審判すると告げるだけで，審判がいつごろされるのかについて具体的な説明をしないこともあり，当事者から不満の声が上がってもいた。

　こうした経緯もあり，新法で審理の終結についての規定が設けられたが，新

法のもとでは，審理の終結までに出された双方の書面等について，事実の調査の通知をする必要がある（法70条）ので，そのことも踏まえると，審判を終結する日や審判をする日をいつにすべきについて，家庭裁判所は，きちんと検討し，当事者に伝える必要がある。

　民事訴訟においては，判決は，期日において言い渡すことが求められている（民訴250条）。しかし，家事審判ではそのような規定はないので，「審判をする日」とは，どのようなことであるのかが問題となる。この点については，審判の内容は，当事者に告知されなければ，意味がないから，審判をする日とは，家庭裁判所が相当と認める方法により審判の告知をすることが可能になる日ということになる。これを具体的にいえば，当事者が審判書正本を窓口で受け取ることができる日ということになる。当然のことながら，今後，家庭裁判所は，新法で審判日が規定された趣旨を十分に認識したうえで，事件の内容等の事情をきちんと踏まえて，適切かつ計画的に審判を進め，審判日を決めて審判書を作成していくことが求められる。

3　家事調停事件の運営

(1)　家事調停手続と家事審判手続との関係

　家事事件手続法について，主に当事者の手続保障に関する規定について説明したが，家事調停については，申立書写しの送付を除き，家事審判手続と同様の手続保障を直接規律する規定や準用規定はない。しかしながら，法の改正の経緯を考えれば，新法施行後の家事調停事件の運用についても，新法の趣旨を踏まえたものとすべきであることは当然である。

　そこで，今後，調停に関する手続の運用等において，いろいろと検討がされると思われるが，そのうち，特に重要と思われる点を指摘することにする。

(2)　家事調停手続の運用

(a)　調停事件における資料

　近年，乙類事件の増加傾向が著しく，争訟性も高いので，当事者の手続保障の必要性が主張されてきている。こうした乙類事件は，その多くが調停事件として申立てがされ，また，審判事件として申立てがされても，ほとんどが調停

に付され，調停において解決されることが多い。その結果，ほとんどの審判事件は，調停事件が不成立となって，審判移行したものとなり，先行する調停事件における調整結果や資料等を引き継いで進行することになる。

また，審判事件と同様に，調停についても，事案ごとに内容が異なるばかりか，いろいろな事件類型があり，事件類型による違いがあるが，一般的にいえば，当事者が相手方当事者の主張や提出資料の内容を知り，そのうえで，自分の主張を検討して，紛争解決の方向を見定めようとする傾向が強くなってきている。こうしたことは，当事者の権利意識の高まりということから説明できるが，当事者が紛争解決に自ら積極的にかかわろうとすれば，当然のことであるともいえる。したがって，当事者のこうした要請に応じることは，当事者の手続保障にかなうことになる。

こうした点は，乙類事件の調停だけではなく，一般事件の調停についても同様であろう。一般事件の調停についても，当事者双方が相手方の主張や提出資料を知ったうえで，調停成立に向けて解決策を検討することが望ましいからである。

そこで，当事者の手続保障を推進する家事事件手続法のもとでは，調停段階においても，相手方当事者からの事件記録の閲覧謄写の許可申立てについては，家庭の秘密や高度のプライバシー等が含まれていない限り，これを許可する方向での運用を行うべきではないかと思われる。そうであれば，これをさらに進め，審判手続において説明したように，当事者に対し，資料を提出するときは，特段の支障がない限り，相手方当事者用の写しを用意してもらい，これを期日で交付するという運用も十分に考えられると思われる。

(b)　調停事件の進行に関する情報

上記(a)において説明したことは，手続進行に関する情報についても同様であろう。すなわち，調停事件の手続は，調停期日において，調停委員会が当事者から直接，事情を聴取して進めており，こうした進行方法については，どの事件もほぼ同じであると思われる。そうであれば，調停委員会は，当事者に対し，どの期日において，何を行っていくか，あるいは行うべきであるのかについて，十分に説明し，当事者に進行について，明確に理解し，認識してもらう必要があるといえる。この点を具体的にいえば，その事件について，どのよう

な点を協議の対象とするのか（これは，当然，事件類型ごとに異なるであろう。），当事者は，各期日において，どのような準備をすべきか，そして，調停期日の当日においては，どの点について，協議をするのか，その後の進行は，おおよそどのようになるのかについて，一応の見通しをもっている必要があるといえよう。

(c) 申立書の写しの送付

家事事件手続法256条1項は，同法67条1項と同様に，原則として，家事調停においても申立書の写しを相手方当事者に送付すべきことを規定している。

その具体的な内容については，家事審判手続において説明したとおりであるが，ここでも，調停の進行が円滑かつ合理的に進行するように，申立書には，相手方が知りたいこと，相手方に知らせておかなければならないことが適切に記載されていなければならない。しかし，申立書の送付が手続の初期段階で行われるのであるから，送付に適さない内容が書かれないように注意する必要がある。

調停の大半を占める夫婦関係調停（離婚調停）は，どうしても感情面を抜きに進めることはできないが，いたずらに相手方当事者を刺激する内容が記載されていると，相手方が調停に出席しなくなり，たとえ出席しても，合理的な主張をすることなく，感情的な応酬を繰り返すことになりがちである。これでは，調停の手続の円滑な進行ができなくなる。他方，こうしたことに配慮しすぎると，申立書の内容が簡素化されてしまい，調停を担当する調停委員会が事前に事案を理解することができず，結局，事案と調停の方向性を検討するために，第1回期日をそのための情報を得ることに使わざるを得なくなる。しかも，簡単化されすぎた申立書では，要警備事件であるか否かなどの情報も得られなくなるおそれがある。したがって，調停においては，審判事件以上に，調停委員会が，調停を進行するに当たり，必要な情報をどのようにして得るか，申立人としても，どのような情報を，どのように調停委員会に伝えるべきかが検討されなければならないであろう。家事審判について，説明したように，送付される申立書に記載できない内容については，事情説明書や陳述書等に記載するなどの工夫がされるべきであろう。

Ⅱ 家事審判事件の審理について——残された課題と今後の運用を含む

　なお，こうした事情説明書や陳述書等は，提出されれば，調停事件の記録となり，当事者から事件記録の閲覧謄写許可の申立てをすることができるが，家庭裁判所は，相当と認める場合にこれを許可することができる（法254条1項・3項）とされており，条文上は，家事審判手続よりも許可の範囲が狭くなっている。

(d) 審判移行後の規律も踏まえた調停運営

　家事審判手続において説明したように，従前の手続では，乙類調停事件が不成立になり，審判移行した場合，調停事件記録は，当然に審判事件記録となるという前提で手続が進行していた。これに対して，家事事件手続法のもとでは，審判事件について各種の手続保障規定が設けられた結果，不成立となった別表第2事件の調停事件記録については，移行後の審判手続において，必要な資料であっても，当然に審判事件の資料になるのではなく，裁判所がこれを事実の調査の対象としない限り，家事審判事件の記録にはならないことになった。その際の事実の調査の通知のあり方については，すでに述べたとおりである。

　このように，調停において提出し，調停事件の記録となった資料は，審判に移行しても，当然に審判事件の資料とならないが，すでに説明したように，事件記録の閲覧謄写の規律が調停段階と審判段階とでは異なるものとなっているから，当事者としては，調停段階において，資料を提出する際，こうした違いに注意を払う必要がある。調停委員会も，当事者に対し，調停段階で提出する資料については，調停が不成立となり，審判手続に移行した場合，相手方当事者が閲覧謄写する可能性があることを事前に説明する必要があるであろう。それゆえ，当事者が提出する資料のうち，相手方に秘匿すべき住所等が記載されている部分があれば，提出する前に，その部分をマスキング等をしたうえで提出してもらうように説明することも必要となる。さらにいえば，非開示を希望する資料があるのであれば，調停段階と審判段階において，閲覧謄写の規律が違うことを理解してもらったうえで，申立書や説明書等に，その旨の意向を有していることやその理由について，明確に記載してもらう必要があるであろう。裁判所においても，調停委員会を構成する裁判官及び調停委員と担当書記官との間で，当事者からの資料提出の方法とその際の説明について，十分に打

合せをしておく必要があるであろう。
　(e)　調停条項の書面による受諾の活用
　家事事件手続法では，遺産分割調停だけでなく，一般の調停及び別表第2事件の調停についても，当事者の一部が遠隔地に居住するなどの理由で裁判所に出頭することができない場合には，出頭することができない当事者が調停条項案を受諾する旨の書面を提出し，他の当事者が調停期日に出頭して当該調停条項案を受諾することにより，調停を成立させることができるものとされた（法270条1項）。ただし，離婚又は離縁については，この方法により調停を成立させることはできない（同条2項）。
　家事審判法のもとでは，この方法によって調停を成立させることができるのは，遺産分割事件についてだけであった（家審21条の2）。遺産分割事件は，当事者が多数に及び，居住地が遠い当事者も多いため，この方法がしばしば利用された。実務では，出頭当事者間において，成立予定の調停条項案を中間合意して調書に記載したうえ，合意内容を不出頭の当事者に提示し，受諾書面を送付してもらうことが多い。
　家事事件手続法では，遺産分割調停だけでなく，調停一般にこの方法を利用することができるようになったため，紛争の迅速な解決に大いに資すると考えられる。特に，音声の送受信による通話の方法と併用して活用すれば，当事者の納得を得て，しかも，手続の迅速化を図ることができると思われる。
　しかし，この方法は，出頭しない当事者が争点とその解決方法等について十分理解していることが前提である。そのため，事前に，争点のほか，他の当事者の意向や調停委員会の考えなどを，きちんと不出頭の当事者に伝えておく必要がある。それをせずに，安易に，この方法を用いると，当事者の納得を得られないのみならず，一方的に調停条項案が示されたとして，調停制度そのものに対する信頼を失うことにもなりかねない。
　(f)　音声の送受信による通話の方法による手続
　家事審判事件の手続において説明したように，家事事件手続法54条1項は，家庭裁判所及び当事者双方が音声の送受信（いわゆる電話会議及びテレビ会議の方法）により同時に通話をすることができる方法によって，家事審判の手続の期日における手続を行うことができると規定し，この規定が家事調停の手続

に準用（法258条1項）されている。ただし，離婚又は離縁についての調停事件においては，電話会議等の方法によっては，調停を成立させることができないことに注意すべきである。

　調停の現場では，当事者の一方又は双方が遠隔地に居住しているなどの理由で調停期日に出席することが困難な場合がある。こうした場合に，どのようにして当事者の出頭を確保するかが問題となっている。調停に代わる審判を利用することもあるが，電話会議等の方法であれば，当事者の意思が明確になるから，当事者にとって便宜である。この方法を活用することにより，家事調停事件の簡易迅速な解決を促進することが期待される。しかしながら，家事審判手続で説明したように，通話している者が当事者本人であることの確認をきちんとする必要があり，また，当事者に不当な影響を及ぼす第三者が同席していないことについても確認すべきことが要請される。しかし，電話会議等の方法が利用できるようになれば，今後の調停実務は，調停条項案の書面による受諾の方法の利用可能な範囲の拡大（法270条）を含め，調停期日に出席することが困難な当事者にとって相当な便宜が図れるものと思われる。

(8)　**調停に代わる審判の活用**

　家庭裁判所は，調停が成立しない場合において相当と認めるときは，当事者双方のために衡平に考慮し，一切の事情を考慮して，職権で，事件の解決のため必要な審判をすることができるとされた（法284条1項）。この点については，従前，家事審判法は，乙類審判事件以外の一般調停について，この調停に代わる審判をすることができると規定していたが，乙類審判事件については，適用しないとしていた（家審24条2項）。しかし，新法では，別表第2事件も調停に代わる審判の対象に含まれることになった。

　従前の運用においては，調停に代わる審判は，一般調停事件について必ずしも十分に活用されていたとはいえなかった。すなわち，従前，一般調停事件において，調停に代わる審判が活用されてきたのは，ほとんどが離婚調停であり，当事者間に実質的に意思の合致が認められるけれども，当事者の一方が調停期日に出頭できなかったり，あえて出頭しないとか，あるいは，ほぼ離婚意思や離婚条件については合意に達しているが，どうしても細部において折り合いがつかないような場合であった。

第1編　総　論

　このように従前，一般調停事件において活用されなかったのは，調停に代わる審判をしても，当事者が異議を申し立てると，審判そのものの効力が失われるため，裁判所が上記のようにこれを利用すべき一定の事由がない限り，当事者から異議申立ての見込みがないと思われる事案に限って利用しようとしていたことにあると思われる。

　新法においても，こうした異議申立ての制度がそのまま引き継がれている（法286条5項）が，調停を内容のあるものとし，より充実させるためには，今後，調停に代わる審判を積極的に活用することが望ましいと思われる。つまり，調停に代わる審判は，当事者が明示的に合意しなくても，積極的に異議を述べるのでなければ調停を成立させることができる，一定の拘束力をもった調停案の提示であると考え，こうした方向での活用と運用が図られることが望まれるのである。当然のことながら，こうした運用を定着させるには，調停段階において，調停委員会が十分資料を収集し，これに基づいて評議を行い，調停委員会としての見解を開示してその根拠等をきちんと説明するなど，当事者に対する積極的な働きかけをしたり，調停に代わる審判の審判書の作成に当たり，一定の理由を記載して，当事者の納得を得るなど，今後，いろいろと検討し，工夫することが必要である。こうした運用を積み重ねることにより，調停に代わる審判に対する信頼，ひいては調停そのものに対する信頼が得られ，その結果，調停そのものが充実することになると思われる。

　特に新法によって，一般調停事件だけではなく，別表第2事件においても活用されることになったのであるから，活用場面については，今後，十分検討することが必要である。

　別表第2事件についていえば，特に遺産分割事件は，当事者が多数あり，その中の一部に調停に出席することに消極的な当事者がいることも少なくないことからすれば，調停に代わる審判を活用することが考えられるであろう。また，遺産分割事件や財産分与事件においては，対象となる不動産の評価が問題となり，当事者間で不動産の価額についての合意に至らない場合がしばしばあるが，このような場合にも活用することが考えられるであろう。さらに婚姻費用分担・養育費分担事件においても，双方の収入資料等を提出し，これに基づいて，算定表を適用することについて合意がされながら，算定表で示された一

Ⅱ 家事審判事件の審理について──残された課題と今後の運用を含む

定の幅（1万円〜2万円）の範囲内でどのようにすべきかについて，どうしても合意ができないような場合にも活用することが考えられるであろう。こうした事件だけではなく，親権者変更事件や面会交流事件等についても活用できないか，活用する場合には，どのようにすべきかなど，活用の仕方や活用のあり方そのものについても，十分検討がされるべきである。

〔秋 武 憲 一〕

第1編 総 論

Ⅲ 家事事件手続法施行に向けた家庭裁判所の取組み

1 家事事件手続法施行に向けた家庭裁判所の取組み

　家事審判法の改正について，法制審議会で審議がされるようになると，東京家庭裁判所をはじめとして，各地の家庭裁判所においては，法制審議会の議論の方向性を踏まえて，検討会や勉強会を行い，法改正の動向等を見て，各種の試行を行ってきた。特に，各家庭裁判所においては，申立書の書式の検討を含めて，申立書の写しの送付の試行を行ったほか，裁判官，書記官及び家庭裁判所調査官等により，審判事件及び調停事件の運用等についての検討委員会を作り，検討と準備作業を行うなどしてきた。
　この検討作業においては，当然のことながら，家事事件手続法で新たに設けられた手続保障に関する規定等をどのように運用すべきかということの検討が行われたが，必ずしもそれだけではなく，家事事件の手続に関する法規が全面改正されるという機会に，従前の手続や運用のあり方についての見直しを行い，これを新法の運用に活かせないかということも検討された。そして，別表第2事件についての検討だけではなく，調停手続についても検討がされた。その結果，別表第2事件については，主要な事件を類型ごとに検討するとともに，審判の前段階である調停において，どのような資料の提出を求めるべきか，また，どのように調整し，調停委員会案を提示すべきかなどについて検討され，検討結果に基づき実践されるなどしたのである。このように，家事事件手続法の施行前においても，各種の試行が行われ，従前の実務の見直し作業も行われた。

2 家事事件手続法施行に向けた準備作業と今後の方針

　家事事件手続法の施行は，家庭裁判所だけでは行えない。それゆえ，当事者，特に代理人となる弁護士と手続や運用方法等について，まず共通の認識をもたなければならない。そのため，東京家庭裁判所をはじめとして，各地の家庭裁判所は，弁護士会等とも意見交換をしている。裁判所によっては，大学の研究者とも意見交換をすることで，家庭裁判所実務について，客観的な視点からの意見聴取をするなどしている。

　今後，より具体的な運用指針を策定していくことになるが，運用指針は，策定したら終わりとなるのではなく，必ず検証作業を行う必要がある。今後も弁護士会等との意見交換を継続的に行い，是正すべき点があれば，改めるべきである。各地の家庭裁判所は，従前から，弁護士会等と意見交換等を行ってきているが，家事事件手続法の施行を踏まえて，従前以上に活発かつ頻繁に意見交換等がされなければならない。こうしたことを今後も継続することが望まれる。家事事件手続法の運用は，裁判所と当事者が頻繁に意見交換し，これに基づいて実践することで，実務として定着するはずである。

〔秋　武　憲　一〕

第 2 編

各 論

新法の解説

I 総則規定

論点 1 裁判所及び当事者の責務

1 家事事件手続における信義誠実の原則

　家事事件手続法2条は、裁判所は家事事件の手続が公正かつ迅速に行われるように努めて、当事者は信義に従い誠実に家事事件の手続を追行しなければならないとして、家事事件における裁判所と当事者の責務を定めている。
　これは民事訴訟法2条と同様の規定であるが、これまで家事審判法にはなかったものである。

2 これまでの実情

(1) 家事審判法のもとでの手続進行の実情
　これまでも、当事者でありながら手続の進行に非協力的な者がおり、そのために手続が遅滞することがあった。そして、このことで他方当事者が不満をもち、裁判所もこのような事件の進行に苦慮していた。
　家事審判法のもとにおいては、当事者が不当な目的で濫りに家事調停の申立てをしたときには、調停をしないことができると定められており（家審規138条）、申立人が調停期日に連続して出頭しないときや、調停不成立となった直後に再び調停を申し立てるときなどに、これを適用することがあった。

また，家事審判においても，誠実に家事事件の手続を追行しない当事者に対して不利益な取扱いをすることがあり，乙類審判事件（養育費）において，申立人が審判期日に出頭しないことなどから当事者の手続協力義務を怠ったとして，申立てを却下した事例☆1，甲類審判事件について申立てが権利の濫用として却下した事例☆2 などがあった。

(2) 当事者主義的運用

こうした状況に加え，紛争性を有し，実質的に対立する相手方の存在が予想される乙類審判事件とそうではない甲類審判事件とは本質的に性質が異なり，乙類審判事件は，審判手続の進行や資料収集について当事者の協力が必要であるとして，乙類審判事件，特に財産関係の事件では，甲類審判事件とは手続上異なる原則を採用すべきであり，手続の進行について当事者に協力させ，非協力の当事者に対しては不利益を課するなどの措置を講ずる必要があるのではないかといわれていた☆3。

実務上も，乙類審判事件のうち遺産分割事件など公益性の薄い財産上の争いについては，当事者に手続の主体としての地位を認めたり，本来当事者の自由な処分に委ねられていた事項については，当事者の合意を尊重したりしていた一方，当事者に手続や事案解明への協力を求めており，これを「当事者主義的運用」と呼んでいた☆4。

3　家事事件手続法2条の趣旨

家事事件手続法では，当事者に主体的な地位を与えて，これまでよりも当事者の手続上の権能が強化されているが，これに対応して，当事者に信義に従い誠実に家事事件の手続を追行する責務も要求され，家事事件手続法2条は，当事者の権能行使に一定の制約があることを明らかにしている。

また，家事事件の目的が適切に実現されるためには，当事者の協力だけでな

☆1　横浜家審平8・9・11家月49巻4号64頁。
☆2　東京家審昭41・2・23家月18巻9号93頁。
☆3　家審法講座(1)・42頁〔綿引末男〕。
☆4　実務講義案・89頁，講座実務家審(1)・26頁〔佐上善和〕。

く，手続の主宰者である裁判所が公正かつ迅速に手続を行うように努めなければならないのは当然であることから，これもあわせて定めている。

4 職権探知等と家事事件手続法 2 条との関係

家事事件手続法 2 条について，裁判所の職権探知主義・公益的・後見的役割から，民事訴訟法 2 条と同様の規定を設けることには問題があるとの指摘がある。

しかしながら，家事事件手続法における裁判所の職権探知主義・公益的・後見的役割は，家事事件の性質からして，これまでと同様であり，これらが軽減されるということはない。むしろ，未成年者である子がその結果に影響を受ける家事審判の手続のときには，子の意思を把握するように努めて，その意思を考慮しなければならないと定めている（法65条）ことからすれば，これまで以上に裁判所の公益的・後見的役割に対する期待は大きくなっているというべきである。

しかし，家事事件の多くは申立てによって始まるのであり，また，裁判所がこのような職権探知，公益性や後見性を維持しつつ，公正・迅速に家事事件を処理するためには，当事者は積極的に自己の言い分を主張したり，資料を提出したりするなど当事者が主体的に手続を追行して，手続の進行に協力する必要があるというべきである。そして，当事者が不誠実・非協力的な態度であれば，家庭裁判所調査官の専門性を活かした関係者の人間関係の調整や修復などといった裁判所の職権探知主義・公益的・後見的役割も十分に発揮できなくなるおそれがある。

その結果，他方当事者や審判の結果により直接の影響を受ける者ら（法42条2項）に不利益が及ぶことも考えられ，そのような結果が生じることは避けるべきであるから，当事者の主体的な手続追行と手続進行についての協力が望まれる。

また，職権探知主義であるか否かにかかわらず，当事者が信義に従って誠実に手続を追行することは，裁判手続一般に当てはまるものである。それゆえ，職権探知主義である人事訴訟手続においても，民事訴訟法 2 条が適用されるのである。

したがって，家事事件手続法において，民事訴訟法2条と同様の規定を設ける必要がないというのは表層的な考えといえる。

そして，当事者が信義に従って誠実に手続を追行したうえで，裁判所が職権探知主義・公益的・後見的観点から事件に関与すること，すなわち当事者及び裁判所が相互に協力することによって，それぞれの責務を十分に果たすということは十分可能であり，それゆえ職権探知主義などと家事事件手続法2条は両立するといえる。

5 別表第1の審判事件及び調停事件への適用

家事事件手続法2条は，民事訴訟法2条と同様の規定であるが，民事訴訟手続と同様に，二当事者が対立する構造である別表第2の審判事件に適用されるのは当然である。

別表第1の審判事件については，後見開始など公益的・後見的側面が強い事件が多いものの，当事者の協力や裁判所が公平・迅速にその権限を行使することにより，裁判所の公益的・後見的権能が十分発揮できるといえる。

また，調停は，当事者が合意して紛争を解決するものであり，裁判所が一定の判断を示す審判手続とは違うものの，調停の進行や調停の成立について，当事者の協議と合意が必要であるという意味では，当事者の主体的地位は民事訴訟手続よりも大きく，当事者の協力がなければ適正かつ円滑な調停の進行や合意形成ができないといえる。また，民事調停においては，「調停に関与する者は，調停が適正かつ迅速に行われるように，期日外において十分な準備をしなければならない。」とも定めている（民調規8条の2）。

そのため，家事事件手続法2条は，別表第1の審判事件及び調停事件にも適用される。

6 どのような場合に家事事件手続法2条に反したとして，不利益な取扱いが許容されるのか

(1) 効力規定か否か

家事事件手続法2条は，同法の理念が表されているが，その趣旨内容からすれば，同条は，家事事件のあらゆる場面において適用されることはいうまで

I　総則規定　論点1

もなく，また，効力規定と理解するのが相当である（ただし，その適用については，後記のとおり，考慮すべき点が多々ある。）。

忌避の簡易却下（法12条5項），記録の閲覧謄写の却下に対する即時抗告の簡易却下（法47条9項），申立書の補正に応じない場合における申立書の却下（法49条5項・255条4項），家事審判の申立ての取下げの擬制（法83条），調停をしない措置（法271条）など，家事事件手続法の具体的規定の中において，家事事件手続法2条の法意を具体化しているものがあり，これらの場合については，同条ではなくこれらの具体的規定が適用されることになる。

上記以外において，どのようなときに家事事件手続法2条が適用されるのか，また，これに違反したときの具体的不利益がどのようなものであるかについては，具体的規定がないことから問題になるが，民事訴訟と同様に，家事事件の手続上の禁反言，家事事件の手続上の権能の失効及び家事事件の手続上の権能の濫用の禁止（紛争の蒸し返しの防止，もっぱら当事者を困惑させる目的など不当目的の申立ての防止）などが考えられる。

(2)　考慮すべき事情

家事事件手続法2条は，当事者の主体性を前提として当事者の責務を認めているものの，これが不当に強調されると，責務を怠ったことを理由に審理が打ち切られるなど，当事者らの主体性を認めた趣旨を損なうおそれがあるから，安易な適用を避けるのは当然である。また，二当事者が対立する民事訴訟と異なり，家事事件には，後見人選任や未成年者の親権者の指定の事件など，公益的・後見的要素が強い事件があるが，家事事件手続法では，裁判所の職権探知主義・公益的・後見的役割は軽減されておらず，これらの役割を裁判所が十分に果たす必要があるのは当然である。それゆえ，当事者として求められる役割を果たさない者に対して軽々に何らかの不利益を課することは相当ではない。

加えて，家事事件には，当事者以外にも被後見人や未成年者のように審判を受ける者となるべき者（法42条1項）や審判の結果により直接の影響を受ける者（同条2項）がいる事件があるから，当事者の一方がその責務を果たさなかったとして家事事件手続法2条により不誠実な当事者に対して不利益を課す

場合には，他方当事者や当該手続に関与していない未成年者や被後見人らに対する影響も十分考慮すべきである。むしろ，そのような可能性があるときには，裁判所の職権探知主義・公益的・後見的役割から裁判所が積極的に関与して適切な解決を図ることが相当なことが多いと思われる。

ただし，遺産分割などこれまで当事者主義的運用がなされていた家事事件については，公益的・後見的要素が比較的低いこと，これまでよりも当事者の主体的な手続追行が保障されたことから，これまでよりも与えられた権能を誠実に行使して，事案解明に協力することがより強く求められているといえる。

(3) 家事事件の手続上の禁反言

家事手続上の禁反言が適用されるかどうかは，個別具体的事案ごとに検討する必要があるものの，これまでも当事者主義的運用がなされていた遺産分割，財産分与などについては，遺産等の範囲や評価の方法などについて，調停においてできる限り当事者間で合意したうえ，審判移行後には合意できなかった部分を中心に審理をすることが多いことから，審理の経過，他方当事者が被る不利益，実体的真実との乖離の程度などを考慮して，合意内容の撤回を認めるべきでないときには，適用される余地は十分にあると思われる。

(4) 紛争の蒸し返しと申立権の濫用

家事事件では既判力が認められていないものの，別表第2の審判事件において，審判が確定した直後に再び同一の調停又は審判を申し立てたときは紛争の蒸し返し，すなわち申立権の濫用として[☆5]，信義則違反が適用される余地があると思われる。

なお，審判や調停に必要な資料を容易に提出できるのにもかかわらず，それをしなかった当事者については，家事事件手続法56条の問題となるので，**論点14**「事実の調査」に譲ることとする。

☆5 島岡大雄「乙類審判における先行審判のむし返しの可否」判タ1155号（2004）87頁。

7　裁判所の責務について

　家事事件手続法2条では，裁判所に対しても家事事件の手続が公正かつ迅速に行われるように努めなければならないと定められている。

　家事事件手続法では，当事者の権能が強化されているが，裁判所の職権探知主義・公益的・後見的役割もこれまでと同様に果たす必要がある。このような観点から事件処理をするために裁判所には幅広い裁量が認められているが，裁判所がその権限を適切に行使しなければならないことは当然である。

　そのため，家事事件の手続における進行，裁判所の権限の行為において，公正の要請が重要になってくる。また，迅速とは，単に時間的な意味にとどまらず，充実した家事事件の進行を意味すると解するべきであり，裁判所もこれに沿って家事事件を進行させる必要がある[☆6]。

〔髙橋　信幸〕

☆6　調停について，星野雅紀「講演 調停の現状と展望」判タ1288号（2009）24頁。

論点 2 管　轄

1　家事事件手続法における管轄

家事審判法は，管轄一般について，同法7条により旧非訟事件手続法2条，3条本文及び4条を準用していた。また，土地管轄については，家事審判規則及び特別家事審判規則において，事件の種類ごとに規定していた。

家事事件手続法では，管轄裁判所について必要な見直しを行い，審判において，事件類型ごとに土地管轄を定め（成年後見につき法117条など），調停事件において，相手方の住所地を管轄裁判所としたうえ，別表第2の審判事件及び調停について合意管轄（法66条・245条）の規定を設けている。

そして，総則では，このような個別の規定では管轄が定まらない場合の補充的な規定（法4条・6条・7条）を設けたほか，優先管轄（法5条）及び管轄の標準時（法8条）の規定を設けている。

なお，裁判所は，管轄の有無を調査する義務があるが，家事事件は職権探知主義であり，そのため必要な証拠調べも当然に職権で行うことができることから，家事事件手続法では民事訴訟法14条と同様の規定は設けられてない。

2　住所により管轄が定まる場合における管轄権を有する家庭裁判所

家事事件手続法4条は，これまで家事審判法で準用していた旧非訟事件手続法2条1項・2項と同様の規定であり，民事訴訟法4条1項と同旨のものである。

3　優先管轄

家事事件手続法5条は，これまで家事審判法で準用していた旧非訟事件手続

続法3条本文と同様の規定である。

家事事件の中には複数の裁判所に管轄権が認められるものがある（例えば婚姻費用分担に関する処分についての審判事件は，夫又は妻の住所地を管轄する家庭裁判所の管轄に属する〔法150条3号〕。）が，家事審判法では，管轄について明確にするために，先に申立てを受け，又は職権で手続を開始した家庭裁判所が管轄することになり，他の裁判所は管轄権を失う優先管轄の規定があった。家事事件手続法においても，これまでと同様に優先管轄の規定が設けられた（法5条）。これは，複数の裁判所に管轄権が認められるときにおいて，その一つの裁判所に訴えが提起されても，その他の裁判所の管轄権は失われない民事訴訟法とは異なる取扱いである。

優先管轄の規定により具体的な取扱いに差異が生じるのは移送の場合であり，優先管轄であれば，管轄裁判所への移送とはならない（法9条2項）。

4 管轄裁判所の指定

家事事件手続法6条は，管轄裁判所の指定であり，これまで家事審判法で準用していた旧非訟事件手続法4条と同様の規定である。

旧非訟事件手続法4条では，数個の裁判所のうちどの裁判所が土地管轄を有するかについて疑いがあるときに，直近の上級裁判所が管轄裁判所を定めるものとしているが，管轄裁判所が裁判権を行うことができない場合については規定がなく，民事訴訟法10条により，直近の上級裁判所が管轄裁判所を定めるものと解されていた。

家事事件手続法でも，民事訴訟法10条と同様に，管轄について疑いがあるときのみならず，管轄裁判所が裁判権を行うことができないときも，直近の上級裁判所が管轄裁判所を定めるものとしている（法6条1項・2項）。

5 他の規定により管轄裁判所が定まらない場合

家事事件手続法7条は，管轄権を有する家庭裁判所の特例であり，これまで家事審判法で準用していた旧非訟事件手続法2条3項前段と同様に，管轄裁判所が定まらないときには，財産の所在地及び最高裁判所の指定した地の裁判所を管轄裁判所とすることを定めており，最終的に管轄裁判所が定まらない

事態は生じないことになっている。

旧非訟事件手続法では，単に「財産ノ所在地」となっていたが，ここでいう財産の所在地とは，当該事件がその財産のために開始された場合における当該財産の所在地をいうものと解されていたことから[☆1]，家事事件手続法では「審判又は調停を求める事項に係る財産の所在地」として，この点を明確にしている。

また，最高裁判所規則で定める地は，東京都千代田区となる（規則6条）から，同地を管轄する東京家庭裁判所が管轄裁判所となる。

6　管轄の標準時

家事事件手続法8条は，管轄の標準時を定めたものである。

管轄の標準時は，これまで家事審判法が管轄について準用していた旧非訟事件手続法でも定められていなかったものの，実務上，管轄の標準時を定めた民事訴訟法15条と同様に，土地管轄は事件開始の時を標準として定まり，いったん適法に，事件が特定の裁判所に係属した以上，たとえその後に住所が変動したとしても，その事件はこのために管轄違いになることはなく，申立てがあった時又は裁判所が職権で手続を開始した時が管轄の基準になると解されていた。

家事事件手続法8条は，これまでの取扱いを維持したものであり，民事訴訟法15条と同様の規定となっているが，家事事件では職権で手続を開始することがあることから，その場合の規定もあわせて設けている。

7　民事訴訟法7条の不準用

併合請求の場合における管轄について，家事事件手続法では，民事訴訟法の併合請求における管轄（民訴7条），応訴管轄（民訴12条）の規定が設けられていない。これは，家事事件の管轄は，公益的・後見的側面があること，審判においては事件類型ごとに定められた場所において審理すべきであることなどから，原則として専属管轄とされているからである。

☆1　注解家審法・79頁〔菊池信男〕。

Ⅰ 総則規定 論点2

しかし,審判において,当事者の一方に当事者が複数おり,その管轄が異なることが多い事件類型については,その事件類型ごとに,特別の規定が設けられている(子の監護に関する処分につき法150条4号,子の氏の変更の許可につき法160条1項,扶養について法182条1項・3項など)。

これに対して,調停については,原則として,相手方の住所地を管轄する家庭裁判所が管轄裁判所(法245条1項)となっていることから,複数の相手方がおり,相手方ごとに管轄裁判所が異なるときには,申し立てられた裁判所に管轄がない相手方との関係において管轄権のある裁判所に申立てがなされたといえるのかが問題になる(例えば,扶養の場合,審判の申立てならば,前述のとおり特別の規定があるものの,調停の申立てでは,そのような規定がない。)。

しかし,これまでも,このような場合には,管轄のない相手方については,自庁処理をするなどして,申立て自体は管轄権のある裁判所に対してなされたものとして取り扱っていたのであり,今後も,事案に応じて,移送や自庁処理の規定により,適切な裁判所において事件が処理されるようにするべきであろう。

8 調停と審判で管轄権を有する裁判所が異なる場合

家事事件手続法において,例えば,婚姻費用分担の審判事件は,夫又は妻の住所地を管轄する家庭裁判所が管轄裁判所であるが,婚姻費用分担調停は,相手方の住所地を管轄する家庭裁判所が管轄裁判所となる。そこで,婚姻費用分担調停が申し立てられ,この調停が不成立となって審判に移行した場合,相手方の住所地を管轄する裁判所と申立人の住所地を管轄する裁判所との関係はどのようになるのかということが問題となる。

調停が不成立となれば,家事調停の申立ての時に家事審判の申立てがあったとみなされる(法272条4項)が,優先管轄(法5条)の規定によれば,複数の裁判所が管轄権を有するときは,先に申立てを受けた裁判所が優先するから,相手方の住所地を管轄する家庭裁判所が管轄裁判所となって,申立人の住所地を管轄する家庭裁判所は管轄権を有しないことになる。

そのため,相手方の住所地を管轄する家庭裁判所に上記調停を申し立てた申立人が,調停が不成立となり,審判に移行した場合に自分の住所地を管轄する

41

第2編　各　　論　　新法の解説

家庭裁判所への移送を申し立てるときには，家事事件手続法9条2項1号に基づいて判断されることになる。

　なお，別表第2の審判事件を調停に付したときには家事事件手続法274条2項により処理することになる。

　さらに，上記事件について，申立人と相手方がそれぞれの住所地以外の地を管轄する家庭裁判所を調停裁判所とする旨の合意をした場合に，調停が不成立となったときの管轄裁判所はどこになるかという問題がある。従前の実務では，調停をした裁判所が当然に，審判をする裁判所になるとしていたが，調停と審判とは異なる手続であるから，当然になるというのではなく，審判をする裁判所が自庁処理した結果，管轄裁判所になったと考えるべきであろう。この点は，家事事件手続法のもとでも，家事事件手続法66条の管轄の合意がない限り，同様である。

〔髙　橋　信　幸〕

論点 3　移送・自庁処理

1　移送・自庁処理に関する規定の整理

　家事審判法では、家事審判規則4条1項において、管轄のない裁判所から管轄裁判所への移送及び自庁処理、同条2項において、管轄裁判所から管轄のない裁判所への移送、同規則129条の2において、調停事件における移送の各規定が設けられていた。

　家事事件手続法では、移送については、民事訴訟法と同様に法律事項としたうえ、移送の規定を整備している。

2　管轄権を有しない裁判所による移送・自庁処理

(1)　申立てによる移送

　家事審判法では、移送については、管轄のない裁判所から管轄裁判所へ移送すること（必要的移送）を原則としたうえ、特に必要があるときは、他の家庭裁判所へ移送することや自庁処理をすることを認めていた（家審規4条1項）。

　なお、家事審判法7条は、旧非訟事件手続法を準用していたが、家事審判規則4条1項は、旧非訟事件手続法の準用がない特別の定めであることから、同法3条ただし書は準用されず、当事者には、移送の申立権はないとされていた[☆1]。

　そのため、当事者に管轄裁判所への移送を含めて移送又は自庁処理の申立権は認められていないから、管轄についての希望があったとしても職権発動を促す意味しかなかった。その結果、移送の審判は、家庭裁判所の職権事項であって、移送するかどうかは、家庭裁判所の裁量権に属する事項であるとされてい

☆1　注解家審法・79頁〔菊池信男〕。

第2編 各　　論　　新法の解説

た。
　家事事件手続法では，当事者のよりいっそうの主体性を認め，また，当事者には管轄裁判所において裁判を受ける権利があることから，管轄のない裁判所から管轄裁判所への移送については，当事者の申立権を認めるとともに不服申立て（即時抗告）も認めることになった（法9条1項本文・3項）。

(2) 自庁処理
　これまで，事件を処理するために特に必要と認められるときには，管轄のない裁判所において事件処理をすること，すなわち自庁処理をすることが認められており，実務上，弾力的に運用していた（家審規4条1項ただし書）☆2。
　家事事件手続法においても，これまでと同様に，事件を処理するために特に必要があると認められるときに自庁処理を行うことができることになった（法9条1項ただし書）。

(3) 他の管轄のない裁判所への移送
　家事審判法のもとでは，自庁処理とあわせて，管轄のない裁判所が他の管轄のない家庭裁判所へ移送することを認めていたが（家審規4条2項），家事事件手続法でも同様にこれを認めている（法9条1項ただし書）。
　ただし，管轄のない裁判所が他の管轄のない裁判所に移送するということは，例外的な取扱いであるので，慎重に判断するべきであると考えられることから，その要件はこれまでと同様「事件を処理するために特に必要があると認めるとき」に限っている。また，当事者には，こうした移送の申立権は認められていない。

(4) 当事者の意見聴取
　当事者にとって，どこの裁判所において事件が処理されるかについては強い関心があるところであり，これまでも，当事者の意向を聴いたうえで移送や自庁処理を行っていたと思われる。また，人事訴訟では，自庁処理や移送の申立

☆2　実務講義案・44頁。

てがあったときは相手方の，職権により自庁処理や移送をするときには当事者の意見を聴かなければならないとしている（人訴規4条・5条）。

家事事件手続規則では，家事事件手続法9条1項ただし書によって，自庁処理するときには，当事者及び利害関係参加人の意見を聴取しなければならず，管轄権のない裁判所に移送するときには，当事者らの意見を聴取することができる旨定められている（規則8条1項・2項）。

3 管轄裁判所による移送

(1) 家事事件手続法における管轄裁判所による移送

家事審判法のもとでは，管轄裁判所による移送の規定を設けていたが（家審規4条2項），家事事件手続法でも同様の規定を設けた（法9条2項）。

家事事件手続法9条2項では，同法5条で優先管轄が認められなかった裁判所に移送する場合（法9条2項1号）と，管轄のない裁判所に移送する場合（同項2号）の2つに分けているが，いずれも管轄のない裁判所から管轄裁判所への移送と異なり，職権のみであり，移送申立権は認められていない。

(2) 優先管轄により管轄権を失った裁判所への移送

優先管轄により管轄権を失った裁判所への移送については，優先管轄の規定により管轄権を失うまでは管轄権が認められていた裁判所への移送であることから，「家事事件の手続が遅滞することを避けるため必要があると認めるときその他相当と認めるとき」とその要件を明確にして，これまでと同様に，家事事件手続法9条2項2号よる移送よりも裁判所の広い裁量を認めている（法9条2項1号）。

(3) 事件を処理するための移送

これまでは，管轄裁判所が優先管轄により管轄権を失った裁判所やそれ以外の裁判所へ移送することは，いずれも，事件を処理するために適当であると認められれば可能であった（家審規4条2項）。これは，管轄裁判所には移送するか否かの裁量があり，その判断を尊重すべきであるという考えが背景にあった。

第2編 各　　論　　新法の解説

しかし，どこの裁判所で事件を処理すべきであるかについての要件は，管轄裁判所で事件を処理するのが相当か，それとも管轄裁判所以外の裁判所で事件を処理するのが相当かという観点から定められるべきであって，移送又は自庁処理についての判断をする主体がどこかによって変わるべきではないという考えや，管轄裁判所に事件が係属している以上，当事者には管轄裁判所で裁判を受ける権利があり，その管轄裁判所が軽々に移送を認めるべきではないという考えがあった。

そこで，家事事件手続法では，管轄裁判所による移送であったとしても，優先管轄の規定により管轄が認められなかった裁判所以外の裁判所への移送は，管轄のない裁判所が同じく管轄のない裁判所へ移送するときと同様に「事件を処理するために特に必要があると認めるとき」でなければならないと定め，これまでよりも厳格にしている（法9条2項2号）。

(4) 当事者の意見聴取

家事事件手続法9条2項による移送の判断をするときには，家事事件手続規則により，同条1項ただし書と同様に，当事者らの意見を聴くことができることになった（規則8条2項）。

4　即時抗告

(1) 家事審判法のもとでの不服申立て

どこの裁判所で家事事件が行われるのかについては，当事者らに影響を与えることから，これまでも，移送の決定に対しては即時抗告権が認められていた（家審規4条の2）。

しかし，家事審判法のもとにおいては，移送は職権で行うものであって，当事者に移送の申立権はなく，当事者から移送の申立てがあったとしても，あくまでも職権発動を促すものであることから，裁判所は，移送の申立てに対する応答義務はなく，移送申立てを却下する審判をする必要もなかった。

そのため，仮に，移送の申立てを認めなかった（却下した）としても，旧非訟事件手続法20条1項の準用による積極説もあるものの[3]，これに対して不服申立てをすることはできないと解されていた[4]。

また，自庁処理に対する即時抗告ができるか否かについては積極[5]，消極の両説[6]があるものの，これを認めないのが通説であった[7]。

(2) 家事事件手続法のもとでの不服申立て

家事事件手続法では，これまでと同様に，移送の裁判に対して即時抗告できるとともに，同法9条1項本文により当事者に移送申立権が認められたことから，この申立てを却下した裁判に対しても即時抗告ができることになった（法9条3項）。

しかし，職権で移送の可否を判断する場合において，移送を認めなかったときや，自庁処理を認めたときには，これに対する不服申立てが認められないことも明確になった。

なお，管轄のない裁判所に事件が係属した場合には，相手方は，管轄違いを理由に移送の申立てをすることができるが，裁判所が自庁処理するのが相当であるとして，移送の申立てを却下したときは，相手方は，却下した裁判に対して，即時抗告することができ，抗告審において，管轄の有無だけではなく，自庁処理が相当であるかどうかについても争うことができる。

5 移送の裁判の拘束力

これまで，家事審判法には，移送の裁判の拘束力について明文の規定がなかった。実務では，反対説もあるものの，再移送できると解されていた[8]。

しかし，裁判所間で次々に移送が繰り返され，裁判所の権限争いにより当事者に著しい不利益を及ぼす結果になることなどを防止する必要があるために，

---

[3] 名古屋高決昭29・11・25高民集7巻10号822頁，家審法講座(1)・40頁〔綿引末男〕。
[4] 東京高決昭36・12・1家月14巻6号110頁。
[5] 名古屋高決昭44・1・10家月21巻7号77頁など，家審法講座(1)・41頁〔綿引〕。
[6] 佐上・家審法・133頁。
[7] 実務講義案・44頁。
[8] 東京家審昭46・4・26家月24巻5号63頁，注解家審規則・26頁〔篠清〕，実務講義案・45頁。

第2編　各　　論　　新法の解説

家事事件手続法9条5項では，民事訴訟法22条を準用して，移送の裁判の拘束力を定めることとなり，再移送ができないこととなった。

〔髙橋　信幸〕

論点 4　除斥・忌避・回避

1　除斥・忌避

　除斥・忌避は，いずれも，具体的事件において，それを取り扱う裁判官等がたまたまその事件と特殊な関係があるために不公平な審判等をするおそれがある場合に，公平な裁判を保障し，一般の信頼を得るために，当該裁判官等を当該事件の職務の執行から排除する制度である。
　このうち，除斥は，法定の事由があると，裁判によって法律上当然に職務執行ができなくなる場合であり，忌避は，除斥事由以外の裁判の公正を妨げる事情がある場合に，当事者の申立てに基づき，裁判によって職務執行をできなくするものである。

2　裁判官・参与員・裁判所書記官の除斥・忌避

　家事審判法では，家事審判官，参与員及び裁判所書記官の除斥及び忌避について，民事訴訟法を準用していた（家審4条，民訴27条）。また，家事審判規則では，除斥及び忌避に関する民事訴訟規則が準用されていた（家審規4条の3）。
　家事審判官は，審判において判断作用を行うこと，参与員は，審判に立ち会い又は審判について意見を述べる立場であり，いずれも公正さを要求される。また，家事審判官は，単独又は調停委員会を構成して調停を行うことから，調停の進行などについて公正さが要求される。
　家庭裁判所の裁判所書記官も，地方裁判所の裁判所書記官と基本的には同一の職務を行うもので，調書の作成等につき公正さを要求される。
　そして，このことは家事事件手続法においても変わらないことから，裁判官，参与員及び裁判所書記官については，これまでと同様に，除斥・忌避の規定が設けられた（法10条〜14条）。

3　家事調停官への準用

家事調停官の除斥・忌避については、これまでは明文で定められていなかったものの、家事調停官も家事調停を担当する裁判官と異なる取扱いをする必要がないことから、家事事件手続法では家事調停官にも除斥・忌避の規定が準用されることが明文化された（法15条）。

4　家庭裁判所調査官の除斥

(1)　家事審判法における取扱い

家事審判法では、除斥・忌避に関する民事訴訟法の準用が、家事審判官、参与員及び裁判所書記官に限られており（家審4条）、家庭裁判所調査官には準用されていなかった[☆1]。

これは、家庭裁判所調査官がその職務を行うには、裁判官の命令に従わなければならないこと（裁61条の2第4項）、家庭裁判所調査官の調査は事実の調査の一環として行われているのであって、最終的な判断権者ではないこと、家庭裁判所調査官に除斥事由又は忌避事由があると疑われる事情があれば、裁判所の判断により、当該調査官を事件に関与させないことができることなどが考慮されていた。

(2)　家事事件手続法における取扱い

しかしながら、家庭裁判所調査官が行う活動の重要性や審判又は調停の公正さをより確保する観点から、家庭裁判所調査官にも除斥・忌避に関する規定を準用すべきであるとの意見が根強かった[☆2]。

家事事件手続法は、家庭裁判所調査官の行う活動の重要性から、事件の関係と特別の関係があると調査活動の公正さに疑念を抱かせ、審判の公正適切さへの信頼を失うことになりかねないとして、除斥に関する規定を準用することとした。

☆1　兼子一編『増補判例民事訴訟法(上)』（酒井書店、1976）124頁。
☆2　家審法講座(1)・27頁〔綿引末男〕。

(3) 忌　　避

　忌避については，法制審議会（非訟事件手続法・家事審判法部会）において，除斥と同様に家庭裁判所調査官の職務の重要性からこれを設けるべきであるという意見もあった。

　しかし，前述のとおり，これまで家庭裁判所調査官に除斥や忌避が認められなかった理由である家庭裁判所調査官の職務行為の性質，また，当事者と直接接する機会が多い家庭裁判所調査官に対しては，調査やその結果をめぐる当事者からの不満が濫用的な忌避の申立てにつながりやすく，その結果，手続の遅延を招きやすいこと，調査結果に対する不満は，調査報告書を閲覧謄写したうえ，自らの主張として述べることで対応すべきであることなどから，忌避制度は採用されなかった。

5　家事調停委員の除斥

(1) 家事審判法における取扱い

　家事審判法では，家事調停委員について，除斥や忌避が認められるべきという見解があった☆3 ものの，家庭裁判所調査官と同様に，同法で準用する民事訴訟法の規定がない家事調停委員には除斥・忌避の規定は準用されていなかった☆4。

　これは，調停委員が調停委員会を組織しており，公正さを要求されることは当然であるものの，調停が当事者の合意を基本とする自主的紛争解決方法であること，家事審判官との評議よって調停を進めるものであり（家審規135条），家事審判官が調停手続を指揮するものとされていることなどが考慮されていた（家審規134条)☆5。

　また，家事審判法のもとにおいても，家事調停委員が当事者と現在又は過去に特別の関係にあったときなどには，申出に基づいて，その事件を担当させなかったこと，後に除斥原因が発覚したときには，その時点で事件の担当から外

　☆3　注解家審法・70頁〔岩井俊〕。
　☆4　大阪高決昭58・1・31家月36巻6号47頁及びその原審である神戸家審昭57・12・3家月36巻6号49頁。
　☆5　注解家審法・70頁〔岩井〕。

すこともできることから，あえて除斥や忌避の規定の準用がなくても大きな支障はなかったといえる。

(2) 家事事件手続法における取扱い

しかし，調停が裁判と異なるといっても，調停事件の関係者と特別な関係を有するときなどは，家事調停委員の活動の公正さに疑念を抱かせて，ひいては調停への信頼を揺るがせかねないことから，調停委員についても除斥や忌避を認めるべきであるとの主張がなされていた☆6。

そこで，家事事件手続法では，家庭裁判所調査官だけでなく，家事調停委員についても，除斥の制度が設けられた。

今後も，これまでと同様に，除斥事由があれば，申告によりその者を家事調停委員に選任しないなど，選任などの手続段階において注意していくことが必要である。

(3) 忌　　避

忌避については，法制審議会において，家庭裁判所調査官と同様に，除斥だけでなく忌避の規定を設けるべきとする意見もあったものの，調停は当事者の合意によって紛争を解決する手続であって審判とは異なること，当事者が家事調停委員を信任しないときには，調停において合意しないことができることなどから，忌避の制度が導入されなかった。

6　除斥理由

(1) 除斥理由（その1）

家事事件手続法における除斥理由は，これまで準用していた民事訴訟法の規定に沿って，裁判官らと当事者が深い関係があるとき（法10条1項1号～3号・5号），裁判官らと証人・鑑定人らと分離して，事実認定をより客観的なものとする必要があるとき（同項4号），不服申立てがされた裁判などをした者とその

☆6　荻原金美「民事調停における当事者権の保障」『民事調停の諸問題〔別冊判タ4号〕』(1979) 41頁以下。

当否を判断する者と分離して，不服申立てに対する判断をより中立的なものとする必要があるとき（同項6号）が定められている。

(2) 除斥理由（その2）
　家事事件では，民事訴訟と違い，当事者以外に裁判の効果を直接受ける者として裁判を受けるべき者が存在しており，裁判官らがそのような者に該当する場合又はそのような者と特別の関係にある場合には，当該裁判官らが当該事件に関与することを否定すべきであることから，このような場合にも除斥理由としている（法10条1項1号～3号・5号）。
　なお，「審判を受けるべき者」とは，当事者参加，利害関係参加における「審判を受けるべき者」と同じであり，積極的内容の審判が出された場合において，その審判を受ける者である。

(3) 除斥理由（その3）
　家事事件では，民事訴訟と違い，裁判官が審問により当事者らから陳述を聴くことも多いが，審問結果が審判の資料になること，証人尋問を受けたことを除斥理由としていることとの均衡から，審問を受けたときということも除斥事由にしている（法10条1項4号）。

(4) 裁判官に特有の除斥理由
　家事事件手続法10条1項6号の「裁判に関与した」とは，裁判という国家意思の形成に関与したこと，具体的には事件の判断を行う評決及び裁判書の作成に関与することを意味していることから[7]，裁判官に特有の除斥理由である。それゆえ，裁判所書記官に6号の適用がないことは明らかである[8]。また，家庭裁判所調査官や参与員も，意見を述べるものの，裁判官がこの意見に拘束されることはなく，裁判の評決にも関与しないことから，家庭裁判所調査

---

[7] 賀集唱ほか編『基本法コンメンタール民事訴訟法1〔第3版〕』（日本評論社，2008）77頁〔林屋礼二〕。
[8] 最判昭34・7・17民集13巻8号1095頁。

官や参与員にも6号の適用がないと考えられる。

7 忌避理由

忌避の理由である「裁判又は調停の公正を妨げる事情」(法11条1項)というのは，これまでと同様に，単に当事者が担当裁判官によっては公正な裁判を期待できないという主観的な懸念を有している場合をいうのではなく，通常人が判断して，事件とその裁判官との関係や事件の当事者とその裁判官との関係など当該事件の手続外の要因により，その裁判官によっては，当該事件について公正で客観性のある裁判を期待することができない客観的合理的事情がある場合である☆9。

具体的には，裁判官と当事者の一方とが内縁関係にあることなどが考えられる。これに対して，裁判官の審判指揮や調停運営に対する不満があるとき，裁判官の性格に対する不満など一般的資質の問題などについては，忌避理由にはならない。

8 除斥・忌避の裁判

(1) 除斥・忌避の裁判機関

除斥・忌避の裁判は，民事訴訟法と同様であり，裁判官の除斥や忌避の裁判は，申立てがなされた裁判官の所属する裁判所が，受託裁判官として職務を行う簡易裁判所の裁判官の除斥又は忌避についてはその裁判所の所在地を管轄する地方裁判所が行うことになる (法12条1項)。

また，裁判所書記官，参与員，家事調停官，家庭裁判所調査官及び家事調停委員は，所属する裁判所が行う (裁判所書記官につき法13条3項本文，参与員につき法14条3項本文，家事調停官につき法15条3項本文，家庭裁判所調査官及び家事調停委員につき法16条3項本文)。

(2) 合議体による裁判

裁判官，家庭裁判所調査官，家事調停官，参与員，家事調停委員の除斥・忌

☆9 最決昭48・10・8刑集27巻9号1415頁。

避の裁判については，合議体で行う必要がある（裁判官につき法12条2項，参与員につき法14条1項，家事調停官につき法15条1項，家庭裁判所調査官及び家事調停委員につき法16条1項による12条2項の準用）。

これに対して，裁判所書記官については，裁判所書記官の所属する裁判所の裁判官が行うことになり，裁判官らの場合と異なり合議体で行う必要はない（合議体で裁判することを定めた法12条2項は準用されていない。）。

9 申立てから確定までの間の事件の停止などについて

(1) 手続の停止

裁判官について除斥・忌避の申立てがあったときには，これまでと同様に，原則として，除斥・忌避の裁判が確定するまでの間，家事事件の手続が停止する（法12条4項本文）。ただし，急速を要する行為については手続を進行させることができる（同項ただし書）。家事調停官についても同様である（法15条1項による12条4項の準用）。

(2) 手続の停止の例外

裁判所書記官について除斥・忌避の申立てがあったときは，家事審判法では準用する民事訴訟法により裁判官と同じ扱いとなっていた。

しかし，家事事件手続法では，裁判所書記官について除斥・忌避の申立てがあったときには手続が停止するのではなく，その申立てについての裁判が確定するまでの間，申し立てられた裁判所書記官が手続に関与することができないことになり，民事訴訟法とは別の規律となった（法13条2項）ことから，家事事件の手続自体は停止せず，別の裁判所書記官を関与させて，手続を進行させることは可能である。

参与員，家事調停委員，家庭裁判所調査官についても，裁判所書記官と同様に，その申立てについての裁判が確定するまでの間，当該手続が停止するのではなく，当該参与員らが手続に関与することができないことになる（法14条2項・16条2項）。

10 簡易却下

(1) 簡易却下制度

忌避の制度を設けると，手続を遅滞させるなど不当な目的で忌避の申立てがなされ，審理が遅延し，迅速な手続の進行が妨げられることが危惧される。

家事審判法が準用する民事訴訟法では，刑事訴訟法24条のような簡易却下の規定はなかったが，上記のような不当な目的の忌避の申立てについては，同法の簡易却下の規定が準用されるという考えもあった[☆10]。

(2) 家事事件手続法における簡易却下制度

家事事件手続法では，忌避申立てに対する簡易却下の規定が設けられ，家事事件の手続を遅延させる目的のみでなされたことが明らかな忌避の申立て，裁判官の面前において陳述した後の忌避の申立て及び申立ての方式に反する忌避の申立ては，これを却下しなければならないとしたうえ，その場合には手続を停止しないとした（法12条5項）。

(3) 家事調停官による簡易却下

家事調停官については，家事調停事件の処理について，家庭裁判所，裁判官又は裁判長が行うものとして定める家事調停事件の処理に関する権限があるが（法251条2項），家事調停事件を円滑に進行させるためには，裁判官の場合と同様に家事調停官自ら濫用的な忌避申立てに対して速やかに却下の審判をする必要があることから，忌避の申立てをされた家事調停官に自ら簡易却下する権限があることを明確化している（法15条3項ただし書）。

11 回 避

家事審判法のもとでは，家事審判規則で準用する民事訴訟規則により，除斥や忌避が認められていた裁判官，参与員，家事調停官について，自らその事件の取扱いを避ける回避の規定があった。

[☆10] 東京高決昭39・1・16下民集15巻1号4頁。

　　　　　　　Ⅰ　総則規定　論点4

　家事事件手続法においても，家事事件手続規則に回避の規定が設けられて，裁判官，参与員，裁判所書記官については，これまでと同様に除斥又は忌避理由があるときには，回避することができる（規則12条〜14条）。家事調停官についても，裁判官と同様に回避することができる（規則13条）。

　また，家庭裁判所調査官，家事調停委員については，新たに，家事事件手続規則によって，除斥理由があるときに限り，回避が認められた（規則14条）。

　これまでは，除斥・忌避理由があったときには，裁判官においては，回避していたし，除斥や回避の規定がなかった家庭裁判所調査官や家事調停委員についても，除斥事由に該当するなど公平さに疑問が生じたときには，そのような事情を報告したうえ，当該事件を最初から担当させないようにしていたと思われる。今後も，これまでと同様に，除斥や忌避理由があるかないかを注意して，できる限り回避などにより自発的に当該事件を担当しないようにすることが望まれる。

　　　　　　　　　　　　　　　　　　　　　　　　　〔髙橋　信幸〕

第2編 各 論 新法の解説

論点 5 当事者能力と手続行為能力

1 家事事件手続法における当事者能力及び手続行為能力の原則

　家事審判法では，当事者能力，手続行為能力及び法定代理人についての規定が設けられておらず，また，旧非訟事件手続法にも規定が設けられていなかった。しかし，これらについては，民事訴訟法を準用する取扱いをしていた。

　家事事件手続法では，これまでと異なり，当事者能力，手続行為能力及び法定代理人の規定が新設されて，これまでの取扱いが明確化された。しかし，家事事件における当事者能力及び手続行為能力，法定代理及び手続行為をするのに必要な授権は，その性質上，民事訴訟の場合と別に定める必要がないとして，総則において，民事訴訟における当事者能力，訴訟能力，法定代理及び訴訟行為をするのに必要な授権に関する民事訴訟法28条・29条・31条・33条並びに34条1項及び同条2項を準用している（法17条1項）。

　なお，当事者能力及び手続行為能力は，自ら手続追行をする者に必要なものであることから，申立人や相手方だけでなく，当事者参加人や利害関係参加人であっても必要となる。

2 当事者能力

　前述のとおり，家事事件手続法では，これまでと同様に，民事訴訟において当事者能力を有する者は，家事事件においても当事者能力を有することになる（法17条1項，民訴28条）。

　法人でない社団等の当事者能力について定めた民事訴訟法29条が準用されるかについては，これまで訴訟に限った特別なものとしてこれを否定する見解と，これを肯定する見解があったが[☆1]，家事事件手続法では，民事訴訟法29条を準用して，法人でない社団又は財団で代表者又は管理人の定めのある者は，

その名において申立てをすることができ，又は相手方になることができるとして，当事者能力を認めたため，この問題は立法的に解決された（法17条1項）。

今後は，後見人選任などにおいて，権利能力なき社団や財団が当事者などになることが想定されることから，この問題が立法により解決した意義は小さくないといえる。

3　手続行為能力の原則

家事事件手続法における手続行為能力とは，家事事件の手続における手続上の行為（以下「手続行為」という。）を自ら有効に行うことができる能力をいい（法17条1項），民事訴訟法における訴訟能力に対応するものである。

家事審判法における手続行為能力については，前述のとおり，規定がなかったが，民事訴訟法28条の準用があるとされており，同法上特別の定めがある場合を除いて，民法上の権利能力がある者は，原則として当事者能力があると解されていた。

家事事件手続法においても，これまでと同様に，民事訴訟法において訴訟能力を有する者は，家事事件においても手続行為能力を有することになる（法17条1項，民訴28条）。

なお，手続行為能力，法定代理及び手続行為をするのに必要な授権については，民事訴訟法の訴訟能力の規定によるのか，実体法上の行為能力によるのかについて考えが分かれていたが[2]，これまでも，民事訴訟法の訴訟能力に準じて考えられていたことから[3]，家事事件手続法でも同様に民事訴訟法の訴訟能力に準じることになった（法17条1項）。

手続行為能力の有無は，手続要件として職権調査事項であるが，家事事件では職権探知主義を採用していることから，裁判所は，当然に職権でその判断に必要となる資料を提出させることができる。

---

[1]　講座実務家審(1)・91頁〔山口幸雄〕，佐上・家審法・84頁。
[2]　注解家審法・114頁〔林屋礼二〕。
[3]　家審法講座(1)・31頁〔綿引末男〕，注解家審法・114頁〔林屋〕。

4 未成年者，成年被後見人の場合

(1) これまでの実情

　家事事件のうち自己の身分関係が問題とされている類型の事件については，本人が本来手続行為能力がない者であったとしても，できるだけ本人の意思を尊重すべきであり，そのために，その意思を十分反映できるような手続上の配慮をすべきであるが[☆4]，どのように配慮すべきであるかが問題となっていた。

　この点に関し，財産関係の行為に関する手続行為能力は，民事訴訟法の訴訟能力の有無によって判断するが，身分上の行為に関する手続行為能力ついては，人事訴訟と同様に意思能力がある限り，原則として手続行為能力を認めるべきであるという考えがあった[☆5]。

　このような考え方に対しては，財産関係に関する行為と身分関係に関する行為を明確に区別することができるのか，1つの申立ての中で，財産関係と身分関係に関する家事事件の手続が併合されている場合にはどのように扱うのか，身分関係に関する審判手続の際，個別に意思能力の有無を確認することは現実問題としてできないのではないかなどの困難な問題があるとの指摘がされていた[☆6]。

　また，一度意思能力があると判断されれば，その後意思能力が低下することが考えにくい未成年者と違って，成年被後見人は，その意思能力が不安定であることから，手続の安定のために手続行為能力を否定して，法定代理人によってのみ手続行為を行うことができるとする考えも有力であった[☆7]。

　他方，民事訴訟法よりも，本人の意思能力を基準に訴訟能力を定める人事訴訟法を準用すべきであり，未成年者や成年被後見人も意思能力があれば手続行為能力があるという考えもあった[☆8]。

　このように，未成年者及び成年被後見人の手続行為能力については，様々な

　☆4　佐上・家審法・88頁。
　☆5　家審法講座(1)・31頁〔綿引〕。
　☆6　梶村＝徳田編・382頁。
　☆7　講座実務家審(1)・93頁〔山口〕。
　☆8　佐上・家審法・88頁。

考え方があった。

(2) 家事事件手続法の規定

　家事事件手続法は，身分関係やそれに付随する請求に限られる人事訴訟手続と異なり，家事事件の中には身分関係以外の事件類型や複雑な事件も多く，一般的に訴訟と比べて判断能力が低い者でも家事事件の手続を追行するのが可能であるとは必ずしもいえないことから，民事事件において訴訟能力を有しない未成年者及び成年被後見人は，原則として，家事事件においても手続行為能力を有しないこととした（法17条1項，民訴28条・31条）。そのため，人事訴訟法13条1項とは別の規律となっている。

　しかし，身分関係が問題とされている類型の事件などについては，本人の意思を尊重すべきなので，家事事件手続法17条により準用される民事訴訟法28条の特別の定めとして，事件類型ごとに手続行為能力がない者であっても意思能力がある限り手続行為能力を認める規定を設けている（法118条及び同条を準用する151条等の各規定・252条1項）。

　これまでは，何が身分関係に関する事件なのかが必ずしも明確でなかったのに対して，今回の改正によりどのような事件が身分関係に関するものとして，制限能力者であっても手続行為能力が認められるのかが明確となった。この意義は大きいと思われる。また，このような特別の定めのある事件類型は，相当数に上ることから，家事事件手続法は，意思能力のある制限能力者の意思をできるかぎり尊重したものといえる。

(3) 意思能力

　未成年者らに手続行為能力が認められる場合であっても，意思能力そのものは必要であることから，意思能力を有しない乳幼児などは，家事事件手続法118条・252条1項等の規定によっても手続行為能力が認められないことになる。また，意思能力の有無は，訴訟要件として職権調査事項である。

　このように，家事事件手続法では，これまでの議論や実務を踏まえて，未成年者及び成年被後見人の手続行為能力における問題点について立法的解決を図っており，今後はより円滑に事件処理をすることが可能になると思われる。

5 被保佐人，被補助人の場合

(1) 家事審判法における実情

これまでは，被保佐人や被補助人（手続行為をすることにつきその補助人の同意を得ることを要するものに限る。）については，未成年者や成年被後見人における議論と同様に，財産関係の行為と身分関係の行為とに分けて考えられていた。

すなわち，被保佐人や被補助人は，財産上の行為については，自ら手続行為をすることができるが，そのためには原則として，保佐人や補助人の同意が必要であり（民13条1項4号・17条1項），また，相手方という受動的地位に基づいて手続行為をするときには同意を要しない（民訴32条1項）が，申立てを取り下げるなど一定の積極的手続行為については，特別の授権が必要であるとされていた（同条2項）。

身分関係の行為については，被保佐人や被補助人は，判断能力が著しく不十分であったり，判断能力が不十分であったりするものの，意思能力はあることから，保佐人や補助人の同意なしに，自ら手続行為をすることができるとされていた[9]。

これに対しては，被保佐人や被補助人は，家事審判手続について手続行為能力を有することから，被保佐人は保佐人の同意なしに離婚調停の申立てなどをすることができるものの，財産分与において不動産や重要な財産の得喪を目的とする行為をするときには，民法13条1項3号の同意が必要であるとして，民事訴訟法32条の適用はないという考えもあった[10]。

(2) 家事事件手続法の規定

家事事件手続法では，民事訴訟法28条を準用することを明確にして，これまでと同様の扱いとした。すなわち，被保佐人又は被補助人など民事訴訟において訴訟行為をするのに同意その他の授権が必要な者は，家事事件においても手続行為をするのに同意などの授権が必要となり（法17条1項，民訴28条，民

---

[9] 講座実務家審(1)・92頁〔山口〕など。

[10] 佐上・家審法・89頁。

13条1項4号・17条1項・864条)，これがなければ手続行為をすることができない。ただし，本人の意思を尊重すべき事件類型については，家事事件手続法118条や同条の準用により，未成年者や成年被後見人と同様に，保佐人や補助人らの同意がなくても自分だけで行えるようになっており，立法上の措置が講じられている。

なお，被保佐人，被補助人が他の者がした家事審判又は家事調停の申立て又は抗告の相手方という受動的地位に基づいて手続行為をするときには，保佐人，保佐監督人，補助人，補助監督人の同意又はその他の授権は不要である(法17条2項前段)。また，家事審判事件は，民事訴訟とは異なり，職権により手続が開始する場合があるが，この場合においても同様に特別の授権は不要である(同項後段)。

このような場合であっても，被保佐人らが調停を成立させるなど一定の積極的手続行為をするときには，特別の授権が必要である(法17条3項)。しかし，調停申立てその他家事調停手続の追行について同意その他の授権があるときは，調停を成立させるときなどにおいても特別の授権は不要となっている(同項ただし書)。これは，民事訴訟法にはなく今回の改正で新たに設けられたものであり，調停が当事者間の合意により紛争を解決する手続であることから，その授権には調停を成立させることも含まれていると理解するのが合理的であるからである。

6　外国人の場合

外国人は，本国法によれば訴訟能力を有しない場合であっても，日本法によれば訴訟能力を有する場合には，家事事件においても，手続行為能力を有することとなる(法17条1項，民訴33条)。

〔髙　橋　信　幸〕

第2編 各　論　新法の解説

論点 6　法定代理人

1　未成年者及び成年被後見人の法定代理人

(1) 原　則

　家事事件手続法は，未成年者及び成年被後見人等の手続行為能力や法定代理人については，前述のとおり，民事訴訟法を準用することを明文化したことから，訴訟行為について代理権を有する親権者及び後見人等，訴訟行為について代理権を付与された保佐人及び補助人は，家事事件においても手続行為について代理権を有することになる（法17条1項，民訴28条，民876条の4・876条の9）。

(2) 身分関係に関する行為について

　家事審判法のもとでは，未成年者及び成年被後見人等の審判等の手続に関する代理権について，手続行為能力に関する議論と同様に，財産関係に関する行為について法定代理権が認められていたものの，身分関係に関する行為についてどのように扱うかについては争いがあった[1]。

　未成年者又は成年被後見人は，前述のとおり，手続行為能力の制限を受けていても，本人の意思を尊重すべき事件類型では，意思能力を有する限り自ら有効に手続行為をすることができるが，このような場合であっても，現実に自ら手続行為をするのは容易ではなく，困難が生ずる場合が少なくないことから，反対説もあるものの，法定代理人が未成年者又は成年被後見人を代理して手続

---

[1] 加藤令造「家事審判手続上の行為能力と司法行為能力との関係」東京家庭裁判所身分法研究会編『家事事件の研究(1)』（有斐閣，1970）362頁，髙田裕成「新人事訴訟法における訴訟能力の規律」家月56巻7号（2004）7頁。

行為をすることを認めるのが相当といえる[☆2]。

そこで，家事事件手続法では，未成年者又は成年被後見人が法定代理人によらずに自ら有効に手続行為をすることができる場合であっても，親権を行う者又は後見人は，未成年者や成年被後見人に代理して手続行為をすることができるとした（法18条本文）。

ただし，他の法令により法定代理人が申し立てることができないときにまで未成年者や成年被後見人を代理して手続行為をすることを認めれば，未成年者又は成年後見人の意思を尊重するために当該法令が法定代理人に申立権を認めなかった趣旨を損なうことになるから，家事審判及び家事調停の申立てについては，民法などその他の法令により，法定代理人が申立てをすることができる場合に限られる（法18条ただし書）。

2　法定代理人の代理権の範囲の明確化

家事審判法では，法定代理人の代理権の範囲について明確な規定を設けていなかったが，家事事件手続法は，民事訴訟法と同様の規定を設けて，その範囲を明確にした（法17条2項・3項）。

具体的には，後見人その他の法定代理人は，被保佐人，被補助人の場合と同様に，他の者がした家事審判又は家事調停の申立てなどについて手続行為をするときには後見監督人，保佐監督人，補助監督人の同意その他の授権を要しないこと（法17条2項），後見人その他の法定代理人であっても，取下げ（法17条3項1号），調停成立（同項2号），審判に対する即時抗告（同項3号）など重要な行為については，特別の授権がなければすることができないことが定められている。

また，家事調停の申立てその他家事調停手続の追行について同意その他の授権を得ているときにおいては，調停を成立させるなどに対する特別の授権が不要とされている点も，被保佐人，被補助人の場合と同様である（法17条3項ただし書）。

[☆2]　未成年者につき最判昭43・8・27民集22巻8号1733頁。

なお，審判手続の追行については同意その他の授権があるが，調停手続の追行については同意その他の授権がないときは，当該審判事件が調停に付されたうえ，調停を成立させるには，特別の授権が必要である。

3 特別代理人

(1) 家事事件手続法の規定

家事審判法においては，特別代理人の規定はなかったものの，民事訴訟法の特別代理人の規定が準用されると解されていた[☆3]ところ，家事事件手続法は，民事訴訟法35条と同様に，特別代理人の規定を設けた（法19条）。

ただし，民事訴訟法では，法定代理人がいない場合又は法定代理人が代理権を行うことができない場合において，未成年者又は成年被後見人に対して訴訟行為をする場合には，特別代理人を選任することができるが，家事事件手続法では，こうした場合に限らず，法定代理人のいない未成年者らからの申立てによっても特別代理人を選任することができる。また，家事事件の中には，裁判所の職権により家事審判手続が開始するものがあることから，職権により，特別代理人を選任することができることになった。

なお，家事事件手続法19条2項の疎明は，民事訴訟法35条1項の解釈と同様に，「未成年者又は成年被後見人について，法定代理人がない場合又は法定代理人が代理権を行うことができない場合」及び「遅滞することにより損害を生ずるおそれがあるとき」のいずれについても必要である。

(2) 身分行為と特別代理人

従前から家事事件のうち，離婚・離縁といった身分行為に関するものについて，特別代理人を選任して手続を進めることが許容されるかという問題がある（なお，法制審議会の中間試案では解釈に委ねるものとしている。）。

これまでは，身分行為を対象とするときは特別代理人の選任は許されないというのが一般的な考えであり[☆4]，判例においても，同様の判断をしていた[☆5]。

[☆3] 家審法講座(1)・30頁〔綿引末男〕。
[☆4] 講座実務家審(1)・97頁〔山口幸雄〕。

また，家事事件手続法18条本文では，未成年者又は成年被後見人が自ら手続行為をすることができるときであっても，法定代理人が代理して手続行為をすることができるとする一方，同条ただし書により法定代理人による家事審判及び家事調停の申立てができないときがある旨を規定していることからすれば，身分行為を対象とするときや同条ただし書の制約があるときには，特別代理人を選任して手続を進めることはできないと解すべきであろう。

4 法定代理権の消滅とその通知

(1) これまでの実務の取扱い

法定代理権は，本人の死亡（民111条1項1号），法定代理人の死亡，法定代理人が後見開始の審判又は破産手続開始決定を受けたこと（同項2号），本人の能力の取得，親権喪失の宣言等（民834条～837条），後見人の辞任・解任（民844条・846条）などにより消滅する。

法定代理権について実体法上の消滅事由が生じたときに，そのことを裁判所や他方当事者が直ちに把握することができないことから，審判手続上も直ちに代理権を消滅させるべきか否かが問題となる。家事審判法では，民事訴訟法36条1項と同様に，手続の安定を図るため，代理権の消滅は，原則として能力を回復した本人又は新旧の代理人が相手方に通知しなければ，その効力が生じないとされていた[☆6]。

ただし，家事審判事件（甲類審判事件）では，相手方がいない事件があり，この場合には，通知すべき相手方がいないことから解釈に委ねられていた。

(2) 家事事件手続法の規定

家事事件手続法では，法定代理権の消滅事由が生じたときの取扱いについて，新たに規定を設けて，別表第2の審判事件と家事調停事件については，他方当事者の信頼など手続の安定と明確を期する必要があることから，民事訴訟法36条1項と同様に，法定代理権の消滅を本人又は代理人から他方当事者

☆5 最判昭33・7・25民集12巻12号1823頁。
☆6 講座実務家審(1)・98頁〔山口〕，佐上・家審法・94頁。

に通知しなければその効力が生じないとした（法20条）。

　なお，民事訴訟の手続においても，法定代理人が死亡したり，後見開始の審判を受けたりしたことにより法定代理権が消滅した場合，本人に訴訟能力がないときは，他方当事者に対して通知することができる者がいない（このような場合は，本人又は法定代理人であった者が通知することはおよそ期待することができない。）として，解釈上，通知がなくても手続上の法定代理権の消滅の効力が生じるものと解されているが，家事事件手続法でも，このような場合には通知がなくても手続上の法定代理権の消滅の効力は生じると解するのが相当であろう。

　これに対して，別表第1の審判事件については，相手方の信頼という問題がないばかりか，公益的要素が強く，裁判所の後見的役割が期待されること，本人保護の要請から実体法上の法定代理人により手続を追行することが望ましいと考えられること，申立人本人が利益を受けない事件類型も多く，直ちに法定代理権を消滅させないと，審判により影響を受ける第三者の利益を害する懸念があることから，民法その他の法令が定める法定代理権の消滅事由が発生した場合には，手続上の法定代理権は通知を要せずに直ちに消滅する。それゆえ，この場合には，以後，法定代理人であった者の行為は効力がなくなる点に留意する必要がある。

(3) 裁判所への届出

　家事事件手続法の規律は以上のとおりであるが，裁判所は，法定代理人が消滅した事実を直ちに把握していないことが多いことから，別表第2の審判事件や家事調停事件だけでなく，別表第1の審判事件についても，裁判所が後見的役割を果たすためや家事事件の手続の進行を円滑にするために，できるだけ速やかにこのような事実を知る必要がある。そのため，こうした事実が生じた場合は，なるべく速く裁判所に通知することが望ましいといえる。

　そのため，家事事件手続規則では，法定代理権が消滅したことを書面で裁判所に届け出ることになっている（規則16条1項・2項）。また，当然のことながら，法定代理権が消滅した場合には，他の実体法上の法定代理人により手続を追行させることが望ましいことから，実体法上の法定代理人が速やかに手続を追行できるように必要な手続をとるようにすべきである。

5 民事訴訟法，法人の代表者等への準用について

(1) 民事訴訟法の準用

家事審判法において，手続行為能力，法定代理権又は手続行為をするのに必要な授権を欠く場合における補正命令，当事者又は法定代理人の追認については，明文の規定はないが，これまでも民事訴訟法34条1項・2項の準用があると解されていた。

家事事件手続法においては，民事訴訟法の規定を準用することを明文化した（法17条1項）。

(2) 法人の代表者等への準用

家事事件手続法では，民事訴訟法37条と同様に，法定代理及び法定代理人に関する規律は，法人の代表者及び法人でない社団又は財団で当事者能力を有するものの代表者又は管理人について準用するものとされている（法21条）。

〔髙橋　信幸〕

論点 7 手続代理人及び補佐人

1 手続代理人について

　家事事件の手続における手続上の行為を手続行為といい，本人に代わって手続行為を行うことが手続代理である。手続代理人には，特定の事件について包括的に手続追行をなす委任を受けて手続についての代理権を付与された者と，法令が一定の地位にある者に手続行為についての代理権を付与した者がある。法定代理人は，手続代理人には含まれない。

　手続代理人は，民事訴訟法の訴訟代理人に対応するものである。

　家事審判法においても，いわゆる事件屋等の介入を一般的に防止するとともに，法律事務に精通していない当事者の利益を保護するため，法令により裁判上の行為をすることができる代理人のほか，弁護士でなければ手続代理人となることができないものとしつつ，弁護士でない者が代理人となるときには家庭裁判所の許可を受けなければならないこと（家審規5条2項），その許可はいつでも取り消すことができること（同条3項）を定めていた。

　実務でも，通常，弁護士を手続代理人に選任し，家庭裁判所の許可により，親族など当事者と一定の身分関係がある者を手続代理人とするという運用をしていた。

　家事事件手続法でも，当事者の利益を保護する必要性に変わりがないことから，原則として手続代理人を弁護士に限定した。そのため，これまでと同様の規定となり，弁護士でなければ手続代理人となることができないとしつつ（法22条1項本文），家庭裁判所の許可を得て弁護士でない者を手続代理人とすること（同項ただし書），その許可をいつでも取り消すことができることを定めている（法22条2項）。

　なお，弁護士でない者が手続代理人となるには，その者に手続行為能力が必

要であるか否かについては，反対説はあるものの[☆1]，裁判所の許可を必要とすること，民事訴訟法では訴訟無能力者を訴訟代理人に選任することができることから，手続行為能力が必要とはいえないと思われる。

2 裁判長による手続代理人の選任

(1) 背景実情

民事上の行為能力が制限されている者（成年被後見人，未成年者，被保佐人，被補助人〔手続行為をすることについてその補助人の同意を得ることを要するときに限る。〕）は，原則として，自ら手続行為はできないが，本人の意思を尊重すべき事件類型については（法118条及び同条の準用・252条1項），その各則において，完全な手続行為能力を有することになる。

しかし，そのような者が現実に手続行為をするのは容易ではなく，困難が生ずる場合が少なくない。そのため，成年被後見人や未成年者については，法定代理人が本人に代わって家事事件の手続を代理することができるとされている（法18条）。しかしながら，法定代理人の意向と本人の意向が必ずしも一致するとは限らない。

また，未成年者，被保佐人が自ら弁護士に手続代理人を選任することも考えられるが，手続代理は，通常，報酬の支払を伴う委任契約に基づくものであるから，民事上の行為能力が必要であり，未成年者らは，親権者，保佐人の同意がなければ委任契約を締結することができないことになる。

そのため，ここでも法定代理人の意向と本人の意向が食い違い，報酬の支払を伴う委任契約締結に対する同意が得られないことも考えられる。

(2) 家事事件手続法の規定

そこで，家事事件手続法は，手続行為につき能力の制限を受けた者が単独で手続行為をしようとするときには，当事者の手続追行能力を補充して，その利益を保護するため，人事訴訟法13条2項から4項の規定と同様に，裁判長が，申立てにより又は職権で，弁護士を手続代理人に選任することができる旨

☆1 注解家審法・79頁〔菊池信男〕。

の特則を設けた（法23条）。

　なお，手続行為につき能力の制限を受けた者が弁護士を手続代理人に選任すべき旨の申立てをしない場合であっても，裁判所は，職権で弁護士を手続代理人に選任することができるが，手続行為につき能力の制限を受けた者が自ら適当と思う弁護士を選任することが相当と認められるときもあるので，裁判所が手続行為につき能力の制限を受けた者に対し，弁護士を訴訟代理人に選任すべきことを命ずる制度も導入されている（法23条2項）。

　被保佐人や被補助人は，民法上，同意に代わる家庭裁判所の許可を得て，弁護士を手続代理人に選任するための報酬の支払を伴う委任契約を自ら締結することができ，被補助人については，有償の委任契約の締結については能力の制限を受けていないことから，自ら手続代理人を選任することができるが，家事事件手続法は，広く裁判長が手続代理人を選任することを認めた。

　また，人事訴訟法において，裁判長による手続代理人の選任が必要的か否かについては争いがあるものの[2]，前述のとおり，被保佐人や被補助人が法定代理人の許可に代わる家庭裁判所の許可を得て，自ら報酬を伴う委任契約を締結することができること（民13条3項・17条3項）などから，裁量的であるとするのが通説であり，家事事件手続法でも同様に解するのが相当であろう。

(3)　意思能力

　上記の手続代理人の選任は，家事事件手続法118条・252条1項等の規定により，手続行為能力が制限されている者であっても単独でできることが前提となっている。そのためには，手続行為につき能力の制限を受けた者に少なくとも意思能力があることが必要である。

　意思能力を有していない乳幼児などは手続行為能力が認められていないので，自ら家事事件の手続行為をすることができず，このような者のために手続代理人を選任することはできないことになる。

---

[2]　松本博之『人事訴訟法〔第3版〕』（弘文堂，2012）120頁。

I 総則規定 論点7

(4) 今後の課題

今後,裁判長による手続代理人の選任がどのような運用になるのか,どの程度利用されるかなどは,実務の運用を見ないと判然とせず,予測もつかないところというべきであるが,手続代理人をどのように確保するのか,費用をどうするかという点が課題になると思われる。

後者については,弁護士費用は,原則として,手続行為能力の制限を受けた者が支払うことになり,そのうち裁判所が相当と認める額が手続費用になるが,手続行為能力が制限されている者の中には,経済的に弁護士費用を負担できない者も少なくないと思われることから,そのような場合にどうするのかが問題となると思われる。手続費用の救助などに関する家事事件手続法の規定の適用の可否や公的な経済的支援を含めて検討すべきことになるであろう。

3 代理権の範囲・特別の授権

(1) これまでの取扱いについて

家事審判法では,準用する旧非訟事件手続法において民事訴訟法55条を準用していないことから,任意代理権の範囲の規定がないことになり,結局,この点は解釈に委ねられていた。

そして,家事事件においては,手続に関与する当事者の主体性が民事訴訟手続ほどではないことから,民事訴訟法を準用することは相当ではなく,個々の事件における授権の内容によって代理権の範囲が定まるとされ,代理権について制限がない限り当該事件の全般に及ぶという考え方があった[☆3]。

他方,民事訴訟法55条の準用を排除しなければならない格別の理由はないとして,同条2項の特別授権事項については個別の授権を必要とする考え方もあった[☆4]。

実務上は,必ずしも取扱いが統一されていなかったものの,前者の考え方に基づいた委任状が提出されることが多かったと思われる[☆5]。

☆3 家審法講座(1)・33頁〔綿引末男〕,講座実務家審(1)・99頁〔山口幸雄〕。
☆4 佐上・家審法・96頁。
☆5 実務講義案・33頁,民事訴訟法55条2項の準用がないとするものとして高松高決昭35・4・15家月13巻1号138頁。

(2) 家事事件手続法の規定

　家事事件手続法では，家事事件の手続を迅速かつ円滑に進行させるために，民事訴訟法55条と同様に，法令により裁判上の行為をすることができる者以外の手続代理人については，手続代理人の代理権の範囲を包括的・画一的に定めるとともに（法24条1項），特別の委任事項についても定めている（同条2項）。

　したがって，これまでと異なり，後見人など法定代理人の場合と同様に（法17条3項），調停の成立，取下げ，抗告など特定の積極的手続行為については特別の授権が必要となる。

　上記のとおり，調停の成立には，原則として特別の授権が必要であるものの，家事調停の申立てその他家事調停の手続の追行について委任を受けているときには，特別の授権は不要となっている（法24条2項ただし書）点については，法定代理人の場合と同様である。

　これまでは，代理権の範囲が当該事件の全般に及ぶという考え方に基づいて委任状が作成されていたと思われるが，今後は，民事訴訟と同様に，特別の授権事項についてもあらかじめ授権しておくことが相当であろう。

4　手続代理人の代理権消滅の通知

(1) 通知の必要性と家事事件手続法の規定

　手続代理人に民法その他の法令が定める任意代理権の消滅事由が発生した場合，法定代理人の場合と同様に，そのことを裁判所や他方当事者が直ちに把握することができない。

　これまでは，このような場合について，家事審判法に明文の規定はないものの，原則として，相手方に通知しない限り，手続代理権の消滅の効力が生じないとされていた☆6。しかし，相手方がいない家事審判事件の場合も同様に取り扱うことには問題があることは，法定代理の場合と同様である（**論点 6・4**(2)参照）。

　家事事件手続法では，他方当事者の信頼などを考慮して手続の安定を図る必

☆6　佐上・家審法・97頁。

要があることから，手続代理人の代理権の消滅は，別表第2の家事審判事件及び家事調停事件については，民事訴訟法59条で準用する同法36条と同様に，他方当事者に通知しなければ，それ以外の家事事件（別表第1の審判事件）については，裁判所に通知しなければ，それぞれその効力を生じないとした（法25条）。

なお，別表第2の家事審判事件も，法定代理の場合と同様に，裁判所にも通知することが事務処理上望ましいことから，家事事件手続規則により，裁判所にも届け出ることになっている（規則18条3項）。

(2) 法定代理権の消滅の場合との比較

民事訴訟法では，訴訟代理権の消滅の通知について，法定代理権の消滅の通知の規定を準用し，両者は同一の規定となっているが，家事事件手続法では，上記のとおり異なる規定となっており，特に別表第1の審判事件の場合における法定代理権と手続代理権の消滅については，裁判所に通知しなくても，直ちに効力が生じるか否かが異なっていることに留意する必要がある。

これは，前述のとおり，別表第1の審判事件では，通常他方当事者がいないうえ，裁判所の後見的役割の期待が高いために，手続の安定性を求めるよりも，事件本人の利益を保護する必要性が高いといえるが，手続代理権の場合には，原則として弁護士が手続代理人に選任されており，弁護士の手続代理権が消滅したときには，その旨を速やかに裁判所に通知させることも期待できることなどから，一般的に，法定代理権の消滅の場合よりも任意代理権消滅の場合における本人保護の要請が弱いことが考慮されたものである。

5　民事訴訟法の準用

家事事件手続法では，民事訴訟法34条1項・2項・56条から58条までを準用している（法26条）。

これまでも，当事者の死亡により手続代理権が消滅する場合については，明文の規定はなかったものの，民事訴訟法58条の準用を認めて，当然には消滅しないと解されていた[☆7]。また，法定代理人の場合と同様に，手続代理権を欠くときの措置についても，民事訴訟法34条1項・2項の準用があると解され

ていた。

　家事事件手続法では，これまでと同様に民事訴訟法の準用があることを明文で規定したほか，その他，手続代理人が数人あるときの各自代理の原則，当事者による取消し，更正についても同法の規定を準用している。

6　代理権の証明

　これまで，代理権の証明は，家事審判法で準用する旧非訟事件手続法7条1項により書面で証明しなければならないと定められていたが，家事事件手続法では，民事訴訟法と同様に，法律事項と規則事項が整理されて，家事事件手続規則に同様の規定が設けられた（規則18条1項）。

〔髙橋　信幸〕

☆7　家審法講座(1)・33頁〔綿引〕，佐上・家審法・97頁，東京地判昭32・1・31下民集8巻1号183頁。

論点 8　手続費用の負担

1　家事審判法における現状

　家事事件の手続費用については，民事訴訟手続と同様に，当事者がこれを負担することになるが，これを何人に負担させるかについては，家事審判法にも家事審判規則にも明確な規定がなく，旧非訟事件手続法を準用し，原則として申立人が手続費用を負担することとして，検察官が申し立てたときは国庫負担としていた（家事審判法7条による旧非訟事件手続法26条の規定の準用）。
　また，裁判所が職権で開始した家事審判事件については，何の規定もなかったものの，その手続費用は，国庫において立て替えたうえ，事案に応じて，旧非訟事件手続法27条・28条の規定により，その事件の審判と同時に関係人に対してその負担を命ずることにしていた[1]。
　しかし，その裁判をしなかったときには，国庫が立て替えた費用を回収する方法がないことから，結局，手続費用は国庫負担とするほかなかった。
　家事調停事件では，調停成立時に手続費用に関する定めをしなかったときには，手続費用を各自が負担するものとしていた（家審規138条の3）。そして，調停が不成立などによって終了したときには，家庭裁判所が手続費用の負担者及び負担額を定めることになっていた（家事審判法7条による旧非訟事件手続法27条の準用）。
　実務では，調停成立時において，手続費用を原則どおり各自に負担させる場合には，あえて調停費用に関する定めをしないことが多かったと思われる。また，不成立時においても，裁判所が手続費用の負担者及び負担額を定める手続はしていなかったことから，事実上各自の負担となっていた。

---

[1]　昭41・8・4家二第111号家庭局長事務取扱回答・家月18巻8号147頁。

2 家事事件手続法における原則

　家事事件手続法では，旧非訟事件手続法を準用したうえ，調停事件の特則を定めるという家事審判法の規定を整理して，総則において，審判事件及び調停事件に共通した規定を設けた。

　手続費用については，簡易迅速な処理の要請から手続費用の償還が生じないようにすることが望ましいこと，また，申立人が必ずしも自らの利益のために申立てをしているとは限らないこと，家事事件には，民事訴訟のように勝訴・敗訴という考え方になじまない事件があることなどを考慮して，公平を図るために，審判及び調停のいずれについても，これまでの規律を変更して各自負担の原則を採用することになった（法28条1項）。

　また，検察官の手続費用の負担については，これまで申立人が手続費用を負担するのが原則であったことから，検察官が申立てをした場合の手続費用の国庫負担のみを定めていたが，家事事件手続法では，手続費用が原則各自の負担となり，検察官が関与する事件の手続費用の負担が問題となるのが検察官が申立てをした場合に限定されないことから，人事訴訟法16条1項と同様の規定を設けている（法28条3項）。

3 当事者以外の者に対する負担

(1) 負担させるべき事情

　前述のとおり，手続費用は各自負担となったものの，これがかえって公平に反するような場合には，従前の家事審判法7条が準用する旧非訟事件手続法28条と同様に，裁判所が事情にかんがみて，その裁量により，他の当事者(当事者参加人を含む。)，利害関係参加人又は関係人に手続費用を負担させることができることとしている（法28条2項）。

　これまで準用されていた旧非訟事件手続法28条は，要件として「特別の事情」を要するとしているが，家事事件では様々な類型の事件があることから，事案に応じてより柔軟に手続費用の負担を定めることができるようにするために，事案における様々な事情を，上記の「事情」として考慮し，その要件を緩和していた。

例えば、職権により開始した事件においても、事件本人に負担させることを妥当とする場合があり[☆2]、また、不在者財産管理人選任や後見開始において、相当多額の財産があったときには、不在者本人や被後見人に対してこれらの手続費用を負担させるのが相当なことがあり、このような場合には、「特別な事情」があるとしていたものと思われる。

また、家事事件手続法では民事訴訟法62条や63条は準用されなかったものの、これまでも旧非訟事件手続法28条の「特別の事情」には、家事事件の手続を遅滞させたときなどが含まれると解されていたから、家事事件手続法においても、これを含めて、従前「特別の事情」とされていた[☆3]事情を考慮することもできると解される。

(2) 関係人の範囲

家事審判法では、単に本来費用を負担するべき者でない関係人に費用を負担させることができると規定していたが（家事審判法7条による旧非訟事件手続法28条の規定の準用）、この関係人の範囲が明確ではなかった。

これまで、関係人には、法定代理人、手続代理人、証人等の当事者以外の第三者としての関係人を含むほか、裁判を受けるべき者や、不在者財産管理人の選任又は解任における事件本人のように裁判を受けるべき者ではないが、法律上当該裁判の効力を直接受ける者を含むと解されていた[☆4]。

このように旧非訟事件手続法28条においては、裁判所の裁量が認められていたが、裁判の手続に関与しておらず、その裁判に直接関係ない第三者に費用を負担させるのは相当でないことから、家事事件手続法では、本来その手続費用を負担すべきものとされていない者であって、裁判所の裁量によりその手続費用の全部又は一部を負担させることができる者の範囲をより限定した。そして、当事者及び利害関係参加人以外に手続費用を負担させる者として、「審判を受ける者となるべき者」（法28条2項2号）、「前号に掲げる者に準ずるもので

☆2　家審法講座(1)・37頁〔綿引末男〕。
☆3　注解家審法・98頁〔菊池信男〕。
☆4　補足説明・27頁。

あって，その裁判により直接に利益を受ける者」（同項3号）と定めた。

家事事件手続法28条2項3号の裁判により直接利益を受ける者の利益とは，経済的な利益というよりは，そのことがその当事者にとって有意義であるという趣旨であり，例えば成年後見人選任事件における成年被後見人がこれに当たると考えられる。

今後は，これまで関係人に含まれていた法定代理人，手続代理人，証人等については，家事事件手続法の関係人に当然には含まれないことになることに留意する必要がある。

4 手続費用の負担の裁判

(1) これまでの実情

家事審判法では，手続費用の負担の裁判をするか否かは，裁判所の裁量に委ねており，手続費用の負担の裁判は必要的ではなかった（家事審判法7条よる旧非訟事件手続法27条の準用）。そのため手続費用の負担の裁判がされない限り，実際に負担した者が最終的に負担することになっていた。

実務では，民事訴訟とは異なり，法律上当然に負担する者が定まる場合には，裁判所は，手続費用の負担の裁判をほとんどしていなかった。

そして，裁判所は，家事審判事件では，申立人負担が原則であるとして，申立人に申立費用や郵券を予納してもらっていることから，通常はこれらの裁判をする必要がなく，前述のとおり，特に申立人以外の者に手続費用を負担させる必要性があるときに限り，その旨の裁判をしていた。

また，調停事件では，前述のとおり，調停が不成立などによって終了したときには，家庭裁判所が手続費用の負担者及び負担額を定めることになっていたが，実務では，調停不成立時において手続費用の負担者及び負担額を定める手続は行われておらず，事実上，各自の負担となっていた。

(2) 家事事件手続法の規定

(a) 審判など事件を完結する裁判

家事事件手続法では，審判等の事件を完結する裁判においては，当事者らにとっての明確さを考慮して，手続費用を原則どおり各自の負担とする場合であ

っても，必ず費用負担の裁判をしなければならないこととなった（法29条1項）。

　この点に関しては，各自負担が原則であるのが条文上明確であること，別表第1の審判では当事者は申立人しかいない場合があり，この場合には申立人が費用を負担することが明らかであること，前述のとおり，手続費用を原則どおり負担させるときに手続費用の負担についての裁判をしていなかったこれまでの実務から，原則どおり手続費用を各自の負担とする場合には，あえて手続費用の負担の裁判をする必要がないのではないかという意見があったものの，結局，この意見は採用されなかったという経緯がある。

　今後，家事審判事件については，対立当事者や参加人がいないような別表第1の審判事件においても，必ず手続費用の裁判をしなければならないことに留意する必要がある。仮に，手続費用の裁判をしなかったときには，審判の脱漏となって，申立て又は職権で，その手続費用に負担について，決定で裁判をすることになる（法79条による民事訴訟法258条2項前段の準用）。

　また，今後，手続費用に関する当事者らの関心も強くなることが予想されるが，紛争性がある別表第2の審判事件についても，民事訴訟の敗訴当事者の負担というのではなく，原則として各自の負担とされていることから，当事者が誤解しないようにきちんと説明することが必要になろう。

(b)　調停が成立した場合

　調停事件については，調停が成立した場合において，調停費用の負担について特別の定めをしなかったときは，その費用を各自が負担とすることになった（法29条3項）。

　今後は，原則どおり手続費用が各自の負担となる場合であっても，できる限り，調停条項において手続費用が各自の負担であることを確認して，手続費用の負担について明確化することが望ましいといえよう。

(c)　事件を完結させる裁判や調停成立以外で家事事件が完結した場合

　家事審判法が準用する旧非訟事件手続法は，審判事件が終局審判によって完結した場合のみ適用され，家事事件の取下げ，調停をしない措置など，終局審判以外の事由によって家事事件が終了した場合における手続費用の負担については，何らの規定がなかった。

第2編 各　　論　　新法の解説

そのため，このような場合には，民事訴訟法73条を類推適用して，費用の負担及び額についての裁判をするものと解されていた[☆5]。しかし，実務上は，このような申立てがされることはなく，事実上，手続費用は各自の負担になっていた。

家事事件手続法では，事件を完結させる裁判や調停成立以外で家事事件が完結した場合には，これまでの実務と同様に，家事事件手続法31条による民事訴訟法73条1項の準用により，申立てにより手続費用負担の裁判をすることになった。

このような申立てがあったときには，調停費用が原則どおり各自負担であったとしても，審判事件の場合と同様に必ずその旨の裁判をすることになる。そのため，例えば，申立人が調停費用の一部を相手方が負担すべきであるとしてこの申立てをしたときに，そのような理由がなく各自の負担とするときは，申立てを却下するのではなく各自負担の裁判をすることになる。

家事事件手続法では，手続費用は各自負担が原則であること，手続費用は低額である場合が多いことから，手続費用負担の裁判を求める申立てというのは少ないと思われるが，紛争性の高い一部の事案や鑑定を実施するなどして手続費用が高額となっている事案では，このような申立てがあることが予想される。

(3)　複数の手続を経た場合の手続費用の取扱い

家事事件の中には，調停が不成立となって審判に移行する場合や人事訴訟から調停に付される場合など1つの事案について複数の手続を経ることがある。

これらの手続は，本来別個のものであり手続費用の規律も異なっていたが，家事審判法では，このような場合の手続費用の負担についての規定がなかった。

そこで，家事事件手続法では，こうした場合の手続費用についての処理を合理的かつ簡明なものとするために，複数の手続で生じた費用について一括して処理することとしている。

☆5　実務講義案・40頁。

Ⅰ 総則規定 論点 8

(a) **調停と審判の両方を経た場合**

別表第2の調停事件は，調停が不成立となると審判事件に移行する。また，別表第2の審判事件は，いつでも調停に付することができ，調停成立により終了することも少なくない。

このように調停手続と審判手続の両方を経ていたとしても，一連の連続する手続であること，合理性及び簡明性の観点から，両方の手続において生じた費用について一括して処理することとしている（法29条1項から3項までの括弧書）。

(b) **訴訟事件について調停に付した場合**

訴訟事件は，家事事件手続法257条2項又は274条1項の規定により家事調停に付されることがあるが，これまでは，訴訟から調停に付された事件について調停が成立した場合，調停が成立したことにより訴訟手続については訴えが取り下げられたものとみなされ（家審19条2項），その訴訟費用については，申立てにより，第1審裁判所が決定により訴訟費用の負担を命ずるものとされていた（民訴73条）。

しかし，訴訟費用と調停費用を分けて処理するこのような方法は煩雑であること，合理性及び簡明性の観点から，家事事件手続法では，調停成立時に訴訟費用及び調停費用の両方について特別の定めをしなかったときには，調停手続において生じた費用と同様に，訴訟費用も各自の負担とすることで，調停手続において生じた費用を含めて一括して処理することができるようになった（法29条4項）。

(c) **上級の裁判所が本案の裁判を変更する場合**

家事審判法では，抗告審など上級の裁判所における手続費用についても，通常その判断をしていなかった。しかし，家事事件手続法では，同法29条1項により，抗告審など上級の裁判所においても，その手続費用についての判断しなければならないことになった。

なお，抗告審において原審の判断を変更するときには，原審の手続費用についてもその判断を変える可能性がある。このような場合には，原審と抗告審を通じて手続費用の判断をした方が合理的かつ簡明であることから，民事訴訟法67条2項と同様の規定が設けられている（法29条2項）。

第2編 各 論 新法の解説

5 手続費用の立替え

(1) 家事審判法における手続費用立替えの原則と実情

　家事審判法では，事実の調査，証拠調べ，呼出，告知など費用を要する行為についての費用を国庫において立て替えることを原則として（家審規11条本文），家事審判規則11条ただし書において例外的に予納をさせることができると定めていた。

　国庫立替えを原則としたのは，当事者からの予納を待つと手続の遅延を招き，家事事件手続における迅速処理の要請に沿わない結果を来すおそれがあるためである☆6。

　しかし，実務では，当事者に費用を予納させることが原則となっていた。これは手続に要する費用が鑑定を要する事件を除いて比較的少額であって当事者に任意の予納を求めやすいこと，また，鑑定費用で高額の費用が生じる場合であっても，その負担について当事者間で協議がなされ，その結果に基づいて，費用を予納してもらうことなどによる。こうした取扱いについては，大きな問題が生じていなかった。

　また，当事者が任意に予納しないが，予納させることが相当な場合には，裁判所は予納命令を出すことができた。しかし，これまでは予納命令に応じなかったとしても，費用の国庫立替えを原則としていたことから，予納がないときは，当該費用を要する行為を行わないことができるとする民訴訴訟費用等に関する法律12条2項の適用はされず，そのため，予納命令を発する実益は乏しかった。

(2) 家事事件手続法の規定

　家事事件手続法では，これまでの実務の運用や新たに当事者の証拠申立権などを認めるなど当事者が主体的に手続追行をすることが想定されていることから，当事者が手続費用を予納することを原則とした。

　そのうえで，民事訴訟手続と異なり，これまで国庫立替えを原則としていた

☆6　注解家審規則・118頁〔中島常好〕。

趣旨から，例外として，当事者の予納がなくても，裁判所が事件の処理のために必要と認める資料を得ることができるようにするために，国庫において手続費用を立て替えることができるとしている（法30条）。

予納が原則となったことから，裁判所はその納付を確保するため，費用を要する行為については他の法令に別段の定めのある場合及び最高裁判所が定める場合を除いて，当事者等に費用の概算額を予納させることになる（民訴費12条1項）。

そして，予納がされず，しかも国庫立替えとする事情がなければ，裁判所は予納命令を発することになる。これにも従わない場合は，家事審判法とは異なり，当該費用を要する行為を行わないことができる（民訴費12条2項）。

今後は，前述のとおり，これまでも手続費用の予納を原則とする運用をしていたことから，手続費用の立替えが問題になることは少なく，むしろ，鑑定費用の負担について争いがあるときにおいて，鑑定費用は負担したくないという当事者に対して手続費用の予納命令を発するなどして，より適切な事件処理が可能になると思われる。

6　費用確定手続

家事審判法では，準用する旧非訟事件手続法27条において，手続費用の裁判において，誰に負担させるかだけでなく，負担させるべき金額についても定めなければならないとされていた。手続費用の裁判において，負担させるべき金額も定まることから，同じく準用する旧非訟事件手続法31条1項により，この裁判に基づく強制執行が可能であった。そのため，民事訴訟手続と異なり，費用確定手続についての規定はなかった。

家事事件手続法では，民事訴訟手続と同様に，手続費用の負担の裁判と費用額の確定処分とを分け，手続費用の負担の裁判において具体的金額を定める必要はなくなり，負担すべき費用の金額は，民事訴訟法71条を準用して，費用確定手続によって，第1審の裁判所書記官が判断することになった。

また，調停が成立したときについては，民事訴訟法72条を準用して，手続費用の負担について定めたがその額を定めなかったときには，裁判所書記官がその費用の確定手続を行うことになった。

なお，調停において手続費用の負担の定めをしないときは，手続費用は各自の負担となるから手続費用の確定の問題は生じない（法29条3項）。

手続費用額の確定処分の更正については，前述のとおり，費用の確定を裁判官の判断事項から裁判所書記官の判断事項としたことから，更正決定の規定（法77条）とは別に，更正処分について定めた民事訴訟法74条を準用することになった。

7 手続費用に関する民事訴訟法の準用等

(1) 手続費用に関する民事訴訟法の準用

手続費用については，民事訴訟手続と異なる取扱いをする必要性がないものが多いことから，家事事件手続法では，手続費用額の確定手続（民訴71条），調停の場合の費用額の確定手続（民訴72条），前述の家事事件が審判又は調停によらないで完結した場合の取扱い（民訴73条），費用額の確定処分の更正（民訴74条）だけでなく，法定代理人等の費用償還（民訴69条），無権代理人の費用負担（民訴70条）についても，民事訴訟法を準用することにしている（法31条）。

このように家事事件手続法においては，これまで家事審判法が準用する旧非訟事件手続法に規定がなかったものについても，民事訴訟法を準用することを明確にしたので，手続費用に関してより一層適切に事件処理ができることになった。この意義は小さくないと思われる。

(2) 民事訴訟法65条の不準用

家事審判法で準用する旧非訟事件手続法29条には，民事訴訟法65条を準用する旨の規定があったものの，家事事件手続法では民事訴訟法65条は準用されていない。

これまで，家事審判法では，申立人が手続費用を負担するのが原則となっており，申立人が複数いるときは，民事訴訟法65条1項本文により，原則として平等に手続費用を負担させると定める実益があった。

これに対して，家事事件手続法では，一方当事者が複数名いたとしても，手続費用は各自負担が原則となり，共同して手続費用を負担することがないこと

から，このような規定を設ける必要性がなく，また，家事事件手続法28条2項により，原則と異なる割合で手続費用を負担させることが可能となったことから，民事訴訟法65条2項を準用する必要もなかったのである。

8 費用の強制執行

家事審判法では，前述のとおり，手続費用の裁判に具体的な金額が明示されていることから，これを債務名義として強制執行することができたが，家事事件手続法では，裁判所書記官が費用確定手続を行うことから，非訟事件手続法及び家事事件手続法の施行に伴う関係法律の整備等に関する法律110条により，「訴訟費用若しくは和解の費用の負担の額を定める裁判所書記官の処分」を債務名義とした民事執行法22条4号の2に，家事事件の手続の費用を加え，民事訴訟法と同様の取扱いとした。

9 不服申立て

家事審判法において，手続費用の負担についての不服申立ては，同法で準用する旧非訟事件手続法30条で定められていたところ，家事件手続法では，即時抗告において，民事訴訟法と同様の規定（法85条2項）を設けることで整理された。

家事審判法では，審判において，手続費用の裁判をする義務がないことから，費用の審判をしない場合でも，これに対する不服申立てはできなかったが[7]，家事事件手続法では，審判において，原則どおり手続費用が各自負担であっても手続費用の裁判をしなければならないから，これに対する不服申立てができるとしたのである。

10 手続上の救助

(1) 手続上の救助の趣旨

家事事件手続法では，家事事件の申立てだけでなく，参加（法41条・42条）や証拠調べの申立て（法56条1項）をはじめとして，当事者が主体的に手続追

---

[7] 「明治40年11月16日法曹会決議」民事裁判資料76号49頁。

行をすることを想定しているが，このような権能を行使するには費用がかかってしまう。しかし，裁判所を利用する当事者の中には，経済的弱者も少なくないのが実情である。

家事審判法では，訴訟上の救助に関する民事訴訟法の規定（民訴82条）は準用されていない[☆8]ことから，家事事件の申立てそのものを躊躇したり，高額な鑑定費用の負担が困難なために証拠調べを断念したりすることが考えられ，国民の誰もが容易に裁判所を利用できるようにするために，救助制度の導入が望まれていた[☆9]。

そこで，家事事件手続法では，当事者が経済的にこのような費用を負担することが困難なときに，当事者に主体的に手続を追行する権能を付与したことの実質的意義を確保するために，民事訴訟法82条の規定と同様に，家事事件の手続の準備及び追行に必要な費用を支払う資力がない者又はその支払により生活に著しい支障が生ずる者に対して申立てにより手続上の救助の裁判をすることができるとして，新たに手続上の救助の制度を導入した（法32条）。

(2) 要件について

手続費用の救助は，当事者の申立てにより，裁判所がその可否を判断することになる。

その要件である「費用を支払う資力がない」と「その支払により生活に著しい支障を生ずる」については疎明を要する（規則21条2項）が，家事事件の手続費用が低額（1件につき800円又は1200円）であることから，これに該当するのは，民事事件と比べると少ないと思われる。

また，申立てが認められる可能性がまったくないのにもかかわらず申立てをしている場合や，嫌がらせ目的の申立てであることが明らかなときなど救助を求める者の家事事件の申立てその他の手続行為が手続上の権能の正当な行使といえないことが明らかなときには，救助を付与する必要がない。

そのため，民事訴訟法82条1項ただし書と同様に，「救助を求める者が不

[☆8] 同法の準用を否定した裁判例として東京高決昭47・4・12家月25巻4号45頁。
[☆9] 注解家審規則・123頁〔中島〕。

当な目的で家事審判又は家事調停の申立てその他の手続行為をしていることが明らかとき」に救助を与えないことができるとの規定を設けている（法32条1項ただし書）。

なお，家事事件手続では，民事訴訟手続と異なり，一般的に勝訴ということを観念することができない。そこで，勝訴の見込みがないとはいえないときという規定とはなっていない。

救助決定がされることにより，申し立てた者は，手続費用などの支払の猶予を受けることができる（法32条2項による民事訴訟法83条1項の準用）。

(3) 別表第1の審判事件への適用について

救助の規定は，別表第2の審判事件だけでなく，別表第1の審判事件でも適用される。

救助を認めた費用は，最終的には取り立てるのが前提となっている（法32条2項，民訴85条）ものの，別表第1の審判事件は，民事訴訟のように対立当事者がなく，申立人しかいないことがあることから，民事訴訟のように他方当事者から手続費用を取り立てるということが考えにくいので，手続費用の救助が認められるか否かが問題となる。

しかし，別表第1の審判事件であっても，審判を受ける者（法28条2項3号）などが手続費用を負担することが考えられるのであり，このときには，その者に対して取り立てることが可能であるから，救助を認めることができると考えられる。そのような者が考えにくいときには，少なくとも運用として救助を認めるのは慎重とならざるを得ないであろう。

(4) 手続費用の立替えと手続上の救助の関係

当事者の手続費用の負担を軽減する制度としては，手続上の救助のほかに手続費用の立替えがあるので，両者の関係が問題になる。

手続費用の立替えは，手続費用は予納することが原則であるが，予納されない場合にも，裁判所が必要と判断する事実の調査等を行うことを保障するために設けられているものであり，当事者に申立権がない。これに対して，手続上の救助は，当事者らの権能を保障するために設けられているものであり，当事

者に申立権が認められている。このように両者は，その趣旨や当事者に申立権があるか否かにおいて異なっている。

　具体的には，例えば，当事者が裁判所に鑑定を申し立てた場合には，原則として鑑定費用を予納することになるが，当事者が鑑定費用を予納しない場合であっても，裁判所が上記鑑定の必要があると判断したときには，鑑定費用を国庫において立て替えてこれを実施することができる。

　これに対して，裁判所が鑑定費用を立て替えてまでその鑑定を実施する必要がないと判断したときには，当事者はあくまで予納しなければならないが，費用を予納する資力がないときには，手続上の救助の決定を受けてその鑑定の申立てを維持することができる。

〔髙橋　信幸〕

論点 9　家事事件の審理

1　家事事件の非公開原則

(1)　手続の公開・非公開

　手続の公開というのは，裁判や審判を一般に公開するということである。民事訴訟においては，裁判が公正に行われることを保障するため，手続を一般に公開している。

　しかし，家事事件では，公益性の観点から，実体的真実に合致した裁判をすることが要請されるが，家庭や夫婦の問題を扱うという家事事件の性質上，家庭や個人のプライバシー性の高い資料であっても収集することが求められることから，手続を公開すれば，秘密が明らかになって，当事者や関係者に大きな不利益を与えてしまう。また，秘密が明らかになると，これをおそれて，当事者や関係者の協力が得られなくなり，裁判資料の収集が困難となって，裁判所による真実の発見に支障が生じ，実体的真実に合致した適正な裁判が実現できないおそれがある。

　家事審判規則6条では，このような家事事件の特殊性から，家事事件の審判及び調停は，これを公開しないと定めて，同条ただし書により，相当と認める者の傍聴を認めることとしていた。

(2)　家事事件手続の非公開

　家事事件手続法は，別表第2の審判事件において，当事者の対審構造をなるべく取り入れているが，これはあくまで職権主義を前提として導入されたものであり，家事事件の性質に照らして審判及び調停を非公開とする意義は同法においても変わらないことから，家事審判規則6条の規律を維持している（法33条）。

第2編 各 論 新法の解説

家事事件の審判及び調停を非公開とすることについては，プライバシー保護など積極的な理由があることから，「家事事件の手続は，公開しない」の趣旨は，訓示規定ではなく，公開してはならないというものであり，裁判所の裁量で一般的に公開することは許されないと解される☆1。

なお，当事者間の合意により紛争を解決する家事調停だけでなく，裁判の一種である審判手続も非公開としていることについて，憲法82条1項に照らしてその合憲性が問題となるが，その手続の一般公開は憲法上要請されないとするのが判例の立場である☆2。

2 期日及び期間

(1) 期日について

家事事件の手続の期日（家事審判の手続の期日，家事調停の手続の期日）とは，裁判所又は裁判官と当事者その他の者が会して家事事件の手続をするために定められた一定の時間をいい，家事事件においては，期日において証拠調べをする場合（法46条）や審問をする場合（法69条）が想定されている。ただし，家事事件においては，民事訴訟と異なり，主張と立証とを明確に区別することができないために，期日に「証拠調べ期日」や「審問期日」といった種類があるわけではない。

(2) 家事審判法とこれまでの実務

家事審判法では，期日及び期間についての規定は設けられておらず，同法が準用する旧非訟事件手続法において民事訴訟法を準用すると定められており，原則として同法の規定に従っていた。

ただし，審判手続では必ず審問期日を設ける必要性がなく，期日を指定する場合であっても，家事事件は職権で進行するのであり，家事事件の期日は当然に裁判長が指定することができることから，申立てによる期日指定（民訴93条

☆1 注解家審規則・45頁〔向井千杉〕。
☆2 婚姻費用分担に関する処分の審判の即時抗告に関して最決昭37・10・31家月15巻2号87頁，親権者変更に関して最決昭46・7・8家月24巻2号105頁など。

1項），当事者の合意による期日変更（同条3項ただし書）は準用されず，家事事件の性質上，弁論準備手続を経た事件の期日変更（同条4項）も準用されていない[☆3]。

実務上は，家事調停手続及び家事審判手続のいずれにおいても期日を指定する場面は多く，裁判官が期日を指定している。

(3) 家事事件手続法について

家事事件手続法では，民事訴訟法の規律に準じて，期日及び期間の規定を設けているものの，前述のとおり，家事事件は職権進行であることなどから，これまでと同様に，期日は職権で裁判所が指定するものとして，民事訴訟手続と異なり当事者らに期日指定の申立権を認めていない（法34条1項）。

3 期日変更

手続の期日を指定した以上は，安易にこれを変更することは相当でない。しかし，これまで実務においては，期日変更はかなり柔軟に運用されていた。

家事事件手続法34条3項では，民事訴訟法93条3項本文を参考にして，家事事件の期日一般について，顕著な事由がある場合に限り指定した期日を変更することができると定めている。

なお，法制審議会では，民事訴訟法93条3項ただし書のように，初回期日の変更について，当事者の合意があるときにはこれを許すという規定を設けるか否かについて議論されていたものの，結局設けられなかった。

顕著な事由というのは，やむを得ない事由がある場合よりも緩やかな概念であり，相手方の同意がなくても顕著な事由があれば期日変更が認められる。

しかし，相手方の同意があったとしても，顕著な事由がなければ期日変更が認められないと解するのが相当であり[☆4]，少なくとも当事者間に期日変更の合意があったことだけの一事をもって変更することは難しいであろう。

したがって，事案に即して，顕著な理由があるか否かを検討することになる

☆3　注解家審法・81頁〔菊池信男〕。
☆4　民事訴訟法につき最判昭50・7・21判時791号76頁。

が，他方，無理に期日を設けても円滑で効率的な手続は望めないので，これまでと同様に，厳格さと柔軟さを兼ね備えた適切な審判指揮が求められるというべきである。

4 手続の併合

(1) 家事審判法とその運用

　家事審判法及び家事審判規則には，総則において，手続の併合分離に関する規定はなく，各論において，遺産分割の申立て及び寄与分を定める審判の申立てがあったときや数人から寄与分を定める審判の申立てがあったときに審判手続及び審判は併合してしなければならないと定められていただけであった（家審規103条の3）。また，家事事件の手続以外の非訟事件においても，個別の審判又は調停ごとに規定が設けられているにすぎなかった（労審規23条，借地非訟規11条，特定調停6条）。

　しかし，上記の遺産分割事件等以外の事件であっても，審判指揮権の行使として，数個ある家事事件の手続を併合したり，又は手続を分離したりすることは一般的に自由にできると解されており[☆5]，実務でも遺産分割事件等に限らずに手続の併合や分離を行っていた。

(2) 家事事件手続法の規定

　家事事件手続法では，このような運用を踏まえて，また，申立ての併合が明文化された（法49条2項）が，申立てが併合された場合，裁判所が必要に応じて併合された手続を分離することが認められるべきであることから，手続の併合分離の規定が設けられた（法35条）。これは，民事訴訟法152条と同様の規定である。手続の併合分離は，別表第2の審判事件及び調停事件だけでなく，別表第1の審判事件にも適用される。

　手続の併合分離については，これまでと同様に審判指揮権の一つとして裁判所の裁量があるものの，相続人全員が当事者とならなければならない遺産分割調停及び審判事件など合一確定の必要がある場合などについては，分離するこ

☆5　家審法講座(1)・57頁〔綿引末男〕。

とはできない（法192条）。その他，当事者間において合一確定の必要がある事件についても，分離することは相当でない。

家事事件手続法で，申立ての併合が認められたことから，今後，これまでよりも複数の事件が併合して申し立てられることが多くなると思われる。そして，申立ての中には，当該事案や進行状況などから併合して手続を進めるよりも分離した方がよいものもあることから，これまでよりも家事事件の手続の分離がなされることが多くなると思われる。また，手続の分離以外にも，一部審判（法73条2項），一部調停（法268条2項）の利用の可能性も検討することが必要となるであろう。

(3) 併合前の証拠調べの結果の取扱い

家事事件手続の併合については，当事者を異にするA事件とB事件を併合した場合，併合前にそれぞれの事件においてなされた証拠調べの結果や事実の調査の結果は，他の事件において当然に資料（証拠）になることが予定されている（法35条3項）。

当事者が関与することができなかった併合前の手続において証人尋問がされた場合，家事事件手続法では，家事審判法と異なり当事者の尋問申立権を認めている（法56条1項）から，民事訴訟法152条2項と同様に，併合前に尋問をした証人について，尋問の機会がなかった当事者が尋問の申出をしたときには，その尋問を必ずしなければならない（法35条3項）。これに対して，併合前に事実の調査としての審問を行ったときには，併合後において当事者の一方から他方当事者に対する審問請求権を認めていないことに注意する必要がある。これは，家事事件においては，厳格な手続によりなされる証拠調べと，簡易迅速に事実関係を確認する審問という性格の違いが反映しているためである。

5 送　達

(1) 家事審判法の規律と運用

家事審判法には，送達に関する規定はなく，準用する旧非訟事件手続法にも送達の規定がないが，おおむね民事訴訟法の規定に準じた取扱いをしていた。

第2編 各　　論　　新法の解説

これは，民事訴訟手続では，期日の呼出は呼出状の送達によるものとされている一方，家事事件では，家事調停及び家事審判の期日の呼出だけでなく，審判の告知すらも適当な方法によるとされていること（旧非訟18条3項）から，民事訴訟手続と比較して送達の重要性が高くなかったからである。

しかし，実務では，家事事件の途中から出頭しない当事者や送達した書類を受け取らない当事者など，家事事件の手続追行に非協力的な当事者がおり，このような者に対する送達を適正かつ迅速に行うことは家事事件の進行上大きな課題であった。また，抗告することができる審判事件の審判書は，抗告期間を明確にするために送達されるのが一般的であること，調停においても，強制執行に備えて債務名義である調停調書の送達申請がなされることから，迅速な家事事件の処理のためには，送達に関して民事訴訟法と同様の規定を設ける必要があった。

家事事件手続法では，送達について，これまでの実務の実情に即して，民事訴訟の規定に準じることを明確にしており（法36条），その意味は大きいと思われる。

なお，家事事件手続規則では，送達に関する民事訴訟規則を原則として準用している（規則25条）。

(2) 送達場所の届出

これまで実務では，家事審判及び家事調停のいずれにおいても，民事訴訟法104条の準用が一般的ではなかったが，家事事件手続法では，準用する民事訴訟法104条により，送達場所の届出の規定が準用されることが明確となっている（法36条）。

ただし，民事訴訟法104条では，当事者に届出義務を課しているが，家事審判事件では，訴状や判決など送達が必要となる民事訴訟手続と異なり，法律上，申立書の写しの送付だけでなく，審判書を送達する必要がないこと，家事調停事件では，別表第2の調停事件であっても必ず審判に移行するとはいえず，また調停が成立すると，その時点で事件は終了してしまうから，成立時点で送達場所の届出の効力がなくなることになり，結局，調停調書の送達時においては，送達場所の届出が有効ではないことになるから，少なくとも家事調停

事件では，送達場所の届出義務があると解釈するのは問題があろう。

また，別表第1の審判事件のうち認容する審判に対して即時抗告することができないものは（法160条の子の氏の変更についての許可など），審判書を送達する必要性が乏しく，これまでも審判書を送達していないことからすれば，家事調停及び家事審判のいずれにもおいても，送達場所の届出は柔軟に対応する必要があると思われる。

今後は，送達場所の届出義務の有無にかかわらず，送達場所の届出を活用して，送達が迅速かつ適正に行われることが期待される。

(3) 告知・通知

告知は，裁判の内容を知らせることであり，審判の告知（法74条1項～3項・86条2項・108条・122条・126条4項～6項等）のほか換価を命ずる裁判の告知（法194条4項・207条）等がある。通知は，裁判の内容以外の事実を伝えることであり，事件係属通知（法67条1項ただし書），事実の調査とその通知（法70条）などがある。

告知や通知は，家事事件手続法において，相当と認める方法で行うことができると定めているものもある（法74条1項）が，その場合であっても，告知の一方法として送達があることから，今後もこれまでと同様に事案に応じて送達を含めた適切な告知・通知を行うことになる。

6 手続の中止

手続の中止とは，手続の進行を停止することをいうが，家事審判法及び家事審判規則には手続の中止の規定はなく，旧非訟事件手続法にも規定していないことから，家事審判法のもとでは，付調停の場合（家審規130条）を除いて，中止は認められないと解されていた[☆6]。これまでは，当事者が急病で長期の入院となったときには，任意の取下げを促すなどして対応していたと思われる。

家事事件手続法では，これまでと同じく付調停の場合（法275条）のほかに，民事訴訟法の規定を準用することで新たに中止の制度を導入しており（法36

☆6　家審法講座(1)・66頁〔綿引〕。

条），天災その他の事由によって裁判所がその職務を行うことができないとき（民訴130条），当事者が不定期間の故障により訴訟手続を続行できないときに決定により中止を命ずる（民訴131条）こととしている。

　今後は，手続の中止が認められるものの，手続が中止しても事件自体は係属している状態であることから，当事者の状況を定期的に確認するなどして，事件の進行管理を適切に行う必要があると思われる。

〔髙 橋　信 幸〕

論点 10 電子情報処理組織による申立て等

　電子情報処理組織による申立ては，家事審判法では規定がなかったものであるが，家事事件手続法では，電話会議システムの導入（法54条）など当事者の利便性を向上させる制度を導入しており，その1つとして，同時に改正された非訟事件手続法と同様に，電子情報処理組織による申立て等の規定を設けている（法38条1項・2項）。

　現在，電子情報処理組織による申立てはできないものの，今後，家事事件手続法の施行にあわせて，当事者の利便性向上のため，電子情報処理組織による申立てが相当な事件とその手続について検討する必要があると思われる。

〔髙橋　信幸〕

II 家事審判に関する手続

〔1〕総　則

1．家事審判の手続

論点 11　家事審判の手続の通則

1　審判事項

(1) 家事審判事項

家事事件手続法39条は，同法第2編に定めるところにより行われる審判事項について規定しており，同条のいう家事審判事項は以下のとおりである。

① 別表第1及び別表第2に掲げる事項についての審判
② 遺産分割の禁止の審判の取消し又は変更 (法197条)
③ 各種審判前の保全処分 (保全処分により選任した職務代行者の改任及び事情変更による審判前の保全処分の取消し〔法112条〕を含む。法126条・127条・134条・135条・143条・144条・157条・158条・166条・174条・175条・181条・187条・200条・215条・225条・239条・242条3項〔158条及び174条を準用する部

Ⅱ　家事審判に関する手続　〔1〕　総　　則　1．家事審判の手続　**論点 11**

分に限る。〕）
④　各種管理者の改任（法125条1項〔法134条6項・143条6項・158条3項・173条・180条・189条2項・194条8項・200条3項・201条10項・202条3項・208条において準用する場合を含む。〕・146条1項）
⑤　財産管理者の選任その他の財産の管理に関する処分の取消し（法125条7項〔173条・180条・194条8項・201条10項・202条3項及び208条において準用する場合を含む。〕・147条・189条3項）
⑥　即時抗告が不適法でその不備を補正することができないことが明らかであるときにする原裁判所の却下の審判（法87条3項）

(2)　調停をすることができる事件とできない事件

　家事審判法では，家事事件は調停をすることができない甲類事件と調停をすることができる乙類事件に区別されていた。家事事件手続法はほぼこれを引き継いでおり，別表第1に掲げる事項についての審判の事件は，家事審判法の甲類事件に，別表第2に掲げる事項についての審判の事件は，家事審判法の乙類事件に概ね対応するものである。

　ただし，家事審判法で乙類事件であった事件の中には，家事事件手続法別表第1に掲げる事項についての審判の事件となったものもある。以下の事件がそれに該当するが，その理由を簡潔に説明することとする。

　(a)　夫婦財産契約による財産の管理者変更等（別表第1の58項）

　民法758条が，家庭裁判所への夫婦財産契約による管理者の変更の請求及び共有財産の分割の請求について事由を限定したうえで認めているのは，当事者間の協議によって管理者の変更及び共有財産の分割をすることを許容しない趣旨であると解されるから，この趣旨に照らして調停ができない別表第1の事件となった。

　(b)　破産手続が開始された場合における夫婦財産の管理者変更等（別表第1の131項）

　別表第1の事件となった理由は，(a)と同様である。

(c) 扶養義務の設定（別表第1の84項）及び扶養義務設定の取消し（別表第1の85項）

民法877条2項は、「特別の事情があるとき」に限り家庭裁判所が扶養義務を負わせることができると規定しており、当事者の協議による扶養義務の創設を認めていないと解されるから、協議を前提とする調停成立も許容することができないことになる。このように、この義務の設定は、家庭裁判所の判断によるべきという趣旨であると解するのが相当であるから、この趣旨に照らして調停ができない別表第1の事件となった。

(d) 推定相続人の廃除（別表第1の86項）及び推定相続人排除の取消し（別表第1の87項）

民法892条が廃除事由については被相続人に対する虐待又は重大な侮辱及びその他の著しい非行に限定していること、推定相続人の廃除は遺留分を有する推定相続人の相続権を剥奪する重大な結果となることを勘案すると、当事者による処分を許すものではなく、当事者間の協議による推定相続人の廃除は許容されないと解するのが相当である。また、推定相続人の廃除の取消しについても、同様に家庭裁判所でその要件を審理して判断をすべきである。そのため、いずれも調停ができない別表第1の事件となった。

2 参与員

家事審判法では参与員に関して、「審判は、特別の定がある場合を除いては、家事審判官が、参与員を立ち合わせ、又はその意見を聴いて、これを行う。」（家審3条）と定めるだけで、参与員が申立人から説明を聴くことを可能とする規定はなかった。

しかし、参与員制度は、参与員が家事審判官に対して意見を述べることにより、民間人の常識を家事事件の処理に反映させるために設けられているのであり、参与員が適切に意見を述べるためには、事件記録の閲読だけではなく、申立人等から直接説明を受けることが必要な場合もある。そのため、実務においても、成年後見事件や氏の変更、名の変更の各許可審判事件等で家事審判官に意見を述べることに付随するものとして、申立人等から直接事情を聴取することが行われていた。

そこで，家事事件手続法では，家庭裁判所は，参与員の意見を聴いて，審判する（法40条1項本文），参与員は，家庭裁判所の許可を得て，家事事件手続法40条1項の意見を述べるために申立人が提出した資料の内容について，申立人から説明を聴くことができる（同条3項本文）と規定し，現在の実務の取扱いを明文化した。

ただし，別表第2に掲げる事項についての審判事件においては，紛争性が高く，裁判官自らが双方から言い分を聴いて検討して審判すべきであるから，資料提出者からの説明も，事実の調査として行うべきであり，参与員だけが説明を聴いて審判することは相当でないとして，参与員が説明を聴く対象事件から除外された（法40条3項ただし書）。

3 当事者参加及び利害関係参加

(1) 参加制度

参加に関しては，家事審判法12条，家事審判規則14条に規定があったが，参加人の権限やその法的な地位が明確ではなく不十分なものであった。家事事件手続法では，41条において当事者参加，42条において利害関係参加の制度が規定され，明確になった。

(2) 当事者参加

家事事件手続法は，当事者参加について規定し，当事者となる資格を有する者が，既に係属している家事事件の手続について，当事者として家事事件の手続に参加することができ（法41条1項），また，家庭裁判所は，相当と認めるときは，当事者の申立てにより又は職権で，他の当事者となる資格を有する者（審判を受ける者となるべき者に限る。）を，当事者として家事審判の手続に参加させることができる（同条2項）としている。参加の申出（同条1項）及び参加の申立て（同条2項）は，参加の趣旨及び理由を記載した書面でしなければならない（同条3項）。

なお，参加の申出を却下する裁判は，当事者となる資格を有する者の手続参加の利益を奪うものであるから，これに対しては，即時抗告をすることができる（法41条4項）。

第2編 各　　論　　新法の解説

　家事審判事件では，親権者変更事件，婚姻費用分担事件，面会交流事件，財産分与事件等のように，当事者となる者は明らかであり，それゆえ，既に係属している事件に，他の当事者となる資格を有する者が参加するということが考えられない類型が多い。したがって，当事者参加が問題となる事件の多くは，相続人全員が当事者となるべき遺産分割事件であると思われる。こうしたものとしては，相続人の一部を相手方にしていないために，その相続人が参加の申立てをする場合や相続分の譲渡を受けた者が参加の申立てをするような場合が考えられる。また，後見開始事件等のように複数の者が申立人となることができる事件で，1人によって先行して申し立てられた事件に他の申立権者が参加する場合も考えられる。

(3)　利害関係参加

　利害関係参加（法42条）は，「審判を受ける者となるべき者」（同条1項）又は「審判の結果により直接の影響を受けるもの」等（同条2項）が，当事者以外の者として，家庭裁判所の許可を得て，家事事件の手続に参加するものである。また，利害関係参加の申立てがない場合でも，家庭裁判所は，職権で家事審判の手続に参加させることもできる（同条3項）。利害関係参加した者は，基本的には当事者がすることができる手続行為（ただし，家事調停申立ての取下げ，変更，裁判に対する不服申立て，裁判所書記官の処分に対する異議の取下げは，当事者しかできない行為であるからこれらは除かれる。）をすることができる（同条7項）。具体的には，記録の閲覧謄写や証拠の申出等が考えられる。

(4)　未成年者の利害関係参加

　未成年者も利害関係参加することができ，これにより未成年者の意向を手続に反映しやすくなったが，以下の点について留意する必要がある。

　1点目は，未成年者の手続行為能力の点である。利害関係参加は，家事事件の手続に参加するのであるから，手続に参加しようとする者は，手続行為能力を有することが前提となる。手続行為能力とは，家事事件の手続における申立てや参加等の手続上の行為をすることができる能力のことであって，この能力がなければ，有効に手続行為をすることができないことになる。例えば，子が

自分自身で面会交流調停に利害関係参加するために，その許可の申立てをする場合には，手続行為能力が必要となる。

家事事件手続法は，子に，子の監護に関する処分の審判事件，子の監護に関する処分の調停事件等一定の事件について，意思能力があれば，手続行為能力を認めている（法151条2号・252条1項2号等）から，子は意思能力があれば利害関係参加をすることができるが，意思能力のない子は，手続行為能力を認められないから，手続に参加することはできないこととなる。

2点目は，審判結果の直接の影響の点である。家事事件手続法42条3項は，審判の結果により直接の影響を受けるものであることを要求している点である。例えば，面会交流事件においては，事件の性質上，基本的に子であるというだけで，この点については肯定されると解される。

3点目は，子の利益侵害の有無の点である。家事事件手続法42条5項は，利害関係参加しようとする者が未成年者である場合において，その者の年齢及び発達の程度その他一切の事情を考慮してその者が当該家事審判の手続に参加することがその者の利益を害すると認めるときは，裁判所は，同法42条1項の規定による参加の申出又は2項の規定による参加の許可の申立てを却下しなければならないとしている。例えば，父母の対立が激化していて，子が手続に参加することによって，その対立に巻き込まれるおそれがある場合などには，利害関係参加することによって，かえって子の福祉を害すると認められると解されるから，参加が認められないことになる。

⑸ 手続代理人

意思能力があり，手続行為能力がある未成年者が手続行為をしようとする場合において，必要があると認めるときは，裁判長は，申立てにより，弁護士を手続代理人に選任できることとなっている（法23条）。しかし，意思能力のない者（乳幼児等）については，その真意の把握が容易でないこともあって，手続代理人の選任をすることはできない。

なお，人事訴訟法13条に，既にこれと同様の規定がある。

4 手続からの排除

　これまでは，法律，規則には規定がなかったが，家事調停・審判の実務において脱退等として処理されていたものがあった。これについて家事事件手続法は，手続から除外する手続を「排除」ということとして，その者の意思によることなく，家庭裁判所がその者を職権で手続から除外できることとした（法43条）。

　遺産分割事件の当事者である相続人の1人が，もともと相続人たる地位を有しない場合，あるいは，相続分を全部放棄したり，自己の相続分を他の相続人等に全部譲渡したりして当事者としての資格を失った場合には，従前，実務においては，相続人とされていた者が，脱退届を提出することによって，手続から外れるということを明確にしていた。しかし，職権で，当該相続人を脱退させることはできないとされており，このような相続人が相手方となっていたときは，申立人がその相手方に対する申立てを取り下げて，手続から除外することなどで対処してきた。しかしながら，当該相続人に対する審判申立ての取下げがない場合には，当該相続人は，手続上で当事者として存在していることになっていた。

　家事事件手続法は，上記のようにこれまで脱退で処理されていた場合，あるいは，当事者となる資格のない者が当事者となっている場合に，その者の意思によることなく，家庭裁判所が職権で，その者を手続から排除することによって，手続上当事者としての地位を失わせることができることとした。

　排除されると，その者は当事者の地位を失い，当事者としての手続保障を受けられないことになる。

　なお，排除された者には，即時抗告権が認められており（法43条2項），理由がないのに排除された場合にはこれを争うことができる。

5 受　　継

(1) 受継制度

　民事訴訟事件では民事訴訟法124条により，当事者の死亡によって訴訟手続は中断することとなる。しかし，家事事件の場合は，当事者の死亡等によっ

て手続が続行できないときであっても，家事事件手続に求められる迅速な処理，早期解決の見地から，手続は中断しないというのが原則的取扱いである（家審規15条参照）。

　家事事件手続法も同様に，家事審判の申立人が死亡，資格の喪失その他の事由によってその手続を続行することができない場合にも，原則として，家事事件の手続は中断しないこととし，次の規定を設けた。

(2) 法令により手続を続行する資格のある者がいるとき

　家事事件手続法は，法令により手続を続行する資格のある者がいるときは，その者はその手続を受け継がなければならず（法44条1項），家庭裁判所は，他の当事者の申立てにより又は職権で，法令により手続を続行する資格のある者（当事者が死亡した場合のその相続人，破産管財人が資格を喪失した後に新たに選任された破産管財人等が考えられる。）に家事審判の手続を受け継がせることができるとした（同条3項）。

　なお，法令により手続を続行する資格のある者が受継の申立てをした場合において，その申立てを却下する裁判は，その申立人の当該手続に対する関与の機会を奪うものであるから，却下の裁判に対して即時抗告をすることができる（法44条2項）。

　この法令により手続を続行する資格のある者の受継については，家事調停の手続における受継に準用されている（法258条）。

(3) 法令により手続を続行する資格のある者がないとき

　家事事件手続法は，法令により手続を続行する資格のある者がないときは，当該家事審判の申立てをすることができる者は，その手続を受け継ぐことができるとした（法45条1項。家事審判規則15条1項と同旨の規定である。）。この場合，不安定な状態が長期間継続するのは相当ではないため，受継の申立ては，その事由が生じた日から1か月以内にしなければならない（法45条3項）。他の申立権者が受継の手続をしないときには，手続は終了し，そもそも他の申立権者がいないときは，手続は直ちに終了することとなる。

　ちなみに，他の申立権者がした受継の申立てが却下された場合，却下の裁判

に対して即時抗告をすることはできない（法44条2項参照）。

　なお，成年後見開始の審判の申立人が審判前に死亡したような場合のように，成年被後見人の保護のためには事件を終了させることが不相当な事態も考えられる。そこで，家事事件手続法は，事件の公益性，家庭裁判所の後見的機能から，家庭裁判所は，必要があると認めるときは，職権で，当該家事審判の申立てをすることができる者に，その手続を受け継がせることができることとした（法45条2項。家事審判規則15条2項と同旨の規定である。）。ただし，この受継の裁判もその事由が生じた日から1か月以内にしなければならない（法45条3項）のは，申立ての期間制限と同様の趣旨である。

　家事事件手続法258条1項は，同法45条を準用していないので，家事調停の手続については，他の申立権者による受継は認められていない。

6　調書の作成等

　家事事件手続法は，審判期日の重要性を考慮し，できる限り，これを記録に残しておくべきとした。そのため，原則として，裁判所書記官が家事審判の手続の期日について，調書を作成しなければならないこととし（法46条本文），証拠調べの期日以外の期日については，その具体的内容や重要性の程度に幅があることから，簡易迅速性，効率性の点から判断して，裁判長においてその必要がないと認めるときは，その経過の要領を記録上明らかにすることをもって，これに代えることができることとした（同条ただし書）。証拠調べ期日については，その資料の重要性にかんがみて調書の作成は必要的とされている。

　ここでいう経過の要領とは，期日の手続については，手続を明確にするため，期日の日時，出頭した当事者，次回期日等を記載しなければならないが，その形式は，表などを用いて簡易な形で記録に残せば足りるということである。

　なお，家事調停の手続については，裁判所書記官が家事調停の手続の期日について，調書を作成しなければならないとされているが（法253条本文），話合いを主体とする手続であるため，裁判長においてその必要がないと認めるときは，経過の要領の作成も省略することができることになっている（同条ただし書）。

7 記録の閲覧等

(1) 記録の閲覧謄写

家事審判規則12条1項は、審判事件の記録の閲覧謄写について、裁判所が相当と認めるときに許可をすることができるとしていた。

これに対し、家事事件手続法は、これまでと同様に事件記録の閲覧謄写には裁判所の許可を必要としたが、当事者が主体的に手続を追行できるようにするため、当事者（利害関係参加した者を含む。）から閲覧謄写の申立てがあったときは、原則として、許可しなければならないとしたうえ（法47条3項）、例外的に許可しないことができる事由を限定列挙した（同条4項）。

また、利害関係を疎明した第三者も閲覧等の請求をすることができるが（法47条1項）、当事者とは異なり、手続上の権能を行使できるわけではなく、また、審判手続が非公開を原則としていることにかんがみ（法33条）、家庭裁判所は、これまでと同様に、相当と認めるときに限り、その申立てを許可することができるとした（法47条5項）。

(2) 閲覧謄写の例外

当事者の閲覧等の請求の例外事由については以下のとおりとなっている（法47条4項）。

なお、(a)から(c)までは、人事訴訟法35条2項に挙げられている事由と同趣旨である。

(a) 事件の関係人である未成年者の利益を害するおそれがあると認められるとき

このような事例としては、面会交流の事件について、家庭裁判所調査官の調査報告書の中に、子が非監護親に対する嫌悪の気持ちが記載されており、これを非監護親が閲覧等すると、親子関係が悪化することが懸念され、それが子の福祉に反する結果を招来するおそれがある場合等が考えられる。

(b) 当事者もしくは第三者の私生活もしくは業務の平穏を害するおそれがあると認められるとき

このような事例としては、一方当事者が家庭内暴力（DV）を理由に別居し、

第2編 各　論　　新法の解説

住所を秘匿しているときに，記録の閲覧等により，他方当事者がこれを知ってその住所に押し掛けるなどの行動にでるおそれがある場合，家庭裁判所調査官の調査報告書に，子が在学する学校の教諭から聴取した当事者に対する意見が記載されており，当事者がこれに反発して学校に抗議のために赴くなどして，学校の業務の平穏な追行を害するおそれがある場合等が考えられる。

(c)　当事者もしくは第三者の私生活についての重大な秘密が明らかにされることにより，その者が社会生活を営むのに著しい支障を生じ，もしくはその者の名誉を著しく害するおそれがあると認められるとき

私生活についての重大な秘密とは，高度な保護が求められる個人情報である犯罪歴等あるいは病歴等がその場合に該当すると考えられる。

(d)　事件の性質，審理の状況，記録の内容等に照らして当該当事者に閲覧等を許可することを不適当とする特別の事情があると認められるとき

家事審判手続には，様々な類型があり，その裁判資料も多岐にわたり，また，記録の閲覧等を請求できる者の範囲も広いため，裁判資料の開示の必要性と開示することの影響が事案ごとに大きく異なっている。そのため，上記の(a)から(c)までに該当しなくとも，事件の性質，審理の状況，記録の内容等に照らし，当該当事者に閲覧等を認めることが適当でない場合には，これを許可しないことができるとされた。しかし，その許否を判断するには，閲覧等による審理に対する影響の有無，影響がある場合はその程度，当事者の私生活等への影響の有無，影響がある場合はその程度等を含めて，閲覧等を許可することが不適当とする特別の事情があるか否かを総合的に検討しなければならない。

(3)　即時抗告

当事者から記録の閲覧謄写等の申立てがされたときは，家庭裁判所は，原則的に許可するが (法47条3項)，例外事由がある場合には，申立てを却下することになる。しかし，当事者の手続保障の観点からすれば，事件記録の閲覧謄写は非常に重要であるから，申立てを却下された当事者は，却下した裁判に対して，即時抗告をすることができる (同条8項)。

しかし，即時抗告が家事審判の手続を不当に遅滞させることを目的としてされたものであると認められるときは，事件の迅速処理を優先させる必要がある

から，原裁判所は，その即時抗告を却下しなければならない（法47条9項）。ただし，その却下の裁判に対しては，即時抗告することができる（同条10項）。

また，記録の閲覧等の申立てについて，家庭裁判所が相当と認めるときは，これを許可することができるとしている利害関係を疎明した第三者の場合（法47条5項）には，当事者と異なって手続保障を重視する必要がないために，その許否の判断は，家庭裁判所の広い裁量に任されているといえるから，即時抗告をすることができる旨の規定はない（同条8項は同条3項の場合に限って即時抗告を認めている。）。

(4) その他の事件の閲覧謄写

審判前の保全処分事件，家事調停事件及び履行確保の事件の各記録の閲覧等については，それぞれの事件の性質に応じて，それぞれ特則が設けられている（審判前の保全処分事件につき法108条，家事調停事件につき法254条3項，履行確保の事件につき法289条6項）。特に，家事調停事件については，当事者の円満かつ自主的な話合いの手続であり，当事者の閲覧等の必要性が審判手続ほど高いとはいえず，他方，家庭内の事柄やプライバシーにわたる事項等が資料となっていることが多いことから，記録の閲覧等については，裁判所にある程度広い裁量を認めている。

8 検察官に対する通知

家事事件手続法は，裁判所その他の官庁，検察官又は吏員は，その職務上検察官の申立てにより審判をすべき場合が生じたことを知ったときは，管轄権を有する家庭裁判所に対応する検察庁の検察官にその旨通知しなければならないとしたが（法48条），旧非訟事件手続法16条と同趣旨の規定であり，新非訟事件手続法（平成23年法律第51号）41条と同一の内容である。

検察官の請求によって審判をすべき場合は以下のとおりである。
① 後見開始の審判，取消し（民7条・10条，別表第1の1項・2項）
② 保佐開始の審判，取消し（民11条・14条1項，別表第1の17項・20項）
③ 補助開始の審判，取消し（民15条1項・18条1項，別表第1の36項・39項）

第2編　各　　論　　新法の解説

④　不在者の財産の管理に関する処分（民25条・26条・27条，別表第1の55項）
⑤　特別養子縁組の離縁（民817条の10第1項，別表第1の64項）
⑥　第三者が子に与えた財産の管理に関する処分（民830条2項〜4項，別表第1の82項）
⑦　親権の喪失，親権停止又は管理権喪失（民834条・835条，別表第1の67項）
⑧　後見人・後見監督人・保佐人・保佐監督人・補助人・補助監督人の解任（民846条・852条・876条の2第2項・876条の3第2項・876条の7第2項・876条の8第2項，別表第1の73項・76項・24項・28項・43項・47項）
⑨　推定相続人の廃除の審判又はその取消しの審判確定前の遺産の管理に関する処分（民895条，別表第1の88項）
⑩　相続の承認又は放棄をすべき期間の伸長（民915条1項ただし書，別表第1の89項）
⑪　相続財産の保存又は管理に関する処分（民918条2項・3項・926条2項・936条3項・940条2項，別表第1の90項）
⑫　財産分離の請求後の相続財産の管理に関する処分（民943条・950条2項，別表第1の97項）
⑬　相続人の不存在の場合における相続財産の管理に関する処分（民952条・953条・958条，別表第1の99項）
⑭　親権を行う者につき破産手続が開始された場合における管理権喪失（破61条1項，民835条，別表第1の132項）

〔竹　内　純　一〕

論点 12 家事審判の申立て

1 申立ての方式等

(1) 申立ての方式

家事審判規則3条は,「申立その他の申述は,書面又は口頭でこれをすることができる。」として,口頭による申立ても認めていた。しかし,実際には,口頭による申立てはほとんど行われていなかった。家事事件手続法では,家事審判の申立ては,申立書を家庭裁判所に提出してしなければならないこととして (法49条1項),口頭による申立ては認められていない。これは,当事者の求める審判内容が明確化されることで簡易迅速な事件処理に資するからである。

(2) 申立書の記載事項

家事審判法のもとでは,家事審判法7条,旧非訟事件手続法9条1項により,「申立人ノ氏名,住所」が申立書の記載事項とされていたが,実務上は,相手方のある事件については,相手方も記載されていた。これを踏まえて,家事事件手続法では,「当事者及び法定代理人」が記載事項とされ (法49条2項1号),相手方のある事件については,相手方を記載することとされた。

また,家事審判法のもとでは,審判の申立てをするには,その趣旨及び事件の実情を明らかにすべきとされていたが (家審規2条),家事事件手続法では,「申立ての趣旨及び理由」は必要的記載事項とされた (法49条2項2号)。

なお,家事審判法のもとでは,申立ての趣旨と実情が混然となって記載されている例が少なからず存在していたが,本来,申立ての趣旨とその理由・実情は分けて記載すべきである。しかし,家事事件手続法のもとにおいても,たとえ申立ての趣旨とその理由が分けられずにいわば一体として記載されていたと

しても，両者が相まって審判を求める事項が特定されるのであれば，同法49条2項2号に違反するとはいえないと思われる。

(3) 申立ての併合

家事事件手続法では，申立ての併合が明文で認められた（法49条3項）。一の申立てにより二以上の事項について審判を求めることができる要件は，次の(a)(b)のとおりである。

なお，家事事件手続法では，民事訴訟法7条（一の訴えで数個の請求をする場合には，一の請求について管轄権を有する裁判所にその訴えを提起することができる。）のような併合請求における管轄の規定はないから，いずれの申立ても同一の裁判所に管轄があることが必要である。

(a) 審判を求める事項についての家事審判の手続が同種であること

この要件は，その審判手続が同じで，複数の事件を一緒に審理しても支障がない場合というものである。したがって，別表第1に掲げる事項についての審判と別表第2に掲げる事項についての審判の手続は，規律が異なるから，一の申立てによって審判を求めることができないと考えられる。

(b) 家事審判を求める事項が同一の事実上及び法律上の原因に基づくこと

この要件は，民事訴訟法38条前段で訴訟の目的である権利又は義務が同一の事実上及び法律上の原因に基づくときとされているのとほぼ同趣旨であり，審判を求める事項を基礎づける事実が主要な部分で同一である場合をいうものである。例えば，子の親権者変更事件と子の引渡し事件は，これに該当し，一の申立てによって両方の審判を求めることができると考えられる。

(4) 申立書の却下

家事事件手続法では，49条2項において，申立書の記載事項を明確に定める一方，その記載を欠くなどの違反がある場合には，裁判長が相当期間内にその不備を補正すべきことを命じ（法49条4項），それにもかかわらず，その補正がされないときには，裁判長は命令で申立書を却下しなければならないとした（同条5項）。これは，手続の円滑かつ迅速な処理を目的としたものである。また，民事訴訟費用等に関する法律の規定に従って家事審判の申立ての手数料

を納付しない場合も，同様に予納命令のうえ，納付がない場合には申立書は却下される（同条4項・5項）。

なお，却下命令に対しては，即時抗告をすることができる（法49条6項）。

2　申立ての変更

(1)　申立ての変更

　家事事件手続法は，申立ての変更について，申立ての基礎に変更がない限り，申立ての趣旨又は理由を変更することができることとした（法50条1項）。これは，民事訴訟法143条と同趣旨である。

　申立ての基礎とは，審判事項についての権利関係の基礎となる事実をいい，その変更の有無は，変更以前の資料が，変更後もそのまま利用可能か否かが一つの基準となると思われる。例えば，子の親権者変更事件を面会交流事件に変更する場合には，権利関係の基礎に変更はないと考えられる。

(2)　申立ての変更手続

　申立ての変更は，家事審判手続の期日においては口頭ですることができ，それ以外は，書面でしなければならない（法50条2項）。

　家庭裁判所は，申立ての変更が不適法であるときは変更を不許可とする裁判をしなければならず（法50条3項），申立ての変更により家事審判の手続が著しく遅滞する場合には，これを不許可とする裁判をすることができる（同条4項）。

〔竹内　純一〕

論点 13 家事審判手続の期日

1 事件の関係人の呼出し

(1) 事件の関係人の呼出し

　家事事件手続法は，事件の関係人の呼出しについて，基本的には，家事審判規則 5 条 1 項の規律を維持し，家庭裁判所は，家事審判の手続の期日に事件の関係人を呼び出すことができる（法 51 条 1 項）と規定した。

　なお，補佐人については家事事件手続法 27 条により民事訴訟法 60 条が準用されている。

　事件の関係人の家事審判の手続の期日への呼出しは，家庭裁判所がその者から直接事情を聴取し，事件処理を的確に行う必要性から行われる。また，事件関係人の手続保障の観点からも呼出しが必要な場合がある。

　事件の関係人とは，当事者のほか，参加人（法 41 条・42 条），その他事件の結果について直接・間接に法律上，事実上の利害関係を有する者をいう。

(2) 代理人の出頭

　呼出しを受けた事件の関係人は，家事審判の手続の期日に出頭しなければならない。ただし，やむを得ない事由があるときは，代理人を出頭させることができる（法 51 条 2 項）。

　代理人とは，家事事件手続法 22 条 1 項の手続代理人を指すものであり，法令により裁判上の行為をすることができる代理人，弁護士，家庭裁判所の許可を受けた者をいう。

(3) 不出頭に対する制裁

　家事審判法 27 条と同様に，呼出しを受けた事件の関係人が正当な理由なく

出頭しないときは，家庭裁判所は，5万円以下の過料に処することになる（法51条3項）。

2　裁判長の手続指揮権

(1)　裁判長の手続指揮権

　家事事件手続法は，家事審判の手続の期日において，①裁判長が手続を指揮する（法52条1項），②裁判長は，発言を許し，又はその命令に従わない者の発言を禁ずることができる（同条2項），③当事者が家事審判の手続の期日における裁判長の手続指揮に関する命令に対し異議を述べたときは，家庭裁判所は，その異議について裁判する（同条3項）との規定を置いた。これは，手続を適法かつ効率的に進行させるために，適切な措置をとることを認めたものである。家事事件手続法52条1項・2項は，民事訴訟法148条1項・2項と，家事事件手続法52条3項は，民事訴訟法150条と，それぞれ同趣旨の規定である。

(2)　裁判長の釈明権

　民事訴訟法においては，「裁判長は，口頭弁論の期日又は期日外において，訴訟関係を明瞭にするため，事実上及び法律上の事項に関し，当事者に対して問いを発し，又は立証を促すことができる。」（民訴149条1項）として，裁判長の釈明権についての規定がある。

　しかし，家事事件手続法では，裁判長の釈明権に関する規定が置かれていない。これは，家事事件手続では，職権探知主義（法56条1項）が採用され，民事訴訟法が定めるような行為については，規定を設けるまでもなく当然にすることができると考えられ，かえって，釈明について要件を定めた場合には要件外の事項については求釈明することができないと解釈されることを懸念して，裁判長の釈明権については明文化されなかったものと考えられる。

3　受命裁判官による手続

　家事事件手続法は，受命裁判官が家事審判の手続の期日における手続を行うことができることとした（法53条1項本文）。

民事訴訟では，直接主義の要請により，受命裁判官は，口頭弁論の手続を行うことができず，和解勧試（民訴89条），弁論準備（民訴171条）等を行うことができるにすぎない。

これに対して，家事事件では，手続の簡易かつ迅速な進行を優先させるために，直接主義の要請を緩和させて，受命裁判官が家事審判の手続の期日における手続を行うことができることを原則としたのである。

ただし，証拠調べについては，民事訴訟法第2編第4章第1節から第6節（民訴185条・195条・233条等）までの規定によって受命裁判官が証拠調べをすることができる場合に限られる（法53条1項ただし書）。

4　音声の送受信による通話の方法による手続

家事事件手続法は，当事者が遠隔の地に居住しているときその他相当と認めるときは，当事者の意見を聴いて，家庭裁判所及び当事者双方が音声の送受信により同時に通話をすることができる方法によって，家事審判の手続の期日における手続（証拠調べを除く。）を行うことができることを規定し（法54条1項），いわゆる電話会議システム（音声の送受信により同時に通話をすることができる方法，民訴170条3項参照），あるいは，テレビ会議システム（隔地者が映像と音声の送受信により相手の状態を相互に認識しながら通話をすることができる方法，民訴204条参照）を利用して，家事審判の手続の期日の手続を行うことが可能となった。調停手続においても電話会議システム及びテレビ会議システムを利用することができる（法258条1項）。

なお，民事訴訟では，この方法による場合には，当事者の一方の出頭が必要とされている（民訴170条3項ただし書）。しかし，家事事件では，別表第1に掲げる事項についての審判は，申立人のみで相手方がいないから，民事訴訟のように当事者の一方の出頭を必要的とすると，申立人が出頭しなければならず，その結果，これらの方法を利用できなくなる不都合がある。そのため，当事者がまったく出頭しなくとも，これらの方法によって手続を行うことができることとなった。

これにより，当事者の一方又は双方が遠隔地に居住しているために，審判期日への出頭が確保できない場合でも，電話会議等の方法をとることで，当事者

の便宜を図り，かつ，家事調停事件の簡易迅速な解決を促進することが期待される。他方で，これらの方法では，通話している者が当事者本人であることの確認，あるいは，不当な影響を及ぼす第三者がいないことの確認等をどのようにすべきかなど，具体的な利用の当否判断のあり方，また，具体的な運用をどのようにすべきかなどが今後の検討課題である。

5　通訳人の立会い等

裁判所法74条は，「裁判所では，日本語を用いる。」と規定しているが，家事事件の当事者等が日本語を解せない外国人である事例が増加しているのが現状である。このような外国人にも手続の利用が容易になるように，家事事件手続法は，家事審判の手続の期日における通訳人の立会い等を明確に認め，民事訴訟法154条の規定を準用し，家事審判事件の手続関係を明瞭にするために必要な陳述をすることができない当事者，利害関係参加人，代理人及び補佐人に対する措置については同法155条の規定を準用している（法55条）。

なお，この規定は家事調停の手続に準用されている（法258条1項）。

〔竹　内　純　一〕

論点 14 事実の調査

1 事実の調査及び証拠調べ

(1) 職権探知主義

　家事事件手続法は，家庭裁判所は，職権で事実の調査をし，必要と認める証拠調べをしなければならないこととしている（法56条1項）。

　事実の調査とは，裁判所が自由な方式で，しかも，強制力を伴うことなく，審判の資料を収集することである。

　家事事件は，公益性が強く，また，当事者以外の第三者にも効果の及ぶ手続もあるから，家庭裁判所は，後見的な機能を発揮する必要があり，判断の前提となる資料を収集するために，職権で事実の調査をしたり，あるいは，証拠調べをしたりしなければならないこととしたのである。

(2) 当事者の責務

　家事事件手続法は，上記のように職権探知主義を原則としているが，当事者が主体的に手続を追行し，裁判資料を収集できるように，当事者にも証拠調べについての申立権を認めた（法56条1項）。

　そして，職権探知主義下の家事手続においても裁判所による資料収集には限界があり，当事者から提出された資料によって，初めて事実が解明される場合も想定されることから，裁判所による資料収集を補うため，当事者は，適切かつ迅速な審理及び審判の実現のため，事実の調査及び証拠調べに協力するものとするとされた（法56条2項）。もっとも，これによって当事者に裁判資料の提出等の義務を課したわけではないが，証拠調べの申立て，事実の調査の通知（法63条），記録の閲覧等（法47条）の規定が整備され，また，別表第2に掲げる事項についての審判事件についての必要的陳述聴取（法68条），審問の申出

と立会い（法68条・69条）が認められたことからすれば，当事者は，容易に提出することができる自己に有利な裁判資料がありながら，これを提出しない以上は，その資料の収集ができない不利益を負わされても不当とはいえない限り，自己に不利益な判断をされてもやむを得ないということになる。その意味では，当事者の責務を明確にしたものである（法2条）といえる。

2 疎 明

家事事件手続法は，疎明について，即時に取り調べることができる資料によってしなければならない（法57条）とした。これは，民事訴訟法188条と同趣旨の規定である。

疎明すべき場合は，家事事件手続法19条2項（特別代理人の選任），47条5項（家事審判記録の閲覧等），104条1項（再審の申立てがあった場合の執行停止の裁判），106条2項（審判前の保全処分の申立て），109条（審判前の保全処分の審判），111条（即時抗告に伴う執行停止），254条2項（家事調停記録の閲覧等）等である。

3 家庭裁判所調査官による事実の調査

家事事件手続法58条は，家庭裁判所調査官による事実の調査について，家庭裁判所は，家庭裁判所調査官に事実の調査をさせることができること（法58条1項），急迫の事情があるときは，裁判長が家庭裁判所調査官に事実の調査をさせることができること（同条2項），事実の調査を命じられた家庭裁判所調査官は，事実の調査の結果を書面又は口頭で家庭裁判所に報告すること（同条3項），その際，家庭裁判所調査官は，同条3項の規定による報告に意見を付することができること（同条4項）を規定している。これは，家事審判規則7条の2と同趣旨の規定である。

4 家庭裁判所調査官の期日への立会い

家事事件手続法59条は，家庭裁判所において必要があると認めるときは，家事審判の手続の期日に家庭裁判所調査官を立ち会わせることができること（法59条1項），家庭裁判所において必要があると認めるときは，立ち会わせた家庭裁判所調査官に意見を述べさせることができること（同条2項），家庭裁判

所において家事審判事件の処理に関し，事件の関係人の家庭環境その他の環境の調整を行うために必要があると認めるときは，家庭裁判所調査官に社会福祉機関との連絡その他の措置をとらせることができること（同条3項），急迫の事情があるときは，裁判長が，同条3項の措置をとらせることができること（同条4項）を規定している。これは，家事審判規則7条の4，同条の5と同趣旨の規定である。

5 裁判所技官による診断等

家事事件手続法60条は，家庭裁判所において必要があると認めるときは，医師である裁判所技官に事件の関係人の心身の状況について診断をさせることができること（法60条1項）を規定している。これは，家事審判規則7条の6第1項と同趣旨の規定であり，家庭裁判所は，事実の調査の一環として，医師である裁判所技官に上記の診断をさせることができるのである。

この裁判所技官の診断は，事実の調査であるから，家事事件手続法58条2項から4項までが準用され（法60条2項），その結果，急迫の事情があるときは，裁判長が診断をさせることができ（法58条2項），診断の結果は書面又は口頭で家庭裁判所に報告し（同条3項），この報告に意見を付することができること（同条4項）になる。これも，家事審判規則7条の6第2項と同趣旨の規定である。また，裁判所技官の期日への立会い及び意見の陳述については，家事事件手続法59条1項及び2項が準用され（法60条2項），家庭裁判所において必要があると認めるときは，家事審判の手続の期日に立ち会わせることができ（法59条1項），家庭裁判所において必要があると認めるときは，意見を述べさせることができること（同条2項）になる。これも，家事審判規則7条の7と同趣旨の規定である。

6 事実の調査の嘱託等

(1) 事実の調査の嘱託等

家事事件手続法61条は，家庭裁判所は，他の家庭裁判所又は簡易裁判所に事実の調査を嘱託することができること（法61条1項），嘱託により職務を行う受託裁判官は，他の家庭裁判所又は簡易裁判所において事実の調査をするこ

とを相当と認めるときは，更に事実の調査の嘱託をすることができること（同条2項），家庭裁判所は，相当と認めるときは，受命裁判官に事実の調査をさせることができること（同条3項），これらの規定により受託裁判官又は受命裁判官が事実の調査をする場合には，家庭裁判所及び裁判長の職務は，その裁判官が行うこと（同条4項）を規定している。同条1項は，家事審判規則7条2項と，家事事件手続法61条2項は，民事訴訟法185条2項と，家事事件手続法61条3項は，家事審判規則7条3項と，家事事件手続法61条4項は，家事審判規則7条5項，民事訴訟法92条の7と同趣旨の規定であり，事実の調査の態様について規定している。

(2) 調査の嘱託等

　家事事件手続法62条は，家庭裁判所において必要な調査を官庁，公署その他適当であると認める者に嘱託し，又は銀行，信託会社，関係人の雇主その他の者に対し関係人の預金，信託財産，収入その他の事項に関して必要な報告を求めることができることを規定している。これは，家事審判規則8条と同趣旨の規定である。

　この規定による嘱託や報告を求めることは，事実の調査として行われるものであり，証拠調べとしての調査嘱託（法64条1項が準用する民訴186条）とは異なるものである。

7　事実の調査の通知

　家事事件手続法63条は，家庭裁判所が事実の調査をした場合において，その結果が当事者による家事審判の手続の追行に重要な変更を生じ得るものと認めるときは，これを当事者及び利害関係参加人に通知しなければならないと規定した。

　これは，家事事件手続法の柱である当事者の手続保障ないし手続の透明化の観点から，当事者等に事実の調査が行われたこと及びその結果を知らせることにより，手続がブラックボックス化し，当事者に不意打ちとなることを防止し，かつ，事実の調査の結果に対する反論等の機会を与えようとするものである。それゆえ，事実の調査をした場合はその旨を当事者等に通知して事実の調

査が行われたことを知らせるべきである。しかし，当事者による家事審判の手続の追行に重要な変更が生じないときは，その必要がないことになる。通知を受けた当事者等は，その結果について閲覧，謄写の機会を得ることで，必要な反論等ができることになる。

なお，家庭裁判所は，事実の調査の結果について，当事者の意見を聴くことはできるが，意見聴取の義務まではない。

通知の具体的な時期，方法はこれから検討される課題と思われるが，時期については，立法の趣旨からすれば，他方当事者に反論の機会が十分与えられるのであれば，事実の調査をするたびに通知をするまでの必要はないものと考えられ，また，方法については，文書の標目等を個々に特定したり，資料の内容について説明したりする必要はなく，例えば，「申立人提出の書面」等として通知することも可能と考えられる。

8 証拠調べ

(1) 家事審判法における証拠調べ

家事審判法のもとでは，「証拠調については，民事訴訟の例による。」(家審規7条6項)とされ，家事事件手続における証拠調べとしては，民事訴訟法の規定する証人尋問，鑑定，書証，検証，当事者尋問が含まれ，通訳人の立会いも含まれると解されていた。

「例による」とは，民事訴訟法，民事訴訟規則の規定を家事事件手続の原則である非公開主義(家審規6条)，職権主義(家審規7条)に反しない限りで準用されると解されていたが，その準用の範囲については見解が分かれていた。

(2) 家事事件手続法における証拠調べ

家事事件手続法でも家事審判の手続における証拠調べについては，証人尋問，鑑定，書証，検証，当事者尋問が含まれ，民事訴訟法第2編第4章第1節から第6節までの規定を，同法179条，182条，187条から189条まで，207条2項，208条，224条(同法229条2項及び232条1項において準用する場合を含む。)及び229条4項の規定を除いて，準用している(法64条1項)。

ただし，証拠調べは，非公開で行われ(法33条)，裁判所が職権ですること

Ⅱ 家事審判に関する手続 〔1〕 総　　則 1．家事審判の手続　論点 *14*

ができる（法 56 条 1 項・258 条 1 項）点が民事訴訟手続とは異なる。

(3) 家事事件手続法が準用しない民事訴訟法の証拠調べ準則

準用されない規定については以下のとおりである。

(a) 民事訴訟法 179 条（裁判所において当事者が自白した事実及び顕著な事実は，証明することを要しない。）

家事事件手続では，弁論主義の適用はなく，当事者の証明責任，自白法則といった概念がないため，証明することを要しない事実についての規定は準用されない。

(b) 民事訴訟法 182 条（証人及び当事者本人の尋問は，できる限り，争点及び証拠の整理が終了した後に集中して行わなければならない。）

家事事件手続では，争点及び証拠の整理に関する規律はなく，審理の方式を裁判所の裁量に委ねる方が適切であるとして，集中証拠調べの規定は準用されない。

(c) 民事訴訟法 187 条（裁判所は，決定で完結すべき事件について，参考人又は当事者本人を審尋することができる。ただし，参考人については，当事者が申し出た者に限る。）

家事事件手続では，職権により事実の調査をすることができる（法 56 条 1 項）から，民事訴訟法のような明文規定は不要であり，参考人等についての規定も準用されない。

(d) 民事訴訟法 188 条（疎明），189 条（過料の裁判の執行）

疎明については，民事訴訟法と同趣旨の家事事件手続法 57 条が，過料の裁判の執行については，裁判官の命令で執行するほかは民事訴訟法と同趣旨の家事事件手続法 291 条 1 項がある。

(e) 民事訴訟法 207 条 2 項（証人及び当事者本人の尋問を行うときは，まず証人の尋問をする。ただし，適当と認めるときは，当事者の意見を聴いて，まず当事者本人の尋問をすることができる。）

家事事件手続では，事件の性質上，最良の証拠方法が当事者本人尋問であることが多いと考えられ，当事者本人尋問の補充性は認められないから，まず証人尋問をすべきとする規定は準用されない。

(f) 民事訴訟法208条（当事者本人を尋問する場合において，その当事者が，正当な理由なく，出頭せず，又は宣誓もしくは陳述を拒んだときは，裁判所は，尋問事項に関する相手方の主張を真実と認めることができる。）

　家事事件手続では，公益性を考え，裁判所が後見的な立場から，職権で資料を収集して事実の認定をするのが原則（実体的真実主義）であるから，いわゆる真実擬制に関する規定は準用されない。

　ただし，家事事件手続法は，当事者の信義誠実に手続追行をすべき義務（法2条）と実体的真実主義から，家庭裁判所が当事者本人を尋問する場合には，その当事者に対し，家事審判の手続の期日に出頭することを命ずることができる旨規定し（法64条5項），出頭を命じられた当事者が正当な理由なく出頭しない場合には，民事訴訟法192条（不出頭に対する過料等），193条（不出頭に対する罰金），194条（勾引）を準用し，出頭した当事者が正当な理由なく宣誓又は陳述を拒んだ場合には，民事訴訟法209条1項（過料の裁判）を準用している（法64条6項）。

(g) 民事訴訟法224条（当事者が文書提出命令に従わないときは，裁判所は，当該文書の記載に関する相手方の主張を真実と認めることができる等。民訴229条2項・232条1項が準用），229条4項（相手方が正当な理由なく対照の用に供すべき文字の筆記の決定に従わないときは，裁判所は，文書の成立の真否に関する挙証者の主張を真実と認めることができる。）

　準用されないのは上記(f)で説明したように，家事事件では，公益性から実体的真実主義に基づくため，いわゆる真実擬制をとり得ないからである。

　なお，民事訴訟法には当事者が文書提出命令等に従わないときに対する制裁として過料に処する旨の規定はないが，家事事件手続法では，当事者が裁判所の文書提出命令等に従わないときは過料の制裁があり（法64条3項・4項），これが真実擬制に代わる制裁となっている。

　ちなみに民事訴訟法においては，第三者が裁判所の文書提出命令等に従わないときに対する制裁として過料に処する旨の規定があるが（民訴225条），家事事件手続法64条1項は，これを準用している。

(4) 即時抗告の執行停止効

　家事事件手続法64条1項で準用される民事訴訟法の規定による即時抗告は，執行停止の効力を有する（法64条2項）。

　家事事件手続において，審判以外の裁判に対する即時抗告は，執行停止の効力がないのが原則であるが（法101条2項），証拠調べに関する裁判の重要性から，民事訴訟法334条1項と同様に，即時抗告は，執行停止の効力を有することが相当とされたものである。

〔竹内　純一〕

第2編　各　論　新法の解説

論点 15　家事審判の手続における子の意思の把握等

1　家事審判の手続における子の意見

　家事事件手続法は，未成年者である子について意思能力があることを前提として手続行為能力を認め（法151条1項2号・168条3号・7号），利害関係参加を可能とした（法42条5項・258条1項）。他方，未成年者に手続行為能力があるときでも，親権者，未成年後見人が代理して手続行為をすることができることとし（法18条），さらに，申立て（法23条1項）又は職権（同条2項）によって裁判長が弁護士を手続代理人に選任することができるとした。これらは，子の福祉を配慮した規定である。

　これらの規定に加えて，家事事件手続法は，家庭裁判所が，親子，親権又は未成年後見に関する家事審判その他未成年者である子（未成年被後見人を含む。）がその結果により影響を受ける家事審判の手続においては，子の陳述の聴取，家庭裁判所調査官による調査その他の適切な方法により，子の意思を把握するように努め，審判をするに当たり，子の年齢及び発達の程度に応じて，その意思を考慮しなければならない（法65条）との規定を設けた。

　これは，家事事件手続においては，その結果が子に及ぼす影響に配慮し，子の思いなどを適切に把握し，審判に当たっては子の具体的な状況に応じてその意思を考慮する必要があるからである。

　これまでも，子の意思の把握が必要な場合には，裁判官からの調査命令によって，家庭裁判所調査官が調査することが多く行われていたが，その際の実務の運用は概ね以下のとおり行われていたと思われる。すなわち，子の意思を把握するためには，子との会話が可能なことが必要条件であり，子の発した言葉は極めて重要であって，それを基本に据えることになるが，それのみならず，全体的な身体，表情，顔色，見える範囲にある傷等の子の外形的な状態や様

子，会話や質問の理解の度合い，質問に対する回答内容とその際の様子（表情，話し方，同席している者がある場合にその者に向ける表情や態度）といった子の内面に関わる事項，他の同居者からの情報，保育園・幼稚園・学校の担任等からの情報といった周囲から得られる情報を総合的に検討して，子の意思がどのようなものであるのかを把握するというやり方である。このような実務の運用は，家事事件手続法においても踏襲されることになると思われるが，家事事件手続法は，子の福祉のために子の意思を尊重しようという立場を明確にしているので，今後も子の意思の把握方法について検討が重ねられなければならない。

2 子の陳述の必要的聴取

家事事件手続法では，子の監護に関する処分の審判（別表第2の3項の事件〔子の監護に関する費用の分担に関する処分の審判を除く。〕，法152条2項）及びその保全処分事件（法157条2項）における子，養子縁組をするについての許可の審判（別表第1の61項の事件，法161条3項1号）における養子，特別養子縁組の離縁の審判事件（別表第1の64項の事件，法165条3項1号）における養子，親権に関する審判事件（別表第1の67項から69項並びに別表第2の7項及び8項の事件，法169条1項・2項）及びその保全処分事件（法175条2項）における子，未成年後見人又は未成年後見監督人の選任に関する審判事件（別表第1の71項及び74項の事件，法178条1項1号）における未成年被後見人，児童福祉法に規定する審判事件（別表第1の127項の事件，法236条1項）における児童，生活保護法等に規定する施設への入所等についての許可の審判事件（別表第1の第129項の事件，法240条4項）における被保護者について，審判をする場合には，15歳以上の者の陳述を聴取することが必要的とされた。

しかし，家事事件手続法65条は，子が15歳未満の場合にあっても適用されるから，上記の各事件における子が15歳未満である場合には，その陳述を聴取する必要がないということではない。子の具体的な状況に応じて，その必要性を判断すべきこととなる。

3 児童の権利に関する条約との関係

これらの規定は，児童の権利に関する条約（平成6年5月16日条約第2号）12

条1項「締約国は，自己の意見を形成する能力のある児童がその児童に影響を及ぼすすべての事項について自由に自己の意見を表明する権利を確保する。この場合において，児童の意見は，その児童の年齢及び成熟度に従って相応に考慮されるものとする。」，同条2項「このため，児童は，特に，自己に影響を及ぼすあらゆる司法上及び行政上の手続において，国内法の手続規則に合致する方法により直接に又は代理人若しくは適当な団体を通じて聴取される機会を与えられる。」の趣旨に沿った内容となっている。

〔竹内　純一〕

論点 16 家事調停をすることができる事項についての家事審判手続の特則

1 合意管轄

(1) 家事事件の管轄

家事事件の管轄は，事件の公益性，実体的真実主義等の要請から，事件解決のために最適地において審理すべきであるから，原則として専属管轄に属するものとされている（法4条・117条等）。しかし，別表第2に掲げる事項についての審判事件は，その例外とされ，家事事件手続法の他の規定（法167条・182条・190条・191条・233条等）により定める家庭裁判所のほか，当事者が合意で定める家庭裁判所の管轄に属する（法66条1項）として，合意管轄を認めた。

これは，別表第2に掲げる事項についての審判事件は，調停をすることができる事件類型であり，当事者がその権利や利益を自らの意思で一定程度処分することができるから，公益性や後見性等を優先させるより，当事者の便宜を優先させるのが事案の解決にとって有益であるとされたためである。

(2) 合意管轄の合意方法

合意の効力については，民事訴訟法が準用され（法66条2項），書面でしなければならず（民訴11条2項），電磁的記録によってされたときはその合意は，書面によってされたものとみなされる（同条3項）。

2 家事審判の申立書の写しの送付等

(1) 申立書の写しの送付等

別表第2に掲げる事項についての家事審判の申立てがあった場合には，家庭裁判所は，申立てが不適法であるとき又は申立てに理由がないことが明らかなときを除き，家事審判の申立書の写しを相手方に送付しなければならないこ

ととされた（法67条1項）。これは，手続の透明性確保，当事者の手続保障等の観点から，相手方に対し，どのような事件が申し立てられたのかを知らせて，手続への適切な対応を可能とすることによって，審理を充実させ，事件の早期解決に資するとして，申立書の写しの送付を原則としたものである。

ただし，申立書に相手方の感情を過度に刺激するような記載があり，その申立書の写しの送付によって，紛争が更に深刻化し，無用な混乱を誘発する可能性がある場合等も考えられる。そのように，家事審判の手続の円滑な進行を妨げるおそれがあると認められるときは，家事審判の申立てがあったことを通知することをもって，家事審判の申立書の写しの送付に代えることができることとされた（法67条1項ただし書）。この例外規定については，今後の実務において事案ごとに検討されなければならないが，申立書の写しの送付を原則とする以上，例外を安易に認めるべきではないと思われる。

(2) 申立書の写しの送付又は通知を実効的にするための規律

申立書の写しの送付，これに代わる通知ができない場合については，裁判長の補正命令（法49条4項），申立書の却下（同条5項），手数料不納付の場合の申立書の却下（同条4項・5項），却下命令に対する即時抗告（同条6項）が準用される（法67条2項）。

また，申立書の写しの送付，これに代わる通知の費用が予納されないときは，予納命令のうえ，納付がない場合には申立書は同様に却下される（法67条3項）。この却下命令に対しては，即時抗告をすることができる（同条4項）。

3 陳述の聴取

(1) 当事者からの陳述聴取

家庭裁判所は，別表第2に掲げる事項についての家事審判の手続においては，申立てが不適法であるとき又は申立てに理由がないことが明らかなときを除き，当事者の陳述を聴かなければならないとされた（法68条1項）。また，この陳述の聴取は，当事者の申出があるときは，審問の期日においてしなければならないことになっている（同条2項）。

この規定は，当事者双方の攻撃防御の機会を十分に保障するためのものであ

るが，家事審判法の乙類事件の審判手続においても，後述の一部の事件を除いて，申立てが不適法であるとき又は申立てに理由がないことが明らかなとき以外は，当事者の申出の有無にかかわらず，審判期日を開いて，当事者双方を呼び出し，裁判所が双方から陳述を聴取しているのが，一般的な運用であった。こうした運用が実務的には定着していると思われ，しかも立法化されたので，今後も同様の運用がされるものと考えられる。

(2) 当事者からの陳述聴取の例外

　もっとも，請求すべき按分割合に関する処分事件（いわゆる年金分割事件），親権者が所在不明の場合あるいは死亡した場合の親権者変更事件等では，書面照会あるいは家庭裁判所調査官による調査によって陳述を聴くのが現行の実務であり，事件の性質からして，今後もそのような取扱いが相当であるというべきである。

　すなわち，いわゆる年金分割事件では，制度の趣旨からすれば，按分割合は，原則として0.5とすべきであるから，審理の対象は，これと異なる按分割合とすべき特別事情（対象期間の保険料納付に対する寄与が同等でない事情）の有無となる。それゆえ，家事審判法のもとでの実務においては，まず相手方に対する書面照会を行い，特別事情の主張等がされたり，こうした事情の存在をうかがわせる事実があれば，審判期日において当事者から陳述を聴取するが，そうでなければ，そのまま審判する取扱いが原則となっている。こうした処理方法は，事件の性質上相当と思われ，しかも家事事件手続法233条3項は，同法68条2項の規定を適用しないとしているから，こうした運用は今後も継続すると思われる。

　また，親権者が所在不明あるいは死亡した場合の親権者変更事件では，相手方たる親権者の陳述を聴くことが不可能又は困難であり，なにより子の福祉を第一と考えるべきであるから，審問期日を開かずに，家庭裁判所調査官による調査によって，申立人から陳述の聴取をしているのが実情であり，家事事件手続法においても同様と思われる。

4 審問の期日の立会い

(1) 審問期日における相手方当事者の立会い

当事者の手続保障の観点から，別表第2に掲げる事項についての家事審判の手続においては，家庭裁判所が審問の期日を開いて当事者の陳述を聴くことにより事実の調査をするときは，他の当事者は，攻撃防御の機会を保障され，当該期日に立ち会うことができる（法69条）とされた。

(2) 審問期日における相手方当事者の立会いの例外

しかし，他の当事者が当該期日に立ち会うことにより事実の調査に支障を生ずるおそれがある場合も考えられる。それゆえ，このような場合には，相手方当事者の立会いは認められないこととされた（法69条ただし書）。

今後の実務においては，この例外に当たる場合をどのように考えるべきかが問題となる。

この立会いを認める趣旨は当事者の手続保障であるから，単に感情的に立会いを拒否する場合は，例外事由があるとはいえないと思われるが，いわゆる家庭内暴力事案等のように，当事者の安全確保を最優先しなければならない場合や，当事者が他の当事者と対面することでその影響を受けて十分に陳述ができない場合等，一定程度客観性のある事由が存在していて，その結果，他の当事者の立会いにより事実の調査に支障を生じるおそれのある事案においては，立会いの例外事由が認められるといえよう。

5 事実の調査の通知

(1) 事実の調査の通知

家庭裁判所は，別表第2に掲げる事項についての家事審判の手続において，事実の調査をしたときは，特に必要がないと認める場合を除き，その旨を当事者及び利害関係参加人に通知しなければならない（法70条）とされた。家事事件手続法63条が，家庭裁判所は，事実の調査をした場合において，その結果が当事者による家事審判の手続の追行に重要な変更を生じ得ると認めるときは，事実の調査の通知をしなければならないと規定しているのに対し，通知を

原則としているのは，それだけ当事者の手続保障を重視しているといえる。

家事審判法，家事審判規則には，事実の調査の通知に関する規定はなく，家庭裁判所も事実の調査について，必ずしも全部を当事者に明らかにするわけではなかったため，当事者には何らかの事実の調査がされたことを知る機会が与えられておらず，手続は，いわばブラックボックスとなっていたのではないかとの批判もあったところである。

家事事件手続法では，事実の調査の通知によって，当事者には，記録の閲覧謄写の機会が保障され，手続の透明化が図られたということができる。

(2) 調停事件が審判に移行した場合の事実の調査

別表第2に掲げる事項についての調停事件は，調停が不成立になると当然に審判に移行するが（法272条4項），調停と審判が別個の手続である以上，調停段階で提出・収集された資料がすべて当然に審判の資料となるわけではない。

家事事件手続法のもとでは，調停事件記録のうち，審判手続において事実の調査がされたものに限って審判の資料となるのである。この事実の調査をどのように行うのかという問題があるが，家庭裁判所は，事実の調査をした場合，これを当事者に通知しなければならず，当事者は，この通知によって自らその資料を直接見て，また，写しを手にすることで審判の基礎となる資料にアクセスし，反論等をする機会が与えられることになったのである。

(3) 事実の調査の通知方法

事実の調査の告知の時期や具体的な方法については，今後検討されると思われるが，当事者の反論等の機会を保障するのであれば，事実の調査がされるたびに直ちに告知する必要はなく，ある程度まとめて通知することができ，またその方法も適宜の方法で告知すれば足りるというべきである。

6 審理の終結

(1) 審理の終結

家事事件手続法では，家庭裁判所は，別表第2に掲げる事項についての家

第2編 各 論 新法の解説

事審判の手続においては，申立てが不適法であるとき又は申立てに理由がないことが明らかなときを除き，相当の猶予期間を置いて，審理を終結する日を定めなければならないとされた（法71条）。これは，審判の基礎となる資料について，その提出期限と範囲を明らかにすることで，当事者に十分に攻撃防御を尽くさせるために新設された規定である。

ただし，当事者双方が立ち会うことができる家事審判の手続の期日においては，当事者はその期日で陳述することができるから，猶予期間を置かずに直ちに審理を終結する旨を宣言することができる（法71条ただし書）。

(2) 審判の終結日の意義

審判の終結日の規定が新設された結果，裁判所が判断の基礎とする資料は，終結日までに提出，収集されたものに限られることになる。この意味で，審判の終結日は，審判の基準日ということになり，仮に，終結日以降に当事者から提出された資料を判断に用いるためには，手続を再開し，改めて審理の終結日を定める必要がある（民訴153条参照）。

7 審 判 日

家事事件手続法は，家庭裁判所が，審理を終結したときは，審判をする日を定めなければならないこととした（法72条）。これまでの実務では，審判の時期について，これを明らかにしない場合もあり，大体いつごろに審判するので，主張や資料があれば，いつごろまでに提出するようにと言うなどして，一定の審判日の目安となる時期を示すことがあったとしても，具体的な日までは決めていないのが実務の大勢であったと思われる。しかし，当事者にとっては，審判がされる日は重大な関心事であることから，家庭裁判所は，審理を終結したときは，審判をする日を定めることとしたのである。審判は，相当と認める方法で告知すれば足り（法74条1項），審問期日での言渡しは必要ではないから，審判日を定めるときは，審判をする日だけを定めればよく，期日のように時間の指定までは不要である。ただし，審判日は，当事者が審判書を受け取ることができる日と理解されなければならないから，審判期日までに審判書が作成されていなければならないことになる。　　　　　　〔竹 内 純 一〕

論点 17　審判等

1　審　判

　家事事件手続法は，家庭裁判所は，家事審判事件が裁判をするのに熟したときは，審判をする（法73条1項）と規定した。これは，民事訴訟法243条1項と同趣旨の規定である。「裁判をするのに熟したとき」というのは，家事審判事件を担当する裁判官が事件の審理をした結果，もはやこれ以上審理し，当事者に攻撃防御を展開させても，それまでに得られた審理の結果が覆るおそれがないという心証に達したときをいう。

　また，家庭裁判所は，家事審判事件の一部が裁判をするのに熟したときは，その一部について審判をすることができ（法73条2項前段），手続の併合を命じた数個の家事審判事件中その一が裁判をするのに熟したときも，同様に審判することができる（同項後段）。これは，民事訴訟法243条2項・3項と同趣旨の規定である。

2　審判の告知及び効力の発生等

(1)　審判の告知

　家事審判法13条は，審判は，これを受ける者に告知することによってその効力を生ずるとしていたが（ただし，即時抗告をすることのできる審判は，確定しなければその効力を生じない〔同条ただし書〕。），審判を受ける者の意義は必ずしも明らかでなかった。申立人についても，不適法却下審判においては申立人が審判を受ける者であることに疑いはないが，例えば，親権喪失宣告申立事件では，審判を受ける者は親権者であるが，申立人は，子の親族又は検察官（平成23年改正前の民法834条）であり，審判を受ける者には当たらないといえるが，実務上は，申立人に対しても審判を告知していた。

第2編　各　　論　　新法の解説

　家事事件手続法は，審判を受ける者に加え，手続の主体として関与した者に対しても，審判の告知をするのが相当として，審判は，特別の定めがある場合を除き，当事者（法41条1項・2項の当事者参加人を含む。）及び利害関係参加人（法42条1項〜3項）並びにこれらの者以外の審判を受ける者に対し，告知しなければならないこととした。審判の告知の方法は手続の簡易迅速性を重んじ，相当と認める方法によることになる（法74条1項）。

　なお，特別の定めは，家事事件手続法122条2項・170条・213条・222条等にある。

(2)　審判の効力発生時期

　審判の効力発生時期は，審判（申立てを却下する審判を除く。）は，特別の定めがある場合を除き，審判を受ける者（審判を受ける者が数人あるときは，そのうちの一人）に告知することによってその効力を生ずる（法74条2項）。ただし，即時抗告をすることができる審判は，確定しなければその効力を生じない（同項ただし書）。

　また，申立てを却下する審判は，申立人に告知することによってその効力が生じる（法74条3項）。

(3)　審判の確定時期及び即時抗告の確定遮断効

　審判は，即時抗告の期間の満了により確定する（法74条4項）が，審判の確定は，期間内にした即時抗告の提起により，遮断される（同条5項）。これらの審判の確定時期及び即時抗告の確定遮断効については，民事訴訟法116条にならったものである。

　なお，即時抗告期間は，原則として2週間である（法86条1項）。

3　審判の執行力

　家事事件手続法75条は，金銭の支払，物の引渡し，登記義務の履行その他の給付を命ずる審判は，執行力のある債務名義と同一の効力を有する旨規定している。これは，家事審判法15条と同様の規定である。

　家事審判法15条の解釈として，通説及び実務は，「執行力のある債務名義

と同一の効力を有する」との規定から，給付を命ずる審判の強制執行の場合に，給付が反対給付と引き換えにすべき場合（民執27条1項・31条1項）や承継があった場合（民執27条2項）を除いて，執行文の付与は必要ではないとしていたが，家事事件手続法においてもその解釈は維持されると思われる。

4 審判の方式及び審判書

(1) 審判の方式

家事事件手続法は，審判は，審判書を作成してしなければならないとした（法76条1項）。ただし，即時抗告をすることができない審判については，家事審判の申立書又は調書に主文を記載することをもって，審判書の作成に代えることができる（同項ただし書）とした。

そして，審判書には主文，理由の要旨，当事者及び法定代理人，裁判所を記載する必要がある（法76条2項）。

なお，民事訴訟事件の判決書について規定する民事訴訟法253条1項では，事実，理由の記載が必要的とされているが，家事事件の審判書では，審判事件の簡易迅速な事件処理の観点から，事実の記載は不要とされ，また，理由についても詳細な記載は不要で，その要旨で足りることになる。

(2) 審判書の作成

即時抗告ができる審判は，当事者に対しては，即時抗告するか否かを検討するために，審判書を作成してその理由を記載して明らかにする必要があり，また，抗告裁判所等に対しては，審判の結論を導き出した理由を明らかにすることがその当否の判断に資することになる。これに対して，即時抗告ができない審判については，簡易迅速な事件処理の必要性の観点から，家事審判の申立書又は調書に主文を記載することをもって，審判書の作成に代えることで足りることになる。もっとも，即時抗告ができない審判についても，その事案によっては，原則に従って審判書を作成するのが相当な場合もあり得ると考えられる。

5 更正決定

(1) 更正決定

　家事事件手続法は，審判に計算違い，誤記その他これらに類する明白な誤りがあるときは，家庭裁判所は，申立てにより又は職権で，いつでも更正決定をすることができる（法77条1項）とした。

　家事審判法，家事審判規則及び旧非訟事件手続法には，審判の更正について，これを認める規定は存在しなかったが，実務においては民事訴訟法257条を類推適用して，更正審判をしていたのが実情であった。明文をもって，家事事件手続法では民事訴訟法と同旨の規定を新設し，決定による更正を認めた。

(2) 更正決定の手続

　更正決定は，審判以外の裁判であるから，原則は審判書を作成する必要がない（法81条1項による法76条1項の準用除外）。しかし，更正決定は，審判書と一体となって，その内容を構成することになるから，これを明確にする必要があるため，裁判書を作成してしなければならない（法77条2項）とされた。

　また，更正決定は，審判の内容となるから，これに対しては，更正後の審判が原審判であるとした場合に即時抗告をすることができる者に限り，即時抗告をすることができるとされた（法77条3項）。したがって，即時抗告の許されない審判についての更正決定に対する即時抗告は認められないと解される。

　さらに，更正決定の申立てを不適法として却下する裁判に対しては，即時抗告をすることができる（法77条4項）とされた。申立てに理由がないとする却下決定については，更に他の裁判所による当否の判断を経る必要がないため，即時抗告が認められないと解される。

　ただし，審判に対し適法な即時抗告があったときは，更正決定に関する当否も抗告裁判所で判断されることになるから，家事事件手続法77条3項・4項の即時抗告は，することができない（法77条5項）。

　なお，更正決定は，審判以外の裁判であるから，これに対する即時抗告の期間は，家事事件手続法101条1項により，1週間の不変期間となる。これは，

民事訴訟法における決定，命令と同様の期間である（民訴332条）。

6　審判の取消し又は変更

(1)　制度の趣旨

　家事事件手続法は，家庭裁判所が，審判をした後，その審判を不当と認めるときは，申立てによってのみ審判をすべき場合において申立てを却下した審判及び即時抗告をすることができる審判を除き，職権で，これを取り消し，又は変更することができると規定した（法78条1項）。この規定は，審判以外の裁判にも準用されている（法81条1項）。

　これは，家事審判法7条が準用する旧非訟事件手続法19条を踏襲するものである。つまり，家事審判は，対立する当事者間の権利義務関係の存否を確定することを目的とするものでなく，家庭裁判所が家事事件の公益性にかんがみ，後見的な立場から，あるべき法律関係を形成するものである。それゆえ，当初から不当であった審判又は事後的に事情が変更するなどして不当となった審判については，これを存続させるのは適当ではない。そこで，このような場合には，裁判所の職権でその取消し，変更を認めるとしたのである。

(2)　取消し又は変更が認められない審判等

　「申立てによってのみ審判をすべき場合において申立てを却下した審判」については，審判の取消し又は変更の例外とされている。これは，職権による取消し・変更を認めると，職権による審判を認めないという趣旨に反することになるからである。また，「即時抗告をすることができる審判」についても同じく例外とされている。これは，即時抗告期間経過後もこれを職権による取消し・変更の対象とすると，即時抗告による早期の裁判の是正を認めた趣旨に反するからであると考えられる。

　なお，最決平16・12・16（集民215号965頁）は，旧非訟事件手続法19条1項による取消し又は変更の対象とならない裁判について，裁判当時存在し，これが裁判所に認識されていたならば当該裁判がされなかったであろうと認められる事情の存在が，裁判の確定後に判明し，かつ，当該裁判が不当であってこれを維持することが著しく正義に反することが明らかな場合には，職権によ

り当該裁判を取り消し，又は変更することができる旨判断している。しかし，このような特殊な事案については，解釈によって個別に救済するのが相当と解されることから，上記の最高裁決定の内容を踏まえた一般的な規律を置くなどの特段の手当てはされなかった。

(3) 審判の取消し又は変更期間

　審判が確定した日から5年を経過したときは，家庭裁判所は，取消し又は変更をすることができない（法78条2項本文）とされ，法的な安定の見地から期間制限が設けられた。ただし，審判後の事情の変更によりその審判を不当と認めるに至ったときは，期間制限に服するのは相当でないとして，その例外を認めて，期間制限が設けられなかった（同条2項ただし書）。

　なお，再審では，審判が確定した日（再審の事由が審判の確定した後に生じた場合にあっては，その事由が発生した日）から5年を経過したときは，再審の申立てができない（法103条3項，民訴342条2項）とされ，再審の事由が審判後の事情変更の場合であっても5年の期間制限に服することになる。

(4) 審判の取消し又は変更手続

　職権により審判の取消し又は変更をする場合には，家庭裁判所は，その審判における当事者及びその他の審判を受ける者の陳述を聴かなければならない（法78条3項）。これは，手続保障の観点から，審判の取消し・変更により大きな影響を受ける当事者や審判を受ける者に陳述の機会を与えようとする趣旨であるが，審判以外の裁判については適用がない（法81条1項）。

　なお，職権による取消し又は変更の審判に対しては，取消し後又は変更後の審判が原審判であるとした場合に即時抗告をすることができる者に限り，即時抗告をすることができる（法78条4項）。

7 審判に関する民事訴訟法の準用

　審判には，民事訴訟法247条（自由心証主義），256条1項（変更の判決）及び258条（裁判の脱漏，ただし，民事訴訟法61条から66条までを準用している258条2項後段は準用されない。）の規定は，審判について準用される（法79条）。

Ⅱ 家事審判に関する手続 〔1〕 総　則 1．家事審判の手続　論点 17

　この場合には，民事訴訟法256条1項中「言渡し後」とあるのは，「審判が告知を受ける者に最初に告知された日から」と読み替えられる（法79条）。

8　中間決定

(1)　中間決定

　家事事件手続法は，家庭裁判所が審判の前提となる法律関係の争いその他中間の争いについて，裁判をするのに熟したときは，中間決定をすることができることとした（法80条1項）。

　これは，例えば，遺産分割審判事件で遺産の範囲に争いがあるなど，その審判の前提となる事項について，当事者間に争いがある場合，あるいは，国際裁判管轄等の適法要件に争いがある場合に，裁判所があらかじめその事項について判断をして，紛争の解決をするのが相当な場合があることから，認められたものである。

(2)　中間決定の裁判書

　中間決定は，本案についての裁判であるが，審判事件の審理を完結させる裁判ではないから，審判以外の裁判である。ところで，審判以外の裁判については，審判の場合に義務とされる審判書作成に関する規定は，準用されていない（法81条1項による法76条1項の準用除外）。しかし，中間決定は，当事者間に争いのある事項についての判断であるから，その理由が示されることが必要であるとして，裁判書を作成してしなければならない（法80条2項）とする特則が設けられた。

9　審判以外の裁判

(1)　審判以外の裁判

　家事事件手続法は，家事審判の手続においては，審判をする場合を除き，決定で裁判し，この場合には，同法73条から79条まで（法74条2項ただし書，76条1項及び78条3項を除く。）の規定を準用するとした（法81条）。

　審判以外の裁判の主な例としては，家事審判の申立書の却下命令（法49条5項），移送の裁判（法9条1項・2項），除斥の裁判（法10条2項・13条3項・14条

3項・15条3項・16条3項），忌避の裁判（法12条1項・13条3項・14条3項・15条3項），特別代理人の選任についての裁判（法19条1項），利害関係参加の許可の裁判（法42条2項），利害関係参加の裁判（同条3項），利害関係参加の申出・参加の許可の申立てを却下する裁判（同条5項），手続からの排除の裁判（法43条1項），受継の裁判（法44条3項・45条2項），記録の閲覧許可の裁判（法47条3項），申立書の補正命令（法49条4項），申立書の却下命令（同条5項），申立ての変更不許可の裁判（法50条3項・4項），審判の更正決定（法77条1項）等がある。

(2) 審判とそれ以外の裁判の異同

審判の規定が準用されないため，審判とそれ以外の裁判において異なるのは以下の点である。

(a) 効力発生時期

審判は，即時抗告ができる場合には確定によりその効力が生じるが（法74条2項ただし書），審判以外の裁判は，即時抗告ができる場合でも，審判を受ける者に告知することによって効力が生じる（法81条1項による法74条2項ただし書の準用除外）。

(b) 裁 判 書

審判では，裁判書の作成が義務とされているが（法76条1項），審判以外の裁判では，更正決定（法77条2項）及び中間決定（法80条2項）を除いては，裁判書の作成は必要とはされていない（法81条1項による法76条1項の準用除外）。

(c) 審判以外の裁判における陳述聴取

審判では，家事事件手続法78条の取消し又は変更の場合には，当事者等の陳述を聴取することが必要的とされているが（同条3項），審判以外の裁判では，その陳述の聴取が必要的とされていない（法81条1項による法78条3項の準用除外）。

(d) 即時抗告に関する規律

審判と審判以外の裁判に対しては，いずれも特別の定めがある場合に限り，即時抗告をすることができる（法85条1項・100条1項）が，即時抗告期間は，

審判については，特別の定めがある場合を除き，2週間の不変期間であるのに対し，審判以外の裁判については，1週間の不変期間である（法86条1項・101条1項）。

(3) その他の規律

家事審判の手続の指揮に関する裁判は，手続の適正円滑な進行に関わるものであるから，その当否にかかわらず，いつでも取り消すことができる（法81条2項）。この点は，民事訴訟法120条と同様である。

また，判事補は，単独で審判をすることができないが，審判以外の裁判は，判事補が単独ですることができる（法81条2項，民訴123条参照）。

〔竹内 純一〕

第2編 各 論 新法の解説

論点 18 取下げによる事件の終了

1 申立ての取下げ

　申立ての取下げについて，家事審判法のもとでは，審判後は取下げができないとする説と審判確定前まで取下げができるとする説があったが，実務では，審判確定前の取下げはできるとして運用されていた。

　家事事件手続法は，家事事件は基本的には申立てにより開始されるので，申立ての取下げも当事者の意思に委ねるのが相当であるとして，申立人は自由に申立てを取り下げることができるとした。しかし，家事審判事件は，裁判所が公益性を考慮し，後見的な立場から裁量権を行使して審理判断するから，裁判所による審判によって判断が示された後には，申立人の意思により，その効力を失わせるのは相当ではなく，その審判が無駄になるのを防ぐという公益的な見地から，家事審判の申立ては，審判があった後は，取下げをすることができないこととした（法82条1項）。

2 申立ての取下げの例外

　このように家事審判の申立ての取下げは，審判後はできないが，別表第2に掲げる事項についての家事審判は，当事者が自由に処分することができる事項が対象であり，公益性が高くないため，当事者の意思を尊重し，その例外として，審判が確定するまで，その全部又は一部を取り下げることができることとなった（法82条2項本文）。ただし，この場合であっても，審判がされた後にあっては，相手方の利益保護も考慮し，その同意を得なければ，申立ての取下げは，その効力を生じないとされた（同項ただし書）。

　なお，審判がされる前であっても，後見的な観点から後見開始等事件（法121条・133条・142条・180条・221条）については家庭裁判所の許可が，相手方

の利益の観点から相手方が本案について書面を提出し，又は期日において陳述した後は相手方の同意が，公益的な観点から遺言の確認及び遺言書の検認事件（法212条）については家庭裁判所の許可が，それぞれ必要となる。

3　申立ての取下げの通知

　家事事件手続法82条2項ただし書及び同法153条（法199条において準用する場合を含む。）の規定によって，申立ての取下げについて相手方の同意を要する場合には，家庭裁判所は，相手方に対し，申立ての取下げがあったことを通知しなければならない（法82条3項本文）。これは，取下げの事実を知らせることによって，同意をするか否かを検討する機会を与えるためである。ただし，申立ての取下げが家事審判の手続の期日において口頭でされた場合で，相手方がその期日に出頭したときは，取下げの事実を了知したことになるから，その通知の必要はない（同項ただし書）。

4　申立ての取下げの同意擬制

　申立ての取下げに相手方の同意が必要な場合，相手方が同意するか否かの態度を鮮明にせず，あるいは，その意思確認が所在不明等の理由により不可能なときに，取下げの効力の発生を未確定にしないために，取下げの通知（法82条3項本文）を受けた日から2週間以内に相手方が異議を述べないときは，申立ての取下げに同意したものとみなされ，申立ての取下げが家事審判の手続の期日において口頭でされた場合において，申立ての取下げがあった日から2週間以内に相手方が異議を述べないときも，同様に取下げに同意があったとみなされる（同条4項）。

5　申立ての取下げの方法及び効果

　民事訴訟法261条3項（取下げの方法）及び262条1項（取下げの効果）の規定は，家事審判の申立ての取下げについて準用される。つまり，申立ての取下げは，原則として書面でしなければならず，また，申立てが取り下げられることにより，申立てそのものがなかった状態となる。この場合においては，261条3項ただし書中「口頭弁論，弁論準備手続又は和解の期日」とあるのは，

「家事審判の手続の期日」と読み替えられる（法82条5項）。

6 申立ての取下げの擬制

家事審判の申立人が連続して2回，呼出しを受けた家事審判の手続の期日に出頭せず，又は呼出しを受けた家事審判の手続の期日において陳述をしないで退席をしたときは，審判手続を進行させることが困難であり，また，当事者に手続を追行する意思がないと考えられることから，家庭裁判所は，申立ての取下げがあったものとみなすことができる（法83条）。

また，審判前であっても，取下げに相手方の同意が必要となる財産分与事件（法153条）及び遺産分割事件（法199条）では，当事者双方が，連続して2回，呼出しを受けた家事審判の手続の期日に出頭せず，又は呼出しを受けた家事審判の手続の期日において陳述をしないで退席をしたときも，家庭裁判所は，同様に申立ての取下げがあったものとみなすことができる（法83条）。

〔竹内 純一〕

論点 19 高等裁判所が第1審として行う手続

　家事事件手続法第2編においては，家事審判の手続は，家庭裁判所が第1審裁判所であるとしてそれぞれの規定がされている。しかし，審判事件が抗告され抗告審である高等裁判所に係属する場合，保全処分等緊急を要する処分が必要になるので，保全処分事件（法105条2項），推定相続人の廃除の審判又はその取消しの審判の確定前の遺産の管理に関する処分の審判事件（別表第1の88項の審判事件，法189条1項），財産分離の請求後の相続財産の管理に関する処分の審判事件（法202条1項2号）等は，高等裁判所が第1審の裁判所としてこれを行うことになる。

　家事事件手続法84条はその場合について規定しており，基本的には家庭裁判所が第1審として家事審判の手続を行う場合における手続と同様であり，同法第2編第1章第1節の規定の適用については，それぞれ読み替えて行うことになる。

　これを詳述すれば，家事事件手続法第2編第1章第1節の規定（58条・59条1項から3項まで・61条1項及び2項並びに65条の規定を除く。）中「家庭裁判所」とあるのは「高等裁判所」と，39条，47条6項，49条3項，56条2項，65条，72条，73条，74条1項から3項まで（2項ただし書を除く。），75条，77条1項，78条（1項2号及び4項を除く。），79条，80条1項，81条1項並びに82条1項及び2項中「審判」とあるのは「審判に代わる裁判」と，42条2項中「審判の結果」とあるのは「審判に代わる裁判の結果」と，58条1項，59条1項から3項まで，61条1項及び65条中「家庭裁判所は」とあるのは「高等裁判所は」と，58条3項中「家庭裁判所に」とあるのは「高等裁判所に」と，76条中「審判書」とあるのは「裁判書」と，同条1項中「審判は」とあるのは「審判に代わる裁判は」と，同項ただし書中「即時抗告をすることができない審判」とあるのは「家庭裁判所の審判であるとした場合に即時

抗告をすることができない審判に代わる裁判」と，78条1項2号中「即時抗告をすることができる審判」とあるのは「家庭裁判所の審判であるとした場合に即時抗告をすることができる審判に代わる裁判」とそれぞれ読み替えられることになる。

　ただし，家事事件手続法40条（参与員）及び48条（検察官に対する通知）の規定は，高等裁判所が第1審として家事審判の手続を行う場合については，適用しない（法84条2項）。これは，参与員については，高等裁判所に配置がないためであり，検察官に対する通知は，その性質上妥当しないためである。

〔竹内　純一〕

2．不服申立て

論点20　審判に対する不服申立て

1　抗告審の手続の特徴

(1)　不利益変更禁止の原則の不採用

　家事事件手続法では，民事訴訟法304条に規定するいわゆる不利益変更禁止の原則に相当する規定を設けていない。

　不利益変更禁止の原則は，処分権主義を根拠とするものであるが，裁判所は，当事者が申し立てていない事項について，判決をすることができない（民訴246条）とされる民事訴訟手続と異なり，家事事件手続においては，裁判所の審理や判断の対象が必ずしも申立ての内容に拘束されているわけではなく（ただし，審理の対象とされていない事項についての裁判はできない。），裁判所は公益性を考慮し，後見的な立場から裁量権を行使して適正妥当な審理判断をすることが求められていること，また，家事事件については，何が当事者にとって不利益となるのか必ずしも明らかではないことなどから，家事事件の手続については，処分権主義は妥当しないと考えられる。

　家事事件手続法は，家事事件においては不利益変更の原則は認めないことを前提としているが，抗告審における審理において，抗告人，原審の当事者等に，主張や裁判資料の提出の機会を保障し，不意打ち的な判断を回避する旨の規定を設けている（法88条1項・89条1項）。

(2)　附帯抗告

　家事事件手続法では，抗告審において民事訴訟法331条・293条のような

附帯抗告は認められていない。これは，家事事件の手続においては，不利益変更の禁止の原則が採用されておらず，また，抗告審においては，原審の当事者等に上記のような手続に関与する機会が保障されているので，そのような制度を置く必要はないと考えられたためである。

(3) 抗告審の手続

抗告審の手続については，その性質に反しない限り，第1審の手続に関する規律及び民事訴訟法に定める抗告に関する規律と同様の規律としている（法93条）。

2 即時抗告

(1) 即時抗告

家事事件手続法では，期間制限のない通常抗告は認められておらず，審判に対しては，第2編第2章において個別に定められた特別の定めがある場合に限り，期間制限のある即時抗告のみをすることができる（法85条1項）とされた。

これは，家事事件では，法律関係を早期に安定させ，迅速に紛争解決をする必要性があることから，特別の定めがある場合に限って，即時抗告のみができるとされたものである。

なお，手続費用の負担の裁判に対しては，独立して即時抗告をすることができない（法85条2項）。

(2) 即時抗告期間

家事事件手続法では，審判に対する即時抗告は，特別の定めがある場合（例えば，法87条5項）を除き，2週間の不変期間内にしなければならず，ただし，その期間前に提起した即時抗告の効力を妨げない（法86条1項）とされた。これは，家事事件手続における審判は，実体関係上の判断を含むもので，その重要性が民事訴訟手続における判決と同等と評価できることを考慮し，判決に対する控訴期間と同様にしたものである。

Ⅱ 家事審判に関する手続 〔1〕総　則　2. 不服申立て　**論点 20**

(3) 即時抗告期間の起算日

即時抗告の期間の起算日は，特別の定めがある場合を除き，即時抗告をする者が，審判の告知を受ける者である場合には，その者が審判の告知を受けた日から進行し，審判の告知を受ける者でない場合には，起算日を明確にするために，申立人が審判の告知を受けた日（2 以上あるときは，当該日のうち最も遅い日）から進行する（法 86 条 2 項）。

(4) 即時抗告の手続

家事審判法，家事審判規則では，即時抗告については，家事審判規則 18 条（その性質に反しない限り，審判に関する規定を準用する。），19 条 1 項（高等裁判所は，即時抗告が理由があるものと認めるときは，審判を取り消して，事件を家庭裁判所に差し戻さなければならない。），同条 2 項（高等裁判所は，相当であると認めるときは，前項の規定にかかわらず，審判を取り消して，みずから事件につき審判に代わる裁判をすることができる。）との規定があったが，条文上抗告手続や抗告審の手続の規律は明らかでなかった。

家事事件手続法は，即時抗告についてその手続を以下のように明確化した。

① 抗告状を原裁判所に提出してしなければならない（法 87 条 1 項）。
② 抗告状には，当事者及び法定代理人，原審判の表示及びその審判に対して即時抗告をする旨を記載しなければならない（法 87 条 2 項）。
③ 即時抗告が不適法でその不備を補正することができないことが明らかであるときは，原裁判所は，これを却下しなければならない（法 87 条 3 項）。この却下の審判に対しては，即時抗告をすることができ（同条 4 項），1 週間の不変期間内にしなければならないが，その期間前に提起した即時抗告の効力を妨げない（同条 5 項）。
④ 抗告状が必要的記載事項の規定（法 87 条 2 項）に違反する場合及び民事訴訟費用等に関する法律の規定に従い即時抗告の提起の手数料を納付しない場合について，家事事件手続法 49 条 4 項（補正命令）及び 5 項（申立書の却下）の規定が準用される（法 87 条 6 項）。

153

(5) 即時抗告審における当事者等の手続保障

　家事事件手続法は，審判に対する即時抗告があった場合には，即時抗告が不適法であるとき又は即時抗告に理由がないことが明らかなときを除いて，原審における当事者及び利害関係参加人（抗告人を除く。）に対し，抗告状の写しを送付しなければならないが，抗告審における手続の円滑な進行を妨げるおそれがあると認められる場合には，即時抗告があったことを通知することをもって，抗告状の写しの送付に代えることができる（法88条1項）とした。

　この規定は，原則として抗告状を当事者及び利害関係参加人に送付し，反論等の防御の機会を与えなければならないこととして，当事者に対する手続保障を明文化したものであり，家事審判法，家事審判規則にはない新設された規定である。

　これに対して，即時抗告が不適法である場合，あるいは，抗告に理由がないことが明らかで速やかに棄却の判断が可能な場合は，当事者に反論等の機会を与える必要性に乏しいため，抗告状の写しを送付することなく，棄却の裁判をすることができる。

(6) 裁判長の予納命令

　裁判長は，抗告状の写しの送付又はこれに代わる通知の費用の予納を相当の期間を定めて抗告人に命じた場合において，その予納がないときは，命令で，抗告状を却下しなければならない（法88条2項）。

(7) 当事者等の陳述聴取

　抗告裁判所は，原審における当事者及びその他の審判を受ける者（抗告人を除く。）の陳述を聴かなければ，原審判を取り消すことができない（法89条1項）。

　なお，利害関係参加人であって審判を受ける者でない者については，原審判が取り消される影響は相対的に小さく，審判事件の簡易迅速な処理の観点から，陳述聴取は必要的とされていない。

　また，別表第2に掲げる事項についての審判事件においては，抗告裁判所は，即時抗告が不適法であるとき又は即時抗告に理由がないことが明らかなと

きを除き，原審における当事者（抗告人を除く。）の陳述を聴かなければならない（法89条2項）。

いずれも，当事者等の手続保障の規定であり，抗告審での反論や新資料の提出の機会を与えようとするものである。

(8) 原裁判所による更正決定

家事事件手続法は，原裁判所による更正の制度を規定し，原裁判所は，審判に対する即時抗告を理由があると認めるときは，その審判を更正しなければならないとした（法90条本文）。これは，民事訴訟法333条のいわゆる再度の考案と同様の制度である。

もっとも，別表第2に掲げる事項についての審判については，更正することができない（法90条ただし書）。これは，別表第2に掲げる事項についての審判は，申立人及び相手方が主張及び資料を提出し，十分に実質的な審理をしたうえで家庭裁判所が審判をするものであること，民事訴訟の判決のほか，家事審判事件と同程度に迅速処理が要請される保全異議又は保全取消しの裁判（民保41条2項参照）など，第1審手続で攻撃防御を尽くすことが予定されている事件の裁判に対しては，控訴や抗告の際に再度の考案が認められていないこと，調停をすることができる事項についての家事審判事件における再度の考案の審理に審理終結後に収集された資料も使うことができるとすれば，審理終結の制度を導入した意味が損なわれること等から，家庭裁判所による更正を認めないものとされたのである。

(9) 抗告審の決定

家事事件手続法では，抗告裁判所は，即時抗告について決定で裁判をする（法91条1項）とし，また，抗告裁判所は，即時抗告を理由があると認める場合には，家事審判事件について自ら審判に代わる裁判をしなければならない（同条2項本文）こととした。

これまでは，家事審判規則19条1項が，「高等裁判所は，即時抗告が理由があるものと認めるときは，審判を取り消して，事件を家庭裁判所に差し戻さなければならない」と定めて差戻しを原則とし，同条2項において，「相当で

あると認めるときは，前項の規定にかかわらず，審判を取り消して，自ら事件につき審判に代わる裁判をすることができる」として高等裁判所が自ら判断することを例外的なものとしていたが，これは，家事事件における家庭裁判所の高い専門性を考慮したものであった。

しかし，現在では，抗告審においても家庭裁判所調査官が配置されていること（裁61条の2），実務の運用としては，即時抗告が理由があるものと認めるときは，抗告裁判所が自ら判断していることが多いこと，家庭裁判所で十分な審理をしているのであれば，抗告裁判所は原審判の当否を検討することが中心となり，差戻しを原則とする必要がないこと，迅速処理の要請からも自ら判断することが相当であること等を踏まえて，抗告裁判所は，事件を原裁判所に差し戻さないときは，自ら事件につき審判をしなければならないものとして，差戻しを原則とはしないものとしたのである。

(10) 管轄違いによる原審判の取消し

家事事件手続法では，抗告裁判所は，家事審判事件（別表第2に掲げる事項についての審判事件を除く。）の全部又は一部が原裁判所の管轄に属しないと認める場合には，原審判を取り消さなければならない（法92条1項）としたが，原審における審理の経過，事件の性質，抗告の理由等に照らして原審判を取り消さないことを相当とする特別の事情があると認めるときは，この限りでない（同項ただし書）として，その例外を規定した。

これは，家事審判事件（別表第2に掲げる事項についての審判事件を除く。）の管轄は，合意管轄は許されないとしても，自庁処理は認められる緩やかな専属管轄であるが，原審が管轄違いを認識せずにそのまま事件処理をした場合には専属管轄違反となるから，抗告審において管轄違いの主張を制限する必要はなく（民訴299条1項ただし書参照），これを取り消さなければならないことを原則としたものである（なお，自庁処理により審判をした場合は，自庁処理によって管轄権が発生しているため，「原裁判所の管轄に属しない場合」には当たらない。）。

ただし，抗告裁判所は，管轄権を有しない裁判所が原審判をした場合にその審判を必ず取り消さなければならないものとすると，家事審判の手続における迅速処理の要請に反する場合もあることから，事件の経過やその内容によって

は原審判を取り消さないことを相当とするような特別の事情のある場合は必要的取消しの例外とした。

抗告裁判所が原審の管轄違いを認め，これを取り消した場合には，その事件を管轄裁判所に移送することが相当であるから，民事訴訟法309条の規定にならって，抗告裁判所は，家事審判事件が管轄違いであることを理由として原審判を取り消すときは，その事件を管轄権を有する家庭裁判所に移送しなければならない（法92条2項）。

(11) 即時抗告等の手続における他の規定の準用

家事事件手続法は，審判に対する即時抗告及びその抗告審に関する手続について，家事審判の手続の規定及び民事訴訟法の準用等に関する規定（法93条1項）を置き，特別の定めがある場合（法86条1項・2項，87条1項等が特別の定めに該当する。）を除いて，第2編第1章第1節の1款から8款までの規定，第4節（審判前の保全処分）の規定及び第2章（家事審判事件）の規定が準用される（なお，法78条1項2号に「即時抗告をすることができる審判」とあるのは，「家庭裁判所の審判であるとした場合に即時抗告をすることができる審判に代わる裁判」と読み替えられることになる。）。

ただし，参与員に関する家事事件手続法40条，参加申出を却下する裁判等に対する即時抗告に関する同法41条4項，42条6項，43条2項，44条2項，47条8項から10項まで，49条6項，67条4項，74条2項ただし書，74条4項及び5項，77条3項から5項まで，78条4項，検察官に対する通知に関する同法48条，合意管轄に関する同法66条，審判書の作成免除に関する同法76条1項ただし書，判事補の権限に関する同法81条3項，家事審判の申立ての取下げに関する同法83条，高等裁判所の保全処分に関する同法105条2項，審判前の保全処分に対する即時抗告に関する同法110条，執行停止に関する同法111条，審判前の保全処分の取消しの申立ての却下審判に対する即時抗告に関する同法113条，家庭裁判所の管轄及び即時抗告に関する規定は準用から除外される。

また，抗告裁判所は，家事事件手続法88条1項の規定による抗告状の写しの送付及びこれに代わる即時抗告があったことの通知をすることを要しないと

きは，当事者にさらに攻撃防御の機会を与える必要がない場合であるから，これを保障するための審理終結及び審判の日の定めは不要であり，同法71条の規定による審理の終結の手続を経ることなく，即時抗告を却下し，又は棄却することができることとなる（法93条2項）。

さらに，民事訴訟法283条（控訴裁判所の判断を受ける裁判），284条（控訴権の放棄），292条（控訴の取下げ），298条1項（第1審の訴訟行為の効力），299条1項（管轄違いの主張の制限），302条（控訴棄却），303条（控訴権の濫用に対する制裁），305条（第1審判決が不当な場合の取消し），306条（第1審の判決の手続が違法な場合の取消し），307条（事件の差戻し），308条（事件の差戻し）の各規定は，審判に対する即時抗告及びその抗告審に関する手続についても，同様の規律とするのが相当であるから準用されることとなった（法93条3項）。

なお，準用される場合には，民事訴訟法292条2項中「第261条第3項，第262条第1項及び第263条」とあるのは「家事事件手続法第82条第5項及び第83条」と，同法303条5項中「第189条」とあるのは「家事事件手続法第291条」と読み替えられる（法93条3項）。

3 特別抗告

(1) 特別抗告制度の新設

家事審判法，家事審判規則には特別抗告に関する明文規定がなかったが，家事事件手続法では明文でこれを認め，家庭裁判所の審判で不服を申し立てることができないもの及び高等裁判所の家事審判事件についての決定に対しては，その裁判に憲法の解釈の誤りがあることその他憲法の違反があることを理由とするときに，最高裁判所に特に抗告（特別抗告）をすることができる（法94条1項）とした。これは，家事事件の手続における不服申立ての手続を明確にするために設けられたものである。

特別抗告が係属する抗告裁判所は，抗告状又は抗告理由書に記載された特別抗告の理由についてのみ調査をする（法94条2項）。これは，家事審判事件の手続には，処分権主義や弁論主義がそのまま適用されるものではないと解されるが，特別抗告の対象とされていない部分についてまで特別抗告裁判所が職権で調査することが求められるものではないと考えられることから，この趣旨を

明らかにするために，特別抗告裁判所が調査すべき範囲を，抗告状又は抗告理由書に記載された特別抗告の理由に限定したものである。

なお，特別抗告は，その審判に対する不服申立ての手続を有していない者であっても，憲法違反のある審判により不利益を受けている限り，申立てをすることができる。このような者であっても，可能な限り，最高裁判所の憲法判断を受ける機会を保障し，その救済を図るべきだからである。

(2) 執行停止の裁判

特別抗告は，執行停止の効力を有しないが，特別抗告裁判所又は原裁判所は，申立てにより，担保を立てさせて，又は立てさせないで，特別抗告について裁判があるまで，原裁判の執行の停止その他必要な処分を命ずることができる（法95条1項）。

家事事件手続法は，家事審判の手続における迅速処理の要請から，特別抗告について執行停止の効力を認めないものとしたが，事案によっては，執行の停止等を認めるべき場合があると考えられることから，民事訴訟法334条2項の規定にならって，当事者の申立てにより執行の停止その他必要な処分を命ずることができるものとし，また，執行停止等の処分に際して担保を提供させることが相当であると判断される場合もあると考えられることから，民事訴訟法403条の規定にならって，必要に応じて担保を立てさせることも可能とする規律を設けた（法95条1項ただし書）。

なお，担保の規律については，民事訴訟法405条と同様の手当てがされた（法95条2項）。

(3) 特別抗告の手続

特別抗告の手続については，即時抗告の規定を準用し，また，その性質に反しない限り，民事訴訟法に定める特別抗告に関する規律と同様の規律が置かれている（法96条）。

4 許可抗告

(1) 許可抗告

　高等裁判所の家事審判事件についての決定（許可抗告の申立てについての決定を除く。）に対しては，その決定が家庭裁判所の審判であるとした場合に即時抗告をすることができるものであるときに限って，最高裁判所の判例（これがない場合にあっては，大審院又は上告裁判所もしくは抗告裁判所である高等裁判所の判例）と相反する判断がある場合その他の法令の解釈に関する重要な事項を含むと認められる場合には，申立てにより，その高等裁判所が許可したときに限り，最高裁判所に特に抗告をすることができる（法97条1項・2項）。

　これも，家事事件の手続における不服申立ての手続を明確にするために設けられたものである。

(2) 許可抗告の手続

　許可抗告の手続については，即時抗告の規定を準用し，また，その性質に反しない限り，民事訴訟法に定める許可抗告に関する規律と同様の規律が置かれている（法98条）。

　なお，即時抗告とは異なり，許可抗告の提起によっては，原決定の確定は遮断されないと考えられる。

〔竹内　純一〕

論点 21 審判以外の裁判に対する不服申立て

1 不服申立ての対象

　審判以外の裁判（法81条）に対しては，特別の定めがある場合に限り，即時抗告をすることができる（法99条）。家庭裁判所の行う裁判には，審判だけではなく，審判以外の裁判があるので，これについても一定の場合に不服申立てを認めたのである。

　特別の定めの主な例としては，移送の裁判，移送の申立てを却下する裁判（法9条3項），除斥・忌避の申立てを却下する裁判（法12条9項及びこれを準用する法13条1項，14条1項，15条1項，16条1項〔忌避に関する部分を除く。〕），特別代理人選任の申立てを却下する裁判（法19条5項），利害関係参加の申出を却下する裁判（法42条6項），手続からの排除の裁判（法43条2項），受継の申立てを却下する裁判（法44条2項），記録の閲覧許可の申立てを却下する裁判（法47条8項），申立書の却下命令（法49条6項），審判更正の申立てを不適法として却下する裁判（法77条4項）等がある。

2 受命裁判官又は受託裁判官の裁判に対する異議

　受命裁判官又は受託裁判官の裁判に対して不服がある当事者は，家事審判事件が係属している裁判所に異議の申立てをすることができる。ただし，その裁判が家庭裁判所の裁判であるとした場合に即時抗告をすることができるものであるときに限る（法100条1項）。その異議の申立てについての裁判に対しては，即時抗告をすることができる（同条2項）。

3 即時抗告期間等

(1) 即時抗告の期間等

　家事審判法では，審判のみならず審判以外の裁判も抗告期間は2週間とされていた。民事訴訟法においては，判決に対する不服申立てである控訴期間が2週間（民訴285条）であり，決定に対する即時抗告期間が1週間（民訴332条）であるのと比較して審判以外の裁判の抗告期間が長かったが，家事事件手続法では，審判以外の裁判に対する即時抗告は，1週間の不変期間内にしなければならない（法101条1項）こととなった。

(2) 執行停止の裁判

　審判以外の裁判に対する即時抗告は，特別の定めがある場合を除き，執行停止の効力を有しない（法101条2項本文）。ただし，抗告裁判所又は原裁判所は，申立てにより，担保を立てさせて，又は立てさせないで，即時抗告について裁判があるまで，原裁判の執行の停止その他必要な処分を命ずることができる（同項ただし書）。家事事件手続法101条2項ただし書の規定により担保を立てる場合における供託及び担保については，同法95条2項及び3項の規定が準用される（法101条3項）。

4 審判に対する不服申立ての規定の準用

　裁判所，裁判官又は裁判長がした審判以外の裁判に対する不服申立てについては，審判に対する不服申立てに関する規定が原則として準用される（法102条）。

　しかし，即時抗告期間に関する規定（法86条1項），抗告状の写しの送付に関する規定（法88条），当事者等の陳述聴取に関する規定（法89条）は準用されていない。

〔竹 内 純 一〕

3. 再　審

論点 22　再　審

1　再　審

再審に関する規定は，家事審判法，家事審判規則及び旧非訟事件手続法にはなく，旧法下においてはその許否，仮に許されるとしてその手続について説が分かれていたが実務及び判例[☆1]は積極的に解していた。

家事事件手続法は，家事事件の確定した審判その他の事件を完結する裁判について，再審の申立てができることを明文化した。

2　再審事件

再審の申立てができるのは，確定した審判と確定したその他の事件を完結する裁判である（法103条1項）。

「確定」とは，既に即時抗告あるいは異議の手続によっては争えなくなったことをいうが，職権による審判の取消し又は変更（法78条・81条）の余地がある場合であっても，「確定」しているといえると解される。これは，①再審が当事者の申立てによって行われるが，取消し・変更は，裁判所の職権でされること，②再審では即時抗告をすることができる審判も対象となるが，取消し・変更では，その対象とならないこと，③再審事由は審判がされたときの瑕疵に限定されるが，取消し・変更は審判後の事情もその理由となることなど，再審と取消し・変更は，異なる機能を有すると考えられるためである。

☆1　最判平7・7・4民集49巻7号2674頁・家月47巻10号50頁。

また，家事事件手続法は，再審の対象となるものを確定した審判その他の裁判で事件を完結するものに限る（法103条1項）としている。これは，家事事件手続法103条3項において，民事訴訟法349条（決定又は命令に対する再審）の準用を除外しており，移送の裁判（法9条1項・2項），除斥又は忌避の申立てを却下する裁判（法12条9項）など手続上の裁判その他審判の前提となる裁判に再審事由がある場合には，それに対する再審の申立てができないことを明らかにする趣旨である。そのため，審判以外で独立して再審の対象となる裁判は，手続費用の負担の裁判などのように，審判の前提とはならない自己完結的な裁判に限られる。

なお，再審の申立てができる者については，確定審判の基礎に重大な間違いがある場合，重大な手続上の瑕疵がある場合等には，当事者ではない者にもその是正を求める利益があると考えられるから，審判を受ける者又はこれに準じて考えられる者にも申立てが認められると考えられる。

3 再審手続

再審の手続には，その性質に反しない限り，各審級における手続に関する規定が準用され（法103条2項），また，民事訴訟法第4編の規定は同法341条（再審の訴訟手続）及び同法349条（決定又は命令に対する再審）の規定を除いて，再審の申立て及びこれに関する手続について準用される（法103条3項）。この場合には，同法348条1項中「不服申立ての限度で，本案の審理及び裁判をする」とあるのは，「本案の審理及び裁判をする」と読み替えられる（法103条3項）。

これにより再審事由（民訴338条），判決の基本となる裁判の再審事由（民訴339条），管轄裁判所（民訴340条），再審期間（民訴342条），再審訴状の記載事項（民訴343条），不服の理由の変更（民訴344条），再審の訴えの却下（民訴345条），再審開始の決定（民訴346条），即時抗告（民訴347条），本案の審理及び裁判（民訴348条）の規定が準用されることになる。

4 再審手続における執行停止

審判以外の裁判に対する即時抗告には，原則として執行停止の効力は認めら

れていない（法101条2項）。しかし，再審開始決定について，即時抗告がされた場合には，執行停止しないと，即時抗告により，再審開始決定が変更される可能性があるのに，再審の手続を進行させることになる。だが，このようなことは相当でないので，再審開始の決定に対する即時抗告は，執行停止の効力を有する（法103条4項）こととなった。

5　再審の申立て棄却決定に対する不服申立て

家事事件手続法103条3項が準用する民事訴訟法348条2項の規定によれば，再審による審理をした結果，原裁判を正当とする場合には，審判その他の裁判に対する再審の申立てを棄却することになる。この棄却決定は，実質的には原裁判を維持するものである。そうすると，原裁判に対して即時抗告することができない者が，この棄却決定に対して，即時抗告することができるのはおかしいことになる。そこで再審の申立てを棄却する決定に対しては，当該審判その他の裁判に対し即時抗告をすることができる者に限り，即時抗告をすることができる（法103条5項）とされた。

〔竹内純一〕

第2編 各 論 新法の解説

論点 23 執行停止の裁判

　裁判所は，再審の申立てがあった場合には，原裁判が取り消される可能性もあるから，不服の理由として主張した事情が法律上理由があるとみえ，事実上の点について疎明があり，かつ，その執行によって償うことができない損害が生ずるおそれがあることについて疎明があったときは，申立てによって，担保を立てさせて，もしくは立てさせないで強制執行の一時の停止を命じ，又は担保を立てさせて既にした執行処分の取消しを命ずることができる（法104条1項）。

　この裁判に対しては，不服を申し立てることができず（法104条2項），家事事件手続法95条（特別抗告における原裁判の執行停止）2項及び3項の規定は，担保を立てる場合における供託及び担保について準用される（法104条3項）。

〔竹内 純一〕

4. 審判前の保全処分

論点 24 審判前の保全処分

1 審判前の保全処分

(1) 審判前の保全処分制度

　家事事件手続法では，本案の家事審判事件（家事審判事件に係る事項について家事調停の申立てがあった場合にあっては，その家事調停事件）が係属する家庭裁判所は，この法律の定めるところにより，仮差押え，仮処分，財産の管理者の選任その他の必要な保全処分を命ずる審判（審判前の保全処分）をすることができる（法 105 条 1 項）とされた。本案の家事審判事件が高等裁判所に係属する場合には，その高等裁判所が，上記の審判に代わる裁判をすることになる（同条 2 項）。これにより，家事審判法 15 条の 3 第 5 項の規律が維持されたことになる。

　なお，民事事件の保全処分において必要となる被保全権利の存在の蓋然性は，家事事件の保全処分においては，権利義務形成の蓋然性がこれに当たるから，家事事件の保全処分については，本案となる事件の存在が必要とされることになる（保全処分の付随性）。これについては，家事審判法のもとでの規律と同様である。

　家事審判法では審判前の保全処分は，審判の申立てがあった場合に命ずることができるとされていた（家審 15 条の 3）。これに対して，家事事件手続法では，家事審判事件の係属のほか，家事審判事件に係る事項について家事調停の申立てがあった場合にも，保全処分を命ずることができることになった。

　このような規律となったのは，家事事件の実務においては，保全処分の発令

後に本案審判事件が付調停となって，調停が成立することが少なからずあることから，柔軟な対応が可能となる制度が相当と考えられたこと，また，家事事件手続法の別表第2事件の調停の申立てがなされた場合，調停が不成立になれば当然に審判に移行し，別途審判の申立てをする必要はなく，しかも，調停手続と審判手続は密接に関連し，かつ，連続していることから，家事審判事件に係る事項について調停の申立てがなされている場合は，審判の申立てがなされている場合に準じて考えるのが相当とされたからである。

(2) 疎　明

　審判前の保全処分の申立ては，その趣旨及び保全処分を求める事由を明らかにしてしなければならない（法106条1項）が，保全処分は，本案の審判がされるまでの暫定的なものであるから，保全処分を求める事由については疎明で足りる（同条2項）。もっとも，職権探知主義（法56条1項）の例外として，保全処分に限って当事者主義が採用され，申立人が疎明しなければならない（疎明義務）が，それは，審判前の保全処分が緊急性を有しており，それに対応して迅速かつ的確な事件処理を可能とするためである。

　しかし，家庭裁判所（法105条2項の場合は高等裁判所，以下同じ。）は，審判前の保全処分の申立てがあった場合において，必要があると認めるときは，職権で，事実の調査及び証拠調べをすることができる（法106条3項）。その必要性が認められる場合としては，家庭裁判所が公益的，後見的機能を発揮する必要がある場合，例えば，未成年者等の福祉を害する結果となるとき等が考えられる。

(3) 審判前の保全処分の申立ての取下げ

　家事審判の申立ては，原則として審判があるまで取り下げることができる（法82条1項）が，審判前の保全処分は，前述のとおり暫定的なものであるから，事情変更等によって保全の必要性がなくなった場合にまで，これを維持するのは相当でなく，審判前の保全処分の申立ては，その審判があった後であっても，その全部又は一部を取り下げることができることとなった（法106条4項）。

2　陳述の聴取

　審判前の保全処分のうち仮の地位を定める仮処分については，手続保障の観点から，審判を受ける者となるべき者の陳述を聴かなければ，これをすることができないこととなった。ただし，その陳述を聴く手続を経ることにより保全処分の目的を達することができない事情があるときは，この限りでない（法107条）。

　家事審判法では，仮の地位を定める仮処分については，債務者が立ち会うことができる審尋の期日を経なければ，これを発することができないものとされていた（家事審判法15条の3第7項が準用する民事保全法23条4項）。

　しかし，審判前の保全処分には緊急性があることを考慮すると，審判を受ける者となるべき者の陳述聴取については，裁判所の裁量により，審問の期日でするか，あるいは，書面でするかなど，その方法を事案に応じて選択するのが相当であることから，陳述聴取の方法について家事審判法のような審尋期日という限定を設けないこととなった。

3　記録の閲覧等

　審判前の保全処分の事件については，家庭裁判所は，当事者から家事審判事件の記録の閲覧もしくは謄写，その正本，謄本もしくは抄本の交付又は家事審判事件に関する事項の証明書の交付，録音テープ等の複製の許可の申立て（法47条1項又は2項，記録の閲覧等）があった場合には，家事事件手続法47条3項の規定にかかわらず，審判前の保全処分の事件における審判を受ける者となるべき者に対し，当該事件が係属したことを通知し，又は審判前の保全処分を告知するまでは，相当と認めるときに限り，これを許可することができる（法108条）とされた。

　これは，審判前の保全処分は，密行性が要求されるから，その記録の閲覧等について家事審判手続の記録の閲覧等の規律（法47条）を維持するのは相当でなく，事件係属の通知（審問期日等の呼出し，書面照会書の送付等が考えられる。）がされるか又は保全処分の告知がされることにより密行性を確保する必要がなくなるまでは，裁判所が相当と認めるときに限って許可できるとされたものであ

る。

4 審　判

(1) 審判前の保全処分の審判

審判前の保全処分は，原則として当事者が提出した疎明に基づいてする（法109条1項）。また，審判前の保全処分については，家事事件手続法74条2項により，審判を受ける者に告知することによって効力を生ずる。また，同項ただし書の規定は，適用されない（法109条2項）ため，即時抗告によってその執行力は失われない。

(2) 審判前の保全処分の執行等

審判前の保全処分の執行及び効力は，民事保全法その他の仮差押え及び仮処分の執行及び効力に関する法令の規定に従うことになる（法109条3項）。

5 即時抗告

(1) 審判前の保全処分の申立て却下に対する不服申立て

審判前の保全処分（高等裁判所のする法105条2項の審判に代わる裁判を除く。以下同じ。）の申立人は，申立てを却下する審判に対し，即時抗告をすることができる（法110条1項）。

ただし，以下の保全処分の申立てを却下する審判については，この限りでない（法110条1項ただし書）。

　(a) 家事事件手続法126条1項（134条1項及び143条1項において準用する場合を含む。），158条1項（242条3項において準用する場合を含む。）及び200条1項の規定による財産の管理者の選任又は財産の管理等に関する指示の保全処分（法110条1項1号）

　(b) 家事事件手続法127条1項（135条，144条，181条及び225条1項において準用する場合を含む。），166条1項（同条5項において準用する場合を含む。），174条1項（242条3項において準用する場合を含む。），175条3項及び215条1項の規定による職務代行者の選任の保全処分（法110条1項2号）

(2) 審判前の保全処分に対する即時抗告

　審判前の保全処分を命ずる審判（ただし，法110条1項1号・2号に掲げる保全処分を命ずる審判を除く。）に対しては，本案の家事審判の申立てについての審判（申立てを却下する審判を除く。）に対して即時抗告をすることができる者が即時抗告をすることができる（法110条2項）。

6　即時抗告に伴う執行停止

　審判前の保全処分は，告知によって効力が生じ，これに対して即時抗告があっても当然には執行停止の効力はない。

　そこで，家事事件手続法110条2項の規定により即時抗告が提起された場合，原審判の取消しの原因となることが明らかな事情及び原審判の執行により償うことができない損害を生ずるおそれがあることについて疎明があったときは，抗告裁判所（審判前の保全処分の事件の記録が家庭裁判所に存する間は，家庭裁判所）は，申立てにより，即時抗告についての裁判が効力を生ずるまでの間，以下の裁判をすることができる（法111条1項）。

① 原審判の執行の停止を命じる裁判

　この場合，担保を立てさせて，もしくは担保を立てることを条件として，もしくは担保を立てさせないでこの裁判をすることができる。

② 既にした執行処分の取消しを命じる裁判

　この場合，担保を立てさせて，もしくは担保を立てることを条件として，この裁判をすることができる。

7　民事保全法の準用

　民事保全法4条（担保の提供）の規定は，審判前の保全処分に関する手続における担保について準用され，同法14条（保全命令の担保），15条（裁判長の権限），20条（仮差押命令の必要性），21条（仮差押命令の対象），22条（仮差押解放金），23条（仮処分命令の必要性等，同条4項を除く。），24条（仮処分の方法）の各規定は，審判前の保全処分について準用される（法115条）。

8　調書の作成

　審判前の保全処分の調書については，裁判所書記官はその手続の期日についてこれを作成しなければならないことが原則である（法114条1項）。

　しかし，審判前の保全処分には緊急性があり，これを迅速に事件処理する必要がある。その観点からすると，常に調書の作成を求められるものではなく，事案によってはその必要性が認められない場合も考えられるところであり，裁判長が調書作成の必要がないと判断するときは，調書の作成を省略することができる（法114条1項ただし書）。

　なお，調書を省略する場合には，経過の要領を記録化する必要もない（法114条2項による法46条の適用除外）。

〔竹内　純一〕

論点 25 審判前の保全処分の取消し

1 審判前の保全処分の取消し

審判前の保全処分が確定した後に，保全処分を求める事由の消滅その他の事情の変更があるときは，本案の家事審判事件（家事審判事件に係る事項について家事調停の申立てがあった場合にあっては，その家事調停事件）が係属する家庭裁判所又は審判前の保全処分をした家庭裁判所は，本案の家事審判の申立てについての審判（申立てを却下する審判を除く。）に対し即時抗告をすることができる者の申立てにより又は職権で，審判前の保全処分の取消しの審判をすることができる（法112条1項）。

審判前の保全処分は，あくまで本案の審判がされるまでの間の暫定的な処分なので，その後の事情変更によって保全の必要性が失われれば，速やかに原状に戻すのが相当だからである。

本案の家事審判事件が高等裁判所に係属する場合には，その高等裁判所が，審判前の保全処分の取消しの審判に代わる裁判をする（法112条2項）。

家事事件手続法106条（審判前の保全処分の申立て等）並びに同法109条1項（疎明）及び2項（法74条2項ただし書の適用除外）の規定は，審判前の保全処分の取消しの審判及び高等裁判所がする裁判について準用される（法112条3項）。

2 即時抗告等

家事事件手続法112条1項の審判前の保全処分の取消しの審判の申立人は，申立てを却下する審判（法110条1項各号に掲げる保全処分の取消しの申立てを却下する審判を除く。）に対し，即時抗告をすることができる（法113条1項）。

審判前の保全処分の申立人は，家事事件手続法112条1項の審判前の保全

処分の取消しの審判（法110条1項各号に掲げる保全処分の取消しの審判を除く。）及び同法115条において準用する民事保全法33条の規定による原状回復の審判に対し，即時抗告をすることができる（法113条2項）。

家事事件手続法111条の規定は，上記の規定による即時抗告に伴う執行停止について準用される（法113条3項）。

3　民事保全法の準用

民事保全法33条（原状回復の裁判）の規定は，審判前の保全処分の取消しの裁判について準用され，同法34条（保全命令を取り消す決定の効力）の規定は，家事事件手続法112条1項の審判前の保全処分の取消しの審判について準用される（法115条）。

〔竹内　純一〕

Ⅱ 家事審判に関する手続 〔1〕 総　則　4. 審判前の保全処分　論点 26

論点 26　戸籍の記載等の嘱託

1　戸籍の記載等の嘱託

　裁判所書記官は，次に掲げる場合には，家事事件手続規則76条・77条で定めるところにより，遅滞なく，戸籍事務を管掌する者又は登記所に対し，戸籍の記載又は後見登記等に関する法律 (平成11年法律第152号) に定める登記を嘱託しなければならない。ただし，戸籍の記載又は同法に定める登記の嘱託を要するものとして家事事件手続規則76条・77条で定めるものに限る (法116条)。
　① 別表第1に掲げる事項についての審判又はこれに代わる裁判が効力を生じた場合 (法116条1号)
　② 審判前の保全処分が効力を生じ，又は効力を失った場合 (法116条2号)

2　戸籍の記載の嘱託

(1) 嘱託すべき家事審判

　家事事件手続規則76条1項で規定している家事事件手続法116条1号の審判としては以下の審判がある。
　① 親権喪失，親権停止又は管理権喪失の審判
　② 未成年後見人又は未成年後見監督人の選任の審判
　③ 未成年後見人又は未成年後見監督人の辞任についての許可の審判
　④ 未成年後見人又は未成年後見監督人の解任の審判
　⑤ 未成年後見人又は未成年後見監督人の権限の行使についての定め及びその取消しの審判
　⑥ 性別の取扱い変更の審判

(2) 嘱託すべきその他の審判等

家事事件手続規則76条2項で規定している家事事件手続法116条2号の審判前の保全処分としては以下の審判がある。

① 家事事件手続法166条1項（同条5項で準用する場合を含む。）の規定により親権者もしくは未成年後見人の職務の執行を停止し、又はその職務代行者を選任する審判及び同条3項（同条5項において準用する場合を含む。）の規定により職務代行者を改任する審判

② 家事事件手続法174条1項又は175条3項の規定により親権者の職務の執行を停止し、又はその職務代行者を選任する審判前の保全処分及び法174条3項又は175条5項の規定により職務代行者を改任する審判

③ 家事事件手続法181条において準用する同法127条1項の規定により未成年後見人もしくは未成年後見監督人の職務の執行を停止し、又はその職務代行者を選任する審判及び同条3項の規定により職務代行者を改任する審判

3 後見登記の嘱託

(1) 嘱託すべき後見事件等の審判

家事事件手続規則77条1項で規定している家事事件手続法116条1号の審判としては以下の審判がある。

① 後見開始，保佐開始及び補助開始の審判及びその取消しの審判

② 成年後見人，成年後見監督人，保佐人，保佐監督人，補助人又は補助監督人（以下「成年後見人等」という。）の選任の審判

③ 任意後見契約の効力を発生させるための任意後見監督人の選任の審判並びに任意後見監督人が欠けた場合及び任意後見監督人を更に選任する場合における任意後見監督人の選任の審判

④ 成年後見人等又は任意後見監督人の辞任についての許可の審判

⑤ 成年後見人等任意後見監督人又は任意後見人の解任の審判

⑥ 成年後見人等又は任意後見監督人の権限の行使についての定めの審判及びその取消しの審判

⑦ 保佐人又は補助人の同意を得なければならない行為の定めの審判及びそ

の取消しの審判
⑧　保佐人又は補助人に対する代理権の付与の審判及びその取消しの審判

(2) 嘱託すべきその他の審判

　家事事件手続規則77条2項で規定している家事事件手続法116条2号の審判前の保全処分としては以下の審判がある。
① 　家事事件手続法126条2項，134条2項又は143条2項の規定により財産の管理者の後見，保佐又は補助を受けることを命ずる審判並びに法126条8項，134条6項及び法143条6項において準用する法125条1項の規定により財産の管理者を改任する審判
② 　家事事件手続法127条1項（同条5項並びに135条，144条及び225条1項において準用する場合を含む。）の規定により成年後見人等もしくは任意後見監督人の職務の執行を停止し，又はその職務代行者を選任する審判及び法127条3項（同条5項並びに135条，144条及び225条1項において準用する場合を含む。）の規定により職務代行者を改任する審判
③ 　家事事件手続法225条2項において読み替えて準用する同法127条1項の規定により任意後見人の職務の執行を停止する審判

〔竹　内　純　一〕

第2編 各　論　新法の解説

〔2〕 家事審判事件

論点 27　成年後見に関する審判事件

1　成年後見に関する審判事件等の位置づけ

別表第1（1項～16項）に掲げる事項についての審判事件であり，民法7条及び10条等の規定による成年後見の開始審判事件及びその取消しに関する審判事件等である。高齢化社会を反映して，事件数も多く，家庭裁判所が扱う審判事件のうち，かなりの部分を占めている。

2　管　轄

家事審判法のもとでは，後見開始の審判事件及びその取消しの審判事件は，成年被後見人となるべき者の住所地を管轄する家庭裁判所の管轄に属するとされ（家審規22条），その余の成年後見に関する審判事件は，特別の定めのある場合を除き，成年被後見人の住所地を管轄する家庭裁判所の管轄に属するとされていた（家審規82条）。

家事事件手続法においては，後見開始の審判事件（別表第1の1項）については，家事審判法のもとにおける規律を維持することとしたが（法117条1項），その余の成年後見に関する審判事件（別表第1の2項～16項）については，成年被後見人の住所地にかかわらず，後見開始の審判をした家庭裁判所が一元的に管轄するのが便宜であると考えられることから，後見開始の審判をした家庭裁判所（抗告裁判所が後見開始の裁判をした場合にあっては，その第1審裁判所である家庭裁判所）の管轄に属するとし，後見開始の審判事件が家庭裁判所に係属してい

るときは，その家庭裁判所の管轄に属することとした（法117条2項）。

3　手続行為能力

　成年後見に関する審判事件のうち，後見開始の審判事件，後見開始の審判の取消しの審判事件，成年後見人の選任の審判事件，成年後見人の解任の審判事件，成年後見監督人の選任の審判事件，成年後見監督人の解任の審判事件，成年被後見人に関する特別代理人の選任の審判事件，成年後見の事務の監督の審判事件，第三者が成年被後見人に与えた財産の管理に関する処分の審判事件については，本人の意思及び自己決定権を尊重し，障害のある人でも家庭や地域において残存能力を活用して通常の生活を営める社会をつくるという理念（ノーマライゼーション）から，意思能力を有する限り成年被後見人となるべき者及び成年被後見人がその申立てをすることができるものとすべきである。そのため，家事事件手続法は，当該事件については，行為能力の制限を受けていても，法定代理人によらずに，自ら有効に手続行為をすることができることを明確に規定した（法118条）。

4　精神の状況に関する意見聴取等

　家事審判法のもとでは，後見開始の審判事件については，明らかに必要がないと認められる場合を除き，成年被後見人となるべき者の精神の状況につき医師その他適当な者による鑑定を要するとされていた（家審規24条）が，後見開始の審判の取消しの審判事件については，規律がなかった。

　家事事件手続法においては，鑑定に要する費用及び期間等を考慮すれば，審判の資料を鑑定に限定する必要はないという意見もあったが，これまでの規律のもとでも，明らかに必要ないと認められる場合には鑑定が不要であるため，実務においては，鑑定を実施する件数はそう多くなかったことなどから，後見開始の審判事件については，家事審判法における規律を維持することとし（法119条1項），後見開始の審判の取消しの審判事件については，明らかに必要がないと認められる場合を除き，成年被後見人の精神の状況につき医師の意見を聴かなければならないとする規定を新たに設けた（同条2項）。

5 陳述及び意見の聴取

　家事審判法のもとでは，審判をするに際して必要的に陳述や意見を聴取しなければならない者の範囲が限定されていたが（家審規25条・83条），家事事件手続法においては，手続保障を充実させるとの観点から，後見開始の審判の取消しの審判をするには，成年被後見人及び成年後見人の陳述を聴かなければならないものとするなど，審判をする場合において必要的に陳述を聴取しなければならない者の範囲を拡充し，明確に規定した（法120条）。しかし，成年被後見人となるべき者及び成年被後見人については，心身の障害により陳述を聴くことができないこともあるため，このようなときは，陳述を聴かずに審判をすることができることを明確に規定した（同条1項ただし書）。

　また，成年後見人や成年後見監督人の選任では，これまでと同様に成年後見人や成年後見監督人となるべき者の意見を聴くことになった（法120条2項）。

6 申立ての取下げの制限

　家事審判法のもとでは，成年後見開始の申立ての取下げについては特段の制限は設けられていなかった。学説や実務においては，取下げを認めるか否かについて見解が分かれていたが，成年後見開始の審判は，公益よりも本人保護に重点のある制度であり，それゆえ，その申立ては，申立権者の判断に委ねられていることなどから，取下げを認めるのが実務の一般的な運用であった[☆1]。

　しかしながら，申立人が，後見開始の申立てをした後，後見開始の審判の要件が充足されているにもかかわらず，自分が成年後見人に選任される見込みがないことを不満として，申立てを取り下げる場合など，公益的見地及び被後見人となるべき者の利益保護の観点から，取下げを認めるのが相当でない場合がある。そこで，家事事件手続法においては，公益性の観点及び成年被後見人となるべき者又は成年被後見人の利益に配慮し，後見開始の申立てなど一定の申立てについては，裁判所の許可を得なければ取り下げることができず，申立ての取下げをするときは，取下げの理由を明らかにしなければならないとする規

[☆1] 東京高決平16・3・30判時1861号43頁。

定を新たに設けた（法121条，規則78条）。

7 審判の告知等

家事審判法のもとでは，後見開始の審判がされたときは，裁判所書記官は，遅滞なく本人に対して，その旨を通知しなければならないとされていた（家審規26条2項）が，家事事件手続法においても，この規律が維持された（法122条1項）。

なお，家事事件手続法は，審判は，特別の定めがある場合を除き，審判を受ける者に対し，相当と認める方法で告知（裁判の内容を知らせること）しなければならないとしている（法74条1項）が，告知の場合には，告知の対象者に告知を受ける能力が必要であるので，被成年後見人となるべき者には，告知ではなく通知（裁判の内容以外の事実を知らせること）で足りるとした（法122条1項）。

8 即時抗告

成年後見開始及び申立て却下等の審判については，家事審判法のもとと同様に即時抗告をすることができる（法123条1項1号～7号）。

家事審判法のもとでは，後見人又は後見監督人を解任する審判に対する即時抗告権を後見人，後見監督人又は被後見人もしくはその親族に認めていたが（家審規87条1項・92条2項），家事事件手続法においては，成年後見人の解任の審判における即時抗告権を成年後見人にのみ認め（法123条1項4号），成年後見監督人の解任の審判における即時抗告権を成年後見監督人にのみ認めるなど（同項6号），即時抗告権者について見直しをした。これは，解任された成年後見人等がその判断を受け入れているのに，他の者がこれを争うことを認めるのは相当でないからである。

また，家事審判法のもとでは，審判の告知を受ける者による後見開始の審判に対する即時抗告の期間については，成年後見人に選任される者に対する告知があった日から進行することとされていたが（家審規27条1項），家事事件手続法においては，原則どおり，審判の告知を受ける者が審判の告知を受けた日から進行することとした（法123条・86条2項）。ちなみに，審判の告知を受けない者による後見開始の審判に対する即時抗告は，これまでと同様に，成年後見

人に選任される者が審判の告知を受けた日から進行する（法123条2項）。

9 管理者の改任等

家事審判法のもとでは，第三者が被後見人に与えた財産の管理者の選任その他の管理に関する処分の審判事件について，不在者の財産の管理に関する審判事件等の規定が準用されており（家審規90条），家庭裁判所が選任した管理人は，任務を辞しようとするときはその旨を届け出なければならず，その届出があった場合には，家庭裁判所は，更に管理人を選任しなければならないとされていた（家審規32条2項・3項）。しかしながら，家庭裁判所が選任した者が任意に辞任することができるとすることは，財産の適切な管理という観点から相当でないと考えられる。そこで，家事事件手続法においては，辞任に関する規律を削除し，家庭裁判所が選任した管理人が届出のみで任意に辞任することを認めないものとしたうえで，財産の管理を継続することが相当でなくなったときなどを取消事由にするなどの見直しをした（法125条）。

10 保全処分

成年後見開始の審判事件を本案とする保全処分については，基本的に家事審判法のもとにおける規律（家審規23条）を維持することとした。そのうえで，後見命令の審判（法126条1項・2項）をする場合において，成年被後見人となるべき者の心身の障害により陳述を聴くことができないときは，陳述聴取の手続を経ずに審判をすることができるとした（同条3項）。また，審判の告知を受ける者による後見命令の審判に対する即時抗告の期間については，原則どおり，審判の告知を受ける者が審判の告知を受けた日から進行することとした（同条6項・86条2項）。

成年後見人の解任の審判事件を本案とする保全処分については，基本的に家事審判法における規律（家審規86条）を維持することとしたうえで，家庭裁判所が職権で成年後見人を解任することができる以上は，職権で成年後見人の職務の執行を停止等することができるとするのが相当であることから，職権によっても職務執行の停止又は職務代行者の選任の保全処分をすることができることとした（法127条1項）。また，成年後見人が審判の告知を受けることを拒ん

でいる場合や成年後見人が行方不明で速やかに審判を告知することができない場合等に対処するため，成年後見人の職務の執行を停止する審判は，職務の執行を停止される成年後見人に限らず，他の成年後見人又は職務代行者に告知することによってその効力を生ずることとした（同条2項）。以上については，成年後見監督人の解任の審判事件を本案とする保全処分についても，同様である（同条5項）。

〔細 矢 郁〕

第 2 編 各　　論　　新法の解説

論点 28　保佐に関する審判事件

1　保佐に関する審判事件等の位置づけ

別表第 1（17 項〜35 項）に掲げる事項についての審判事件であり，民法 11 条及び 14 条等の規定による保佐開始審判事件及びその取消しに関する審判事件等である。成年後見人事件と同様に，高齢化社会を反映した事件類型であるが，成年後見事件に比して，判断が困難なものが多いのが実情である。

2　管　　轄

家事審判法のもとでは，民法 11 条，13 条 2 項及び 3 項，14 条並びに 876 条の 4 第 1 項及び 3 項の規定による保佐開始の審判事件，その取消しその他の保佐に関する処分の審判事件は，被保佐人となるべき者の住所地を管轄する家庭裁判所の管轄に属するとされ（家審規 29 条），その余の保佐に関する審判事件は，特別の定めのある場合を除き，被保佐人の住所地を管轄する家庭裁判所の管轄に属するなどとされていた（家審規 93 条 1 項）。

家事事件手続法においては，保佐開始の審判事件（別表第 1 の 17 項）については家事審判法における規律を維持することとし（法 128 条 1 項），その余の保佐に関する審判事件（別表第 1 の 18 項〜35 項）については，被保佐人の住所地にかかわらず，保佐開始の審判をした家庭裁判所が一元的に管轄するのが便宜であると考えられることから，保佐開始の審判をした家庭裁判所（抗告裁判所が保佐開始の裁判をした場合にあっては，その第 1 審裁判所である家庭裁判所）の管轄に属するとし，保佐開始の審判事件が家庭裁判所に係属しているときは，その家庭裁判所の管轄に属することとした（同条 2 項）。

3　手続行為能力

　保佐に関する審判事件のうち，保佐開始の審判事件，保佐人の同意を得なければならない行為の定めの審判事件，保佐人の同意に代わる許可の審判事件，保佐開始の審判の取消しの審判事件，保佐人の同意を得なければならない行為の定めの審判の取消しの審判事件，保佐人の選任の審判事件，保佐人の解任の審判事件，保佐監督人の選任の審判事件，保佐監督人の解任の審判事件，保佐人に対する代理権の付与の審判事件，保佐人に対する代理権の付与の審判の取消しの審判事件，保佐の事務の監督の審判事件については，成年後見事件と同様に，本人の意思及び自己決定権の尊重とノーマライゼーションの理念から，意思能力を有する限り被保佐人となるべき者及び被保佐人がその申立てをすることができるものとすべきである。そのため，家事事件手続法は，当該事件については，行為能力の制限を受けていても，法定代理人によらずに，自ら有効に手続行為をすることができることを明確に規定した（法129条・118条）。

4　精神の状況に関する意見聴取等

　家事審判法のもとでは，保佐開始の審判事件については，明らかに必要がないと認められる場合を除き，被保佐人となるべき者の精神の状況につき医師その他適当な者による鑑定を要するとされ（家審規30条の2・24条），保佐開始の審判の取消しの審判事件については，規律がなかった。
　家事事件手続法においては，保佐開始の審判事件については，家事審判法における規律を維持することとし（法133条・119条1項），保佐開始の審判の取消しの審判事件については，明らかに必要がないと認められる場合を除き，被保佐人の精神の状況につき医師の意見を聴かなければならないとする規定を新たに設けた（法133条・119条2項）。

5　陳述及び意見の聴取

　家事審判法のもとでは，審判をするに際して必要的に陳述を聴取しなければならない者の範囲が限定されていたが（家審規30条の2・24条・25条・93条2項・83条），家事事件手続法においては，手続保障を充実させるとの観点から，

保佐開始の審判の取消しの審判をするには被保佐人及び保佐人の陳述を聴かなければならないものとするなど，審判をする場合において必要的に陳述を聴取しなければならない者の範囲を拡充し，明確に規定した（法130条）。

また，陳述聴取をすべき事件についても，保佐人の同意に代わる許可の審判（法130条1項3号）等に拡充しているが，保佐人に代理権を付与する審判については，実体法上，被保佐人の同意が要件とされている（民876条の4第2項）ことから，陳述聴取をすべき事件とされていない。

なお，保佐人や保佐監督人の選任では，これまでと同様に，保佐人等となるべき者の意見を聴くことになった（法130条2項）。

6　申立ての取下げの制限

家事審判法のもとでは，申立ての取下げについては特段の制限は設けられていなかった。しかしながら，成年後見開始の申立てと同様に，保佐開始の申立てがされた後，保佐開始の審判の要件が充足されているにもかかわらず，申立人が自らが保佐人に選任される見込みがないことに不満を覚え，その申立てを取り下げる場合など公益的見地等からは取下げを認めるのが相当でない場合がある。そこで，家事事件手続法においては，公益性の観点及び被保佐人となるべき者の利益に配慮し，保佐開始の申立てなど一定の申立てについては，裁判所の許可を得なければ取り下げることができないとする規定を新たに設けた（法133条・121条）。

7　審判の告知

審判の告知については，家事事件手続法は，基本的に家事審判法における規律（家審規30条の3・同条の5・同条の6）を維持することとし，保佐人の同意を得なければならない行為の定めの審判は，保佐監督人に告知しなければならないこととするなど，審判の告知をする者の範囲を拡充した（法131条）。

8　即時抗告

家事審判法のもとでは，保佐人を解任する審判に対する即時抗告権を保佐人，保佐監督人又は被保佐人もしくはその親族に認めていたが（家審規93条3

項・87条），家事事件手続法においては，成年後見人の解任審判と同様に，当該保佐人がその判断を受け入れているのに，他の者がこれを争うことを認めるのは相当でないから，保佐人の解任の審判における即時抗告権を保佐人にのみ認めるなど（法132条1項6号），即時抗告権者について見直しをした。

なお，保佐人の同意に代わる許可の申立てを却下する審判については，却下の審判が被保佐人の明示的な意思に反するものであり，被保佐人の行為を制限するものであることを考慮するならば，その審判が不当である場合には是正の途を用意する必要があると考えられる。そこで，家事事件手続法においては，申立人に即時抗告権を認める旨の規定を新たに設けた（同項5号）。

また，審判の告知を受ける者による保佐開始の審判に対する即時抗告の期間については，原則どおり（法86条2項），審判の告知を受ける者が審判の告知を受けた日から進行することとした（法132条2項）。

9 保全処分

保佐開始の審判事件を本案とする保全処分については，家事事件手続法は基本的に家事審判法における規律（家審規30条）を維持することとしたうえで（法134条1項・126条1項），審判の告知を受ける者による保佐命令の審判に対する即時抗告の期間については，原則どおり（法86条2項），審判の告知を受ける者が審判の告知を受けた日から進行することとした（法134条4項）。

保佐人の解任の審判事件を本案とする保全処分については，家事事件手続法は基本的には家事審判法のもとでの規律（家審規93条3項・74条）を維持することとしたうえで（法135条・127条1項～4項），家庭裁判所が職権で保佐人を解任することができる以上は，職権で保佐人の職務の執行を停止等することができるとするのが相当であることから，職権によっても，職務執行の停止又は職務代行者の選任の保全処分をすることができることとした（法135条・127条1項）。また，保佐人が審判の告知を受けることを拒んでいる場合や保佐人が行方不明で速やかに審判を告知することができない場合等に対処するため，保佐人の職務の執行を停止する審判は，職務の執行を停止される保佐人に限らず，他の保佐人等に告知することによってその効力を生ずることとした（法127条2項）。以上については，保佐監督人の解任の審判事件を本案とする保全処分に

ついても，同様である（法135条）。

〔細矢　郁〕

論点 29 補助に関する審判事件

1 補助に関する審判事件等の位置づけ

別表第1 (36項〜54項) に掲げる事項についての審判事件であり，民法15条及び18条等の規定による補助開始審判事件及びその取消し等に関する審判事件等の事件類型である。成年後見人事件や保佐事件と同様に，高齢化社会を反映した事件類型であるが，成年後見事件に比して，判断が困難なものが多いのが実情である。

2 管　轄

家事審判法のもとでは，民法15条1項，17条1項及び3項，18条，876条の9第1項並びに同条2項において準用する同法876条の4第3項の規定による補助開始の審判事件，その取消しその他補助に関する処分の審判事件 (民法18条3項の規定による補助開始の審判の取消しに関するものを除く。) は，被補助人となるべき者の住所地を管轄する家庭裁判所の管轄に属するとされ (家審規30条の7)，その余の補助に関する審判事件は，被補助人の住所地の家庭裁判所の管轄に属するなどとされていた (家審規93条1項)。

家事事件手続法においては，補助開始の審判事件 (別表第1の36項) については，家事審判法における規律を維持することとし (法136条1項)，その余の補助に関する審判事件 (別表第1の36項〜54項) については，被補助人の住所地にかかわらず，補助開始の審判をした家庭裁判所が一元的に管轄するのが便宜であると考えられることから，補助開始の審判をした家庭裁判所 (抗告裁判所が補助開始の裁判をした場合にあっては，その第1審裁判所である家庭裁判所) の管轄に属するとし，補助開始の審判事件が家庭裁判所に係属しているときは，その家庭裁判所の管轄に属することとした (法136条2項)。

3 手続行為能力

　補助に関する審判事件のうち，補助開始の審判事件，補助人の同意を得なければならない行為の定めの審判事件，補助人の同意に代わる許可の審判事件，補助開始の審判の取消しの審判事件，補助人の同意を得なければならない行為の定めの審判の取消しの審判事件，補助人の選任の審判事件，補助人の解任の審判事件，補助監督人の選任の審判事件，補助監督人の解任の審判事件，補助人に対する代理権の付与の審判事件，補助人に対する代理権の付与の審判の取消しの審判事件，補助の事務の監督の審判事件については，成年後見事件や保佐事件と同様に，本人の意思及び自己決定権の尊重とノーマライゼーションの理念から，意思能力を有する限り被補助人となるべき者及び被補助人がその申立てをすることができるものとすべきである。そのため，家事事件手続法は，当該事件については，行為能力の制限を受けていても，法定代理人によらずに，自ら有効に手続行為をすることができることを明確に規定した（法137条・118条）。

4 陳述及び意見の聴取

　家事審判法のもとでは，審判をするに際して必要的に陳述を聴取しなければならない者の範囲が限定されていたが（家審規30条の10・25条・93条2項・83条），家事事件手続法においては，手続保障を充実させるとの観点から，補助開始の審判の取消しの審判をするには被補助人及び補助人の陳述を聴かなければならないものとするなど，審判をする場合において必要的に陳述を聴取しなければならない者の範囲を拡充し，明確に規定した（法139条）。

　また，陳述聴取をすべき事件についても，補助人の同意に代わる許可の審判（法139条1項2号）等に拡充しているが，補助人の同意を得なければならない行為の定めの審判については，実体法上，被補助人又は補助人となるべき者の同意が要件とされている（民17条2項）ことから，陳述聴取をすべき事件とされていない。

　なお，補助人や補助監督人の選任では，これまでと同様に補助人等になるべき者の意見を聴くこととなった（法139条2項）。

5　審判の告知

審判の告知については，家事事件手続法は基本的に家事審判法における規律（家審規30条の11・同条の13・同条の14）を維持することとし，補助人の同意を得なければならない行為の定めの審判は，補助監督人に告知しなければならないこととするなど，審判の告知をする者の範囲を拡充した（法140条）。

6　即時抗告

家事審判法のもとでは，補助人を解任する審判に対する即時抗告権を補助人，補助監督人又は被補助人もしくはその親族に認めていたが（家審規93条3項・87条），家事事件手続法においては，成年後見人や保佐人の解任の審判と同様に，当該補助人がその判断を受け入れているのに，他の者がこれを争うことを認めるのは相当でないから，補助人の解任の審判における即時抗告権を補助人にのみ認めるなど（法141条1項5号），即時抗告権者について見直しをした。

なお，補助人の同意に代わる許可の申立てを却下する審判については，却下の審判が被補助人の明示的な意思に反するものであり，被補助人の行為を制限するものであることを考慮するならば，その審判が不当である場合には是正の途を用意する必要があると考えられる。そこで，家事事件手続法においては，申立人に即時抗告権を認める旨の規定を設けた（法141条1項4号）。

また，審判の告知を受ける者による補助開始の審判に対する即時抗告の期間については，原則どおり（法86条2項），審判の告知を受ける者が審判の告知を受けた日から進行することとした（法141条2項）。

7　申立ての取下げの制限

家事審判法のもとでは，申立ての取下げについては特段の制限は設けられていなかった。しかしながら，補助開始の申立てがされた後，補助開始の審判の要件が充足されているにもかかわらず，申立人が自らが補助人に選任される見込みがないことに不満を覚え，その申立てを取り下げる場合など公益的見地からは取下げを認めるのが相当でない場合がある。そこで，家事事件手続法にお

いては，被補助人となるべき者又は被補助人の利益に配慮し，補助開始の申立て及び補助人の選任の申立てについては，裁判所の許可を得なければ取り下げることができないとする規定を新たに設けた（法142条・121条）。

8 保全処分

　補助開始の審判事件を本案とする保全処分については，家事事件手続法は基本的に家事審判法における規律（家審規30条の8）を維持することとしたうえで（法143条），審判の告知を受ける者による補助命令の審判に対する即時抗告の期間は，原則どおり（法86条2項），審判の告知を受ける者が審判の告知を受けた日から進行することとした（法143条4項）。

　補助人の解任の審判事件を本案とする保全処分については，家事事件手続法は基本的には家事審判法のもとでの規律（家審規93条3項・74条）を維持することとしたうえで（法144条・127条1項～4項），家庭裁判所が職権で補助人を解任することができる以上は，職権で補助人の職務の執行を停止等することができるとするのが相当であることから，職権によっても，職務執行の停止又は職務代行者の選任の保全処分をすることができることとした（法144条・127条1項）。また，補助人が審判の告知を受けることを拒んでいる場合や補助人が行方不明で速やかに審判を告知することができない場合等に対処するため，補助人の職務の執行を停止する審判は，職務の執行を停止される補助人に限らず，他の補助人等に告知することによってその効力を生ずることとした（法144条・127条2項）。以上については，補助監督人の解任の審判事件を本案とする保全処分についても，同様である（法144条・127条1項～4項）。

〔細矢　郁〕

論点30 不在者の財産の管理に関する処分の審判事件

1 不在者の財産の管理に関する処分の審判事件の位置づけ

別表第1（55項）に掲げる事項についての審判事件であり，民法25条〜29条の規定による不在者の財産の管理等に関する審判事件の事件類型である。不在者及びその残留財産について利害関係を有する者の利益を保護する制度であるが，誰がどのように残留財産を管理処分するのが相当であるかの判断が困難なものが多いのが実情である。

2 管　轄

家事審判法のもとでは，不在者の財産の管理に関する処分の審判事件は，不在者の住所地を管轄する家庭裁判所の管轄に属するとされていたが（家審規31条），不在者の財産の管理に関する処分の審判事件（別表第1の55項）は，一定の者が従来の住所又は居所を去った場合に行われるものであるが，不在者の住所又は居所は明かでないことが多いことから（民25条1項参照），家事事件手続法においては，同事件を不在者の従来の住所地又は居所地を管轄する家庭裁判所の管轄に属することとした（法145条）。

3 管理者の改任等

家事審判法のもとでは，家庭裁判所が選任した管理人がその任務を辞しようとするときはその旨を届け出なければならないとされ（家審規32条2項），その届出があった場合は，家庭裁判所は，更に管理人を選任しなければならないとされていた（同条3項）。しかしながら，裁判所が選任した者が任意に辞任することができるものとすることは，財産の適切な管理という観点から相当でないと考えられる。そこで，家事事件手続法においては，辞任に関する規律を削除

し，家庭裁判所が選任した管理人が届出のみで任意に辞任することを認めないこととした。

なお，辞任を希望する管理人は，家庭裁判所に対し，改任の職権発動を求めることとなる（法146条1項）。

4 処分の取消し

家事審判法のもとでは，不在者の財産の管理の処分の取消事由は，本人が自ら財産を管理することができるようになったとき，又はその死亡が明らかとなり，もしくは失踪の宣告があったときに限定されていたが（家審規37条），家事事件手続法においては，不在者の財産の管理の処分を取り消すべきであることが明らかな場合として，不在者が財産を管理することができるようになったとき及び管理すべき財産がなくなったときとしたうえで，その他の一般的・包括的な取消事由として，財産の管理を継続することが相当でなくなったときを掲げた（法147条）。財産の管理を継続することが相当でなくなったときとは，不在者の死亡が明らかになった場合や不在者について失踪の宣告がされた場合など，国家がもはや不在者の財産の管理に干渉する必要がない場合等が考えられる（家審規37条参照）。

また，家事審判法のもとでは，不在者の財産の管理の処分の取消しの請求権者は，本人又は利害関係人に限定されていた（家審規37条）。しかし，管理人は，不在者の状況を把握し得る立場にあることから，不在者の財産の管理の処分の取消しの請求権を与えるべきであり，また，家庭裁判所の後見的機能の観点からは，家庭裁判所において取消事由を把握した場合は，請求がなくても処分を取り消すことができるとすべきである。そこで，家事事件手続法においては，不在者及び利害関係人のほかに管理人を請求権者に加え，更に職権で処分の取消しの審判をしなければならないと規定した（法147条）。

〔細矢　郁〕

論点 31 失踪の宣告に関する審判事件

1 失踪の宣告に関する審判事件の位置づけ

別表第1 (56項・57項) に掲げる事項についての審判事件であり，民法30条，32条の規定による不在者の生死が7年間明らかでないとき，又は死亡の原因たるべき危難に遭遇した者の生死が危難が去った後1年間明らかでないときに失踪宣告をし，また，その取消しをする事件類型である。

2 失踪の宣告の審判事件

(1) 管轄

家事審判法のもとでは，失踪に関する審判事件は，不在者の住所地を管轄する家庭裁判所の管轄に属するとされていた (家審規38条)。しかしながら，失踪の宣告がされるのは，不在者の生死が明らかでない場合であるから (民30条参照)，その住所地が判明することはほとんどないと思われる。そこで，家事事件手続法においては，失踪の宣告の審判事件 (別表第1の56項) は，不在者の従来の住所地又は居所地を管轄する家庭裁判所の管轄に属することとした (法148条1項)。

(2) 手続行為能力

失踪の宣告は，不在者の法律関係に重大な影響を与えるものであるから，不在者の意思及び自己決定権を尊重し，行為能力の制限を受けていても意思能力を有する限り，失踪の宣告の是非について，自ら判断し，手続に関与できるとするのが相当である。それゆえ，家事事件手続法においては，不在者は，失踪の宣告の審判事件については，行為能力の制限を受けていても，代理人によらずに，失踪の宣告に関する手続行為を有効にすることができることを明確に規

定した (法 148 条 2 項・118 条)。

(3) 公告期間

　家事審判法のもとでは，公示催告期間として，不在者の生死が 7 年間明らかでない場合 (民 30 条 1 項) には 6 か月以上，危難に遭遇した者の生死が危難が去った後 1 年間明らかでない場合 (同条 2 項) には 2 か月以上要するとされていたが (家審規 40 条 2 項)，事案によっては，これらの期間より短くしても不在者の権利保護の点において十分である場合があると考えられる。そこで，家事事件手続法においては，公示催告期間として，前者の普通失踪の場合にあっては 3 か月を，後者の危難失踪の場合にあっては 1 か月を下ってはならないものとし，その最低期間を短縮した (法 148 条 3 項)。

(4) 審判の告知

　家事審判法のもとでは，失踪の宣告の審判の告知については，規律がなかった。この点，失踪の宣告の審判は，不在者の生死が不明であるときにされるものであるから，同審判を不在者に対して告知することは不可能であるといえる。そこで，家事事件手続法においては，失踪の宣告の審判は，不在者に対して告知することを要しないことを明確に規定した (法 148 条 4 項)。

3　失踪の宣告の取消しの審判事件

(1) 管　　轄

　家事事件手続法においては，失踪宣告の取消しの審判事件は，これまでと同様に，失踪者の住所地を管轄する家庭裁判所の管轄となった (法 149 条 1 項)。

(2) 手続行為能力

　失踪の宣告の取消しは，失踪者の法律関係に重大な影響を与えるものであるから，失踪者の意思及び自己決定権を尊重すべきである。そのため，行為能力の制限を受けていても意思能力を有する限り，失踪の宣告の取消しの是非について，自ら判断し，手続に関与できるとするのが相当である。そこで，家事事件手続法においては，失踪者は，行為能力の制限を受けていても，法定代理人

によらずに，自ら有効に手続行為をすることができることを明確に規定した（法149条2項・118条）。

(3) 審判の告知

　失踪の宣告の取消しの審判における審判を受ける者は，失踪者であるが，失踪者が失踪宣告の時期とは異なる時期に死亡していたことが判明した場合に失踪宣告が取り消されるなど，失踪者に対して審判を告知することが不可能な場合がある。そこで，家事事件手続法においては，失踪の宣告の取消しの審判は，事件の記録上失踪者の住所又は居所が判明している場合に限り，失踪者に告知すれば足りることとした（法149条3項）。

〔細矢　郁〕

第2編 各 論 新法の解説

論点 32 婚姻等に関する審判事件

1 婚姻等に関する審判事件の位置づけ等

　婚姻等に関する審判事件とは，夫婦間の協力扶助に関する処分の審判事件（別表第2の1項），婚姻費用の分担に関する処分の審判事件（別表第2の2項），子の監護に関する処分の審判事件（別表第2の3項），財産の分与に関する処分の審判事件（別表第2の4項）及び離婚等の場合における祭具等の所有権の承継者の指定の審判事件（別表第2の5項）と夫婦財産契約による財産の管理者の変更等の審判事件（別表第1の58項）である。前者の各審判事件については，いずれも性質上，当事者間で協議することができる事項に関するものであるので，家事事件手続法は，家事審判法と同様に，別表第2に掲げる事項についての審判事件とした。しかし，夫婦財産契約による財産の管理者の変更等の審判事件は，家事審判法のもとでは，乙類事件とされていた（家審9条1項乙類2号）が，民法は，夫婦が婚姻の届出前にした夫婦財産契約は，婚姻届出後に変更することはできない（民758条1項）が，夫婦の一方が他の一方の財産を管理する場合において，管理が失当であったことによってその財産を危うくしたときは，他の一方は，自らその財産を管理することを家庭裁判所に請求することができ（同条2項），共有財産については，この請求とともに，その分割を請求することができる（同条3項）としており，夫婦財産契約における管理者の変更及び共有財産の分割の請求は，事由が限定されており，当事者間の協議を認めない趣旨と解されることから，家事事件手続法ではこれを調停をすることができる事件から除外された。

　夫婦間の協力扶助に関する処分の審判事件，婚姻費用の分担に関する処分の審判事件，子の監護に関する処分の審判事件，財産の分与に関する処分の審判事件及び離婚等の場合における祭具等の所有権の承継者の指定の審判事件は，

家事調停をすることができる事項についての審判事件であるから，家事事件手続法66条から72条までの家事審判の手続の特則（合意管轄，申立書の写しの送付，必要的陳述聴取，審問の期日への立会い，事実の調査の通知，審理の終結，審判日の定め）が新たに適用され，当事者の手続保障がより図られることとなった。

2 管　轄

家事審判法のもとでは，夫婦間の協力扶助に関する処分の審判事件，夫婦財産契約による財産の管理者の変更等の審判事件，婚姻費用の分担に関する処分の審判事件及び財産の分与に関する処分の審判事件については，相手方の住所地を管轄する家庭裁判所の管轄に属するとされていた（家審規45条・47条・51条・56条）。しかしながら，夫婦のいずれの住所地にも夫婦の生活状況等に関する資料が存在していると考えられること，管轄を相手方の住所地に限定すると当事者間の公平に反する場合があると考えられること，また，相手方の住所地が管轄になると，紛争当事者が互いに相手からの申立てを待つということ（いわば遅い者勝ち）になって紛争解決の遅延につながる可能性があること，仮に相手方の協力が得られない場合については，電話会議システム等や移送という手段も採り得ることなどから，家事事件手続法においては，当事者間の公平，事案に即した適正かつ迅速な紛争解決等の観点から，相手方の住所地だけでなく申立人の住所地にも管轄を認めることとした（法150条1号〜3号・5号）。

なお，子の監護に関する処分の審判事件については，家事事件手続法は，基本的にこれまでの規律を維持して，子の住所地を管轄する家庭裁判所の管轄としたが，数人の子についての申立てについては，無関係な数人の子について同一の家庭裁判所を管轄裁判所とするのは相当ではないから，父母を同じくするときに限り，その子らのうちの一人の住所地の家庭裁判所を管轄とすることにした（法150条4号）。

3 手続行為能力

夫婦間の問題については，当事者本人の意思をできる限り尊重すべきであり，監護者の指定や子の引渡し等の問題については，その審判の結果が子に直接影響を与えるものであることから，子自身の意思を可能な限り尊重する必要

がある。そこで，家事事件手続法においては，夫婦の同居その他の協力扶助に関する処分の審判事件や監護者の指定その他の監護に関する処分の審判事件においては夫及び妻が，子の監護に関する処分の審判事件においては子が，行為能力の制限を受けていても，法定代理人によらずに，自ら有効に手続行為をすることができることを明確に規定した（法151条・118条）。

なお，夫婦の生活費（婚姻費用の分担）に関する事項等経済的，財産的事項については，行為能力を有しない者に手続行為能力を認めることは相当でないこと，また，子をどのように監護するかは親権者等の裁量に委ねられており，その費用に関する問題も親権者等が責任をもつべきと考えられることから，財産上の給付を求める場合については除外された。

4　陳述聴取

上述のとおり，夫婦財産契約による管理者の変更等の審判事件を家事調停をすることができない事項についての審判事件と位置づけたため，申立人でない他方配偶者は，当然には審判手続に関与しないこととなった。そこで，家事事件手続法においては，当該他方配偶者の手続保障を図るため，必要的に陳述を聴かなければならないとした（法152条1項）。

また，家事審判法のもとでは，子が満15歳以上であるときは，家庭裁判所は，子の監護者の指定その他子の監護に関する審判をする前にその子の陳述を聴かなければならないとされていた（家審規54条）が，家事事件手続法においても，子の意思を尊重すべきであるとして，基本的には家事審判法における規律を維持することとした（法152条2項）。しかし，子の監護費用の分担に関する審判については，監護費用の分担の判断根拠となるべき経済的な事情の収集のために子の陳述聴取が必要になるとは一般的に考えにくいこと，監護費用の分担に関する協議・審判がされても，これをもって子自身を拘束することはできないと解されていることなどから，このような場合には，子の陳述を聴く必要がないとして，このことを明確に規定した（同項）。

5　申立ての取下げの制限

家事審判法のもとでは，申立ての取下げについては特段の制限は設けられて

いなかった。しかしながら，財産の分与に関する処分の審判事件は，その申立期間に制限がある（民768条2項ただし書）ほか，類型的に相手方にも審判を得ることについて特に強い利益があると認められることから，家事事件手続法においては，相手方の利益を保護するため，別表第2の事件についての家事審判の申立ての取下げ（法82条2項）の例外として，相手方が本案について書面を提出し，又は家事審判の手続の期日において陳述をした後にあっては，相手方の同意を得なければ取下げの効力が生じないこととした（法153条）。

6 給付命令等

民法等の一部を改正する法律（平成23年法律第61号）による改正により，民法766条1項に，父母が協議上の離婚をする場合の子の監護について必要な事項の定めの例示として，父又は母と子との面会及びその他の交流並びに子の監護に要する費用の分担が明記された☆1。

家事事件手続法においては，こうした改正がされる前から，実務の運用において，子の監護に関する処分として面会交流に関する事項が定められていたこと及び上記改正の趣旨を踏まえ，子の監護に関する処分の審判において定めることのできる事項として，面会交流及び監護費用の分担を新たに例示として掲げた（法154条3項）。

7 即時抗告

家事審判法のもとでは，夫婦の同居その他の夫婦間の協力扶助に関する審判に対する即時抗告権を当事者及び利害関係人に認めていたが（家審規46条・97

☆1 改正前の民法766条1項は，父母が協議離婚する際に協議により定める事項として，「子の監護をすべき者その他監護について必要な事項」と規定しており，監護について必要な事項の具体的内容については触れていなかった。この点については，離婚後，経済的に不安定な状況において子を監護することが児童虐待のリスク要因の一つとして指摘され，面会交流や監護に要する費用（養育費）の支払についての合意が適切になされ，その履行がされれば，児童虐待の防止につながるということができることから，改正法は，「父又は母と子との面会及びその他の交流，子の監護に要する費用の分担」を子の監護について必要な事項の具体例として明示し，協議離婚する際に当事者間で取り決めをすることを促すこととした。

条），夫婦間の協力扶助に関する処分の審判事件及びその申立てを却下する審判事件については，夫及び妻以外の利害関係人に即時抗告権を認めるべき具体的な必要性があるとは認め難いので，家事事件手続法においては，夫及び妻にのみ即時抗告権を認めることとした（法156条1号）。

8 保全処分

　家事事件手続法は婚姻等に関する審判事件のうち，別表第2に掲げる事項についての審判事件（夫婦間の協力扶助に関する処分，婚姻費用の分担に関する処分，子の監護に関する処分，財産の分与に関する処分）においては，家事審判の申立てがされなくても，家事調停の申立てがあれば，場合にも審判前の保全処分をすることができることとした（法157条1項）。

　なお，仮の地位を定める仮処分のうち，子の引渡しの仮処分等は，その結果が子に直接影響を与えるものであることから，可能な限り子の意思を尊重して子の利益を保護すべき要請が高い。そこで，家事事件手続法においては，子の監護費用の分担に関する仮処分以外の子の監護に関する処分を命ずる場合には，家庭裁判所は，陳述聴取の手続を経ることにより保全処分の目的を達することができない事情がある場合を除き，子（15歳以上のものに限る。）の陳述を聴かなければならないとした（法157条2項）。

〔細矢　郁〕

論点 33 親子に関する審判事件

1 親子に関する審判事件の位置づけ

別表第1（59項～64項）に掲げる事項についての審判事件であり，親子関係に関する事件のうち，嫡出否認の訴えの特別代理人の選任（民775条），子の氏の変更についての許可（民791条1項・3項），養子縁組をするについての許可（民794条・798条），死後離縁をするについての許可（民811条6項），特別養子縁組の成立（民817条の2），特別養子縁組の離縁（民817条の10第1項）という事件類型である。

子の父又は母が氏を改める身分行為には，婚姻，離婚，養子縁組，離縁，生存配偶者の復氏，父母の氏を称する入籍がある。また，認知された子は，氏を異にする父を有することになる。ところで，離婚後，親権者となった母（又は夫）が離婚により婚姻前の氏に復するか，離婚の際の氏を称する旨の届出をした場合，親権者と子の氏が異なることになるが，このような場合に子の氏の変更についての許可審判の申立てがなされ，その件数は，家庭裁判所において処理する審判事件のうち，相当数を占めている。

2 嫡出否認の訴えの特別代理人の選任の審判事件（別表第1の59項）

(1) 管　轄

家事審判法のもとでは，子の住所地の家庭裁判所の管轄（家審規60条）であったが，家事事件手続法においても，同様の規律とされた（法159条1項）。

(2) 手続行為能力

嫡出否認は，当事者の身分関係に重大な影響を与えるものであるので，子の嫡出を否認するか否かについては，夫の意思が尊重されなければならない。そ

のため，夫は，行為能力の制限を受けていても意思能力を有する限り自ら有効に訴訟行為をすることができると解される。そこで，家事事件手続法においては，嫡出否認の訴えを提起するために必要となる特別代理人の選任の審判事件について，夫は，行為能力の制限を受けていても，法定代理人によらずに，自ら有効に手続行為をすることができることを明確に規定した（法159条2項・118条）。

(3) 即時抗告

　家事審判法のもとでは，嫡出否認の訴えの特別代理人の選任の申立てを却下する審判に対する即時抗告権については，規律がなかった。しかしながら，特別代理人の選任の申立てを却下され，その結果，嫡出否認の訴えの提起をすることができないという状態が生じた場合に，これを放置することは，権利者の保護に欠けることになる。そこで，家事事件手続法においては，嫡出否認の訴えの特別代理人の選任の申立てをした者は，その申立てを却下する審判に対して即時抗告することができることを明確に規定した（法159条3項）。

3　子の氏の変更についての許可の審判事件 (別表第1の60項)

(1) 管　轄

　家事審判法のもとでは，子の住所地の家庭裁判所の管轄（家審規62条・52条）であったが，家事事件手続法においても，同様の規律とされた（法160条1項）。

　なお，家事審判法のもとでは，父又は母を同じくするかどうかにかかわらず，数人の子についての子の氏の変更の許可の審判事件は，一人の子の住所地の家庭裁判所の管轄に属するとされていたが（家審規62条・52条2項），家事事件手続法においては，父又は母を同じくする数人の子についての申立てに係るものに限り，その一人の子の住所地を管轄する家庭裁判所の管轄に属すると変更した（法160条1項）。

(2) 手続行為能力

　民法791条1項及び3項は，子が15歳以上の場合には子が自ら，子が15

歳未満である場合にはその法定代理人が，子の氏の変更の届出をすることとしている。そこで，家事事件手続法においては，民法に合わせて子の氏の変更についての許可の審判事件について，15歳以上の子は，行為能力の制限を受けていても，法定代理人によらずに，自ら有効に手続行為をすることができることを明確に規定した（法160条2項・118条）。

なお，子が15歳未満の場合は，法定代理人が子に代わって手続行為をするため，子が自ら手続行為をするということは想定されていない。そのため，家事事件手続法160条は，この場合，118条を準用しないことを明確にしている。

4 養子縁組をするについての許可の審判事件 (別表第1の61項)

(1) 管　轄

家事審判法のもとでは，養子となるべき者の住所地の家庭裁判所の管轄（家審規63条）であったが，家事事件手続法においても，同様の規律とされた（法161条1項）。

(2) 手続行為能力

民法上，15歳以上の者は，行為能力の制限を受けていても意思能力を有する限り自ら有効に養子縁組をすることができ（民799条・738条参照。ただし，普通養子の場合，成人でないと養親にはなれない〔民792条〕。），他方，15歳未満の者は，意思能力の有無にかかわらず，自らの判断で養子縁組をすることができない（民797条）。そこで，家事事件手続法においては，民法に合わせて養子縁組をするについての許可の審判事件について，養親となるべき者及び15歳以上の養子となるべき者は，行為能力の制限を受けていても，法定代理人によらずに，自ら有効に手続行為をすることができることを明確に規定した（法161条2項・118条）。

(3) 陳述聴取

家事審判法のもとでは，養子縁組をするについての許可の審判事件の陳述聴取については，規律がなかった。しかしながら，養子縁組をするについての許

可は，養子となるべき者の身分関係に重大な影響を与えることになる。そこで，家事事件手続法においては，養子となるべき者が15歳以上である場合には，その陳述を聴かなければならないものとするとともに，養子となるべき者が未成年者である場合には，養子となるべき者の利益を保護する立場にある親権を行う者又は未成年後見人の陳述を聴かなければならないとした（法161条3項）。

5　死後離縁をするについての許可の審判事件（別表第1の62項）

(1)　管　　轄

家事審判法のもとでは，申立人の住所地の家庭裁判所の管轄（家審規64条）であったが，家事事件手続法においても，同様の規律とされた（法162条1項）。

(2)　手続行為能力

民法上，養親及び15歳以上の養子は，行為能力の制限を受けていても意思能力を有する限り自ら有効に死後離縁の意思表示をすることができるとされている（民811条2項参照）。そこで，家事事件手続法においては，民法に合わせて死後離縁をするについての許可の審判事件について，養親及び15歳以上の養子は，行為能力の制限を受けていても，法定代理人によらずに，自ら有効に手続行為をすることができることを明確に規定した（法162条2項・118条）。

(3)　代襲相続人への通知

人事訴訟においては，相続権の保護の観点から，養子縁組の取消しの訴え等において養子の代襲者に対して訴訟係属の通知を行うものとされている（人訴28条，人訴規16条・同別表参照）。そこで，家事事件手続法においても，同様の観点から，養子の死後に死後離縁をするについての許可の申立てがあった場合には，原則として，養子の代襲者に対し，申立てがされた旨を通知することとした（法162条3項）。

6 離縁等の場合における祭具等の所有権の承継者の指定の審判事件 (別表第2の6項)

(1) 管　轄

家事審判法のもとでは，縁組の取消し又は離縁の場合における系譜，祭具及び墳墓の所有権の承継者の指定に関する審判事件については，所有権者の住所地の家庭裁判所の管轄（家審規69条・57条）であったが，家事事件手続法においても，同様の規律とされた（法163条1項）。

(2) 審判内容

家事審判法のもとでは，離縁等の場合における祭具等の所有権の承継者の指定の審判事件について，家庭裁判所は，系譜，祭具又は墳墓の引渡しを命ずることができるとのみ規定されており（家審規69条・58条），誰に対して引渡しを命ずることができるのかが判然としていなかった。そこで，家事事件手続法においては，家庭裁判所が系譜，祭具及び墳墓の引渡しを命じることができる者が当事者に限られることを明確に規定した（法163条2項）。

7 特別養子縁組に関する審判

(1) 特別養子縁組の成立の審判事件 (別表第1の63項)

(a) 管　轄

家事審判法のもとでは，特別養子縁組を成立させる審判事件は，養親となるべき者の住所地の家庭裁判所の管轄（家審規64条の3）であったが，家事事件手続法においても，同様の規律とされた（法164条1項）。

(b) 手続行為能力

特別養子縁組は，実方の血族との親族関係を終了させるとともに養親との間に，実親子と同様の関係を形成するので，養親及び養子となるべき者の父母の身分関係に大きな影響を与えるものであるから，養子となる者の父母の意思が尊重され，また，養親となるべき夫婦が親として安定していることが望ましい。そのため，民法上，原則として25歳以上の者は，行為能力の制限を受けていても意思能力を有する限り自ら有効に養親となって特別養子縁組を成立さ

せることができ（民817条の4参照），養子となるべき者の父母は，行為能力の制限を受けていても意思能力を有する限り自ら有効に同意をすることができる（民817条の6参照）とされている。そこで，家事事件手続法においては，民法に合わせて特別養子縁組の成立の審判事件について，養親となるべき者及び養子となるべき者の父母は，行為能力の制限を受けていても，法定代理人によらずに，自ら有効に手続行為をすることができることを明確に規定した（法164条2項・118条）。

なお，特別養子縁組の成立の審判事件における養子となるべき者は，8歳未満であり（民817条の5），一般的に意思能力があるとは認められないことから，養子となるべき者については手続行為能力を認めないこととした。

(c) 陳述聴取

家事審判法のもとでは，前述のとおり，特別養子縁組が身分関係に影響を与えるため，その成立に関する審判をするには，養親となるべき者，養子となるべき者の父母，養子となるべき者の未成年後見人，養子となるべき者に対して親権を行う者で父母以外のもの及び成年に達した父母の成年後見人の陳述を聴かなければならないとされていた（家審規64条の7）。

家事事件手続法においては，同様の趣旨から，特別養子縁組の成立の審判をする場合と特別養子縁組の成立の申立てを却下する審判をする場合とで規律を分けたうえで，前者の場合には，養子となるべき者に大きな影響を及ぼし，養子となる者とその父母との間の親子関係を断絶させることから，①養子となるべき者の父母，養子となるべき者に対し親権を行う者（養子となるべき者の父母を除く。），②養子となるべき者の未成年後見人，養子となるべき者の父母に対し親権を行う者及び③養子となるべき者の父母の後見人の陳述を聴かなければならないとした（法164条3項）。この場合，養子となるべき者の父母の同意がないときには，手続保障の観点から，その者の陳述聴取は，必ず審問期日で行わなければならない。後者の場合には，養子となるべき者に対し親権を行う者及び養子となるべき者の未成年後見人以外の者の手続保障を図る必要がないから，養子となるべき者に対し親権を行う者及び養子となるべき者の未成年後見人の陳述を聴かなければならないとした（同条4項）。さらに，養子となるべき者の父母の陳述聴取を必要的とすると，養子となる者の父母が知れない場合に

は，その意思を確認することができないから，特別養子縁組を成立させることができず，その結果，子の福祉を害するおそれがあるので，養子となるべき者の父母が知れない場合には，養子となるべき者の父母，養子となるべき者の父母に対し親権を行う者及び養子となるべき者の父母の後見人の陳述を聴くことを要しないことを明確に規定した（同条7項）。

(d) 審判の告知

家事審判法のもとでは，特別養子縁組の成立の審判をする場合に告知をしなければならない者については，規律がなかったが，養子の法定代理人である親権を行う者又は未成年後見人に対して告知を要するものと解されていた。そこで，家事事件手続法においては，基本的に上記解釈を踏襲することとし，特別養子縁組の成立の審判は，当事者らに対して重大な影響を与えることから74条1項により告知する養親となるべき者及び養子となるべき者の父母のほか，養子となるべき者に対し親権を行う者（養子となるべき者の父母を除く。）及び養子となるべき者の未成年後見人，養子となるべき者の父母に対し親権を行う者及び養子となるべき者の父母の後見人に告知しなければならないとした（法164条5項）。

なお，特別養子の場合には，実子同然に養育することが予定されており，養子縁組の事実を知らせるか否か等については，養親が子の福祉に配慮して適切に知らせるべきであるとして，養親に委ねるべきと考えられたことから，養子となるべき者に告知することは要しないとされた（法164条6項）。さらに，養子となるべき者の父母が知れない場合には，養子となるべき者の父母，養子となるべき者の父母に対し親権を行う者及び養子となるべき者の父母の後見人に告知することを要しないことを明確に規定した（同条7項）。

(e) 保全処分

特別養子縁組の成立の審判事件を本案とする保全処分については，家事審判法のもとの規律（家審規64条の5）を維持した（法166条1項）が，家事審判法のもとにおいては，その効力が発生する時期については，規律がなかった。家事事件手続法においては，職務執行を停止される者が行方不明で速やかに審判を告知することができない場合等に対処するため，特別養子縁組の成立の審判事件を本案とする保全処分は，職務の執行を停止される親権者もしくは未成年

後見人，養子となるべき者に対し親権を行う者もしくは他の未成年後見人又は職務代行者に告知することによってその効力を生ずることを明確に規定した（同条2項）。

(2) 特別養子縁組の離縁の審判事件 (別表第1の64項)
　(a) 管　　轄
　家事審判法のもとでは，特別養子縁組の離縁の審判事件は，養親の住所地の家庭裁判所の管轄（家審規64条の11）であったが，家事事件手続法においても，同様の規律とされた（法165条1項）。
　(b) 手続行為能力
　特別養子縁組は，実方の血族との親族関係を終了させるとともに養親との間に，実親子と同様の関係を形成するものであり，その離縁は，養子，養親，養子の実父母の身分関係に大きな影響を与えるものであるから，養親，養子及びその実父母の意思が尊重されなければならない。そのため，特別養子縁組の養親，15歳以上の養子及びその実父母は，行為能力の制限を受けていても意思能力を有する限り自ら有効に特別養子縁組の離縁を求めることができる（民817条の10参照）とされている。そこで，家事事件手続法においては，民法に合わせて特別養子縁組の離縁の審判事件について，養親，養子及びその実父母は，行為能力の制限を受けていても，法定代理人によらずに，自ら有効に手続行為をすることができることを明確に規定した（法165条2項・118条）。
　(c) 陳述聴取
　家事審判法のもとでは，特別養子縁組の離縁の身分関係に与える影響を考え，その審判事件をする場合には，養親，養親の後見人，養子，養子の後見人，養子に対して親権を行う者で養親以外のもの及び実父母の陳述を聴かなければならないとされていた（家審規64条の13）。
　家事事件手続法においては，同様の趣旨から特別養子縁組の離縁の審判をする場合と特別養子縁組の離縁の申立てを却下する審判をする場合とで規律を分けたうえで，前者の場合には，養子（15歳以上のものに限る。），養親，養子の実父母，養子に対し親権を行う者（養親を除く。），養子の後見人，養親の後見人，養子の実父母に対し親権を行う者及び養子の実父母の後見人の陳述を聴かなけ

ればならないとした（法165条3項）。この場合，養子（15歳以上のものに限る。），養親及び養子の実父母の陳述聴取は，必ず審問期日で行わなければならない。後者の場合には，養子の実父母（申立人を除く。），養子に対し親権を行う者，養子の後見人，養子の実父母に対し親権を行う者及び養子の実父母の後見人の陳述を聴かなければならないとした（同条4項）。後者の場合に，養子の陳述を聴かなくてもよいとしたのは，特別養子縁組は，養子自身が養子であることを知らないことが多いことに配慮したためである。また，申立てを却下するときには，養親の手続保障を図る必要がないので，養親の陳述聴取を不要とした。

(d) 審判の告知

家事審判法のもとでは，特別養子縁組の離縁の審判事件をする場合に告知をしなければならない者については，規律がなかったが，家事事件手続法においては，特別養子縁組の離縁の審判は，当事者らに重大な影響を及ぼすことから，74条1項により告知を要する養親及び養子の実父母のほか，養子に対し親権を行う者（養親を除く。）及び養子の後見人，養親の後見人，養子の実父母に対し親権を行う者及び養子の実父母の後見人に告知しなければならないとした（法165条5項）。

なお，養子に対して特別養子縁組の離縁の審判を直接告知するか否かについては，養子の年齢等を考慮する必要があり，子の福祉を害するような場合には告知を差し控えるべきであることから，養子の年齢及び発達の程度その他一切の事情を考慮して養子の利益を害すると認める場合には告知を要しないこととした（法165条6項）。

(e) 保全処分

家事審判法のもとでは，特別養子縁組の離縁の審判事件を本案とする保全処分の効力が発生する時期については，規律がなかったが，家事事件手続法においては，特別養子縁組の成立の審判事件を本案とする保全処分と同様の規律を規定した（法166条5項・2項）。

〔細矢　郁〕

第2編 各 論 新法の解説

論点 34 親権に関する審判事件

1 親権に関する審判事件の位置づけ等

親権に関する審判事件とは，子に関する特別代理人の選任（別表第1の65項），第三者が子に与えた財産の管理に関する処分（別表第1の66項），親権喪失，親権停止又は管理権喪失（別表第1の67項），親権喪失，親権停止又は管理権喪失の審判の取消し（別表第1の68項），親権又は管理権を辞し，又は回復するについての許可（別表第1の69項）のほか，養子の離縁後に親権者となるべき者の指定の審判事件（別表第2の7項）及び親権者の指定又は変更の審判事件（別表第2の8項）である。これらのうち，別表第2に掲げる事項についての審判事件については，家事事件手続法66条から72条までの家事調停をすることができる事項についての家事審判の手続の特則（合意管轄，申立書の写しの送付，必要的陳述聴取，審問の期日への立会い，事実の調査の通知，審理の終結，審判日の定め）が適用され，当事者の手続保障がより図られることとなった。

2 親権停止の審判についての手続の創設等

民法等の一部を改正する法律（平成23年法律第61号）の制定により，親権停止の制度が導入された（民834条の2）ことに伴い，新たにそのための手続が規定された[1]。

なお，親権を行う者は，子に対する懲戒権の行使として，家庭裁判所の許可を得て，子を懲戒場に入れることができ（民822条1項），子を懲戒場に入れる期間は，6か月以下の範囲内で，家庭裁判所が定めるが，この期間は，親権を行う者の請求によって，いつでも短縮することができるとされ（同条1項・2項），こうした懲戒に関する処分は，審判事件とされていた（家審9条1項甲類9号）。しかし，民法等の一部を改正する法律により，親権を行う者の子に対す

る懲戒権の行使は，子の利益のために子の監護教育をするのに必要な範囲内で，子を懲戒することができる（民822条）と改められ，これに伴い，家事審判法9条1項甲類9号は，削除された。

3 管　　轄

家事審判法のもとでは，親権又は管理権の喪失又はそれらの取消し，親権又は管理権の辞任又は回復の審判事件は，親権又は管理権の喪失等を求められる親の住所地を管轄する家庭裁判所の管轄に属するとされ（家審規73条・79条・81条），それ以外の親権に関する審判事件は，子の住所地を管轄する家庭裁判所の管轄に属するとされていた（家審規60条・63条の3・65条・68条）。

家事事件手続法においては，親権喪失，親権停止又は管理権喪失に関する審判事件を含め，親権に関する審判事件（別表第1の65項～69項，別表第2の7項・8項）は，いずれも子の福祉の観点から審理すべきであることを理由に子の住所地を管轄する家庭裁判所の管轄に属することとした（法167条）。

4 手続行為能力

民法上，子の父母は，行為能力が制限されていても，親権者になることができ（ただし，親権の行使は子のためになされるべきであるから，その行使には行為能力が必要である。），また，養親は，意思能力を有する限り離縁をすることができると

☆1　従前の親権喪失制度については，その効果が期限を設けずに親権全部を喪失させるものであること（いわばオール・オア・ナッシングの制度であること）から，その効果と影響が大きく，そのため，申立てが躊躇されるという点と親権喪失宣告後の親子の再統合に支障を来すという点が問題点として指摘されており，必ずしも適切に活用されていない状況にあった。そこで，改正法は，上記の問題点を解消し，現実の必要に応じて適切に親権を制限することができるようにするために，家庭裁判所の審判により一定の期間に限って親権を行うことを停止する親権停止制度を設けることとし，民法834条の2第1項として，父又は母による親権の行使が困難又は不適当であることにより子の利益を害するときは，子，その親族，未成年後見人，未成年後見監督人又は検察官の請求によって家庭裁判所が親権停止の審判をすることができるとした。また，同条の2第2項は，親権停止の期間については，家庭裁判所が，親権停止の原因が消滅するまでに要すると見込まれる期間，子の心身の状態及び生活の状況その他一切の事情を考慮して2年を超えない範囲で定めることとした。

解されている。そこで，家事事件手続法においては，親権者の地位の得喪に関する一定の事件及び離縁に付随してされる養子の離縁後に親権者となるべき者の指定の審判事件については，父母，養親は，行為能力の制限を受けていても，法定代理人によらずに，自ら有効に手続行為をすることができることを明確に規定した（法168条・118条）。また，子については，親権に関する審判事件の審判の結果が子に対して重大な影響を与えること等を踏まえ，その意思を尊重すべきであるという観点から，意思能力を有する限り，手続行為能力を有することを明確に規定した。

5 陳述聴取

家事審判法のもとでは，親権又は管理権の喪失を宣告する場合及びそれらの取消しに関する審判をする場合は，その影響が大きいことから，本人の陳述を聴かなければならないとされていた（家審規76条・79条）。

家事事件手続法においては，基本的に家事審判法における規律を維持することとしたうえで，親権に関する審判事件の審判の結果が子に対して与える影響にかんがみ，手続保障を充実させるとの観点から，新たに子（15歳以上のものに限る。）の陳述を聴取しなければならないとした（法169条）。また，親権喪失，親権停止又は管理権喪失の審判をする場合には，その効果の重大性及び手続保障にかんがみ，親権者の陳述の聴取は，審問の期日においてしなければならないとした（同条1項後段）。

6 審判の告知

家事審判法のもとでは，親権に関する審判事件をする場合に告知をしなければならない者については，規律がなかったが，家事事件手続法においては，親権に関する審判事件の審判は，74条1項により告知を要する養子の離縁後の親権者，離婚又は認知の場合の親権者等のほか，親権喪失，親権停止又は管理権喪失の審判は子に，それらの取消しの審判は子，子に対し親権を行う者及び子の未成年後見人に告知しなければならないとした（法170条）。

なお，子に対して上記の審判を直接告知するか否かは，子の年齢等を考慮する必要があり，子の福祉を害するような場合には告知を差し控えるべきである

から，子の年齢及び発達の程度その他一切の事情を考慮して子の利益を害すると認める場合には告知を要しないこととした（法170条ただし書）。

7 引渡命令等

家事審判法のもとでは，家庭裁判所は，子の監護者の指定その他子の監護について必要な事項を定め，又は子の監護者を変更し，その他子の監護について相当な処分を命ずる審判においては，子の引渡し又は扶養料その他の財産上の給付を命ずることができる（家審規53条）として，審判を実効性のあるものとするための規定を設けていたが，家事事件手続法もこの規律を維持した（法171条）。

8 即時抗告

家事審判法のもとでは，親権又は管理権の喪失の宣告の審判に対する即時抗告権を親権又は管理権の喪失の宣告を受けた者又はその親族に認めており，この場合には即時抗告の期間は本人が審判の告知を受けた日から進行するとし（家審規77条1項），親権又は管理権の喪失の宣告の申立てを却下する審判に対する即時抗告権を申立人又は子の親族に認めていた（同条2項）。

家事事件手続法においては，親権喪失，親権停止又は管理権喪失の申立てを却下する審判及び親権喪失，親権停止又は管理権喪失の審判の取消しの審判については，子にも大きな利害関係があることから，これらに対する即時抗告権を子に認めるなど（法172条1項4号・5号），即時抗告権者について見直しをした。また，審判の告知を受ける者による即時抗告の期間の起算点については，家事審判規則77条1項のような特則を設けず，原則どおり（法86条2項），審判の告知を受ける者が審判の告知を受けた日から進行することとした（法172条2項）。ただし，子については，即時抗告するか否かについて十分な判断力を有していないことが考えられるので，子に対して上記審判を知らせたときから即時抗告期間が起算されるとすることは相当でないことなどを考慮して，子の即時抗告は，親権を喪失等した者等が審判の告知を受けた日から進行することとした（同条2項）。

9 管理者の改任

　家事審判法のもとでは，第三者が子に与えた財産の管理者の選任その他の管理に関する審判事件について，不在者の財産の管理に関する審判事件等の規定を準用していた（家審規68条）。しかしながら，不在者の財産管理の場合と同様に家庭裁判所が選任した者が任意に辞任することができるものとすることは，財産の適切な管理という観点から相当でないと考えられる。そこで，家事事件手続法においては，辞任に関する規律を削除し，家庭裁判所が選任した管理人が届出のみで任意に辞任することを認めないものとしたうえで，財産の管理を継続することが相当でなくなったとき等を取消事由にするなどの見直しをした（法173条・125条）。

10 保全処分

　家事審判法のもとでは，親権者の職務執行停止の保全処分の効力が発生する時期については，規律がなかったが，家事事件手続法においては，職務執行を停止される者が行方不明で速やかに審判を告知することができない場合や職務執行を停止される者が審判の告知を受けることを拒んでいる場合等に対処するため，親権者の職務執行停止の保全処分は，職務の執行を停止される親権者，子に対し親権を行う者又は職務代行者に告知することによってその効力を生ずることを明確に規定した（法174条2項・175条4項）。

　なお，家事事件手続法は，親権者の指定又は変更の審判事件において，審判の申立てがあった場合だけではなく，家事調停の申立てがあった場合にも，審判前の保全処分をすることができることとした（法175条1項）。

〔細矢　郁〕

論点 35 未成年後見に関する審判事件

1 未成年後見に関する審判事件の位置づけ等

　未成年後見に関する審判事件とは，別表第1の70項～83項に規定されている未成年後見人の選任等に関する事件類型である。これには，養子の離縁後に未成年後見人となるべき者の選任（別表第1の70項），未成年後見人の選任（別表第1の71項），未成年後見人の辞任についての許可（別表第1の72項），未成年後見人の解任（別表第1の73項），未成年後見監督人の選任（別表第1の74項），未成年後見監督人の辞任についての許可（別表第1の75項），未成年後見監督人の解任（別表第1の76項），未成年後見に関する財産目録の作成の期間の伸長（別表第1の77項），未成年後見人又は未成年後見監督人の権限の行使についての定め及びその取消し（別表第1の78項），未成年被後見人に関する特別代理人の選任（別表第1の79項），未成年後見人又は未成年後見監督人に対する報酬の付与（別表第1の80項），未成年後見の事務の監督（別表第1の81項），第三者が未成年被後見人に与えた財産の管理に関する処分（別表第1の82項），未成年後見に関する管理の計算の期間の伸長（別表第1の83項）など各種のものが含まれている。

　なお，民法等の一部を改正する法律（平成23年法律第61号）の制定により，複数の未成年後見人を選任することができることとなったことに伴い，未成年後見人の権限の行使についての審判が創設された☆1。

2 管　　轄

　家事審判法のもとでは，未成年後見人に関する審判事件については，特別の定めのある場合を除き，被後見人の住所地を管轄する家庭裁判所の管轄に属するとされ（家審規82条），未成年後見人等の解任の審判事件については，解任

を求められる後見人の住所地を管轄する家庭裁判所の管轄に属するとされていた（家審規86条・73条）が，家事事件手続法においては，未成年後見人に関する審判事件（別表第1の70項～83項）については，未成年者の福祉の観点から審理すべきであることから，いずれも未成年被後見人の住所地を管轄する家庭裁判所の管轄に属することとした（法176条）。

3 手続行為能力

民法上，未成年被後見人が意思能力がある限り申立てをすることができる一定の事件（法177条2号～8号参照）については，未成年被後見人に対して大きな影響を与えること等から，その意思を尊重する必要がある。そこで，家事事件手続法においては，当該事件については，未成年被後見人は，行為能力を制限されていても意思能力を有する限り，法定代理人によらずに，自ら有効に手続行為をすることができることを明確に規定した（同条2号～8号）。

養子の離縁後に未成年後見人となるべき者の選任の審判事件については，養子は申立てをすることができない（民811条5項）が，自ら申立てをすることができる未成年後見人の選任（民840条）の審判事件における未成年被後見人と区別する合理的理由がなく，未成年被後見人となるべき者の手続保障を図る必要があることから，家事事件手続法は，養子が行為能力を制限されていても意思能力を有する限り，法定代理人によらずに，自ら有効に手続行為をすることができることを明確に規定した（法177条1号・118条）。また，養親は，意

☆1　改正前の民法842条は，未成年後見人の職務の性質上，複数の未成年後見人間の方針に齟齬が生ずることが未成年者の利益の観点から相当ではないと考えられたことから，未成年後見人は1人でなければならないとしていた。しかしながら，1人で未成年後見人の職務を行うのは負担が大きい場合があること，例えば，未成年者自身に多額の財産があるような場合に，身上監護については親族を後見人に選任しつつ，財産管理については法律の専門家等を後見人に選任するのが適当な場合があることから，未成年後見人の選任に際し，よりきめ細やかな対応をすることができるようにする必要があると考えられた。そこで，民法840条2項は，家庭裁判所は，未成年後見人がある場合においても，必要があると認めるときは更に未成年後見人を選任することができるとし，同法857条の2は，未成年後見人が数人ある場合の権限の行使等に関する規定を新たに設けた。

思能力を有する限り離縁をすることができるから，離縁に付随してされる養子の離縁後に未成年後見人となるべき者の指定の審判事件においても，家事事件手続法は，養親が行為能力を制限されていても意思能力を有する限り，法定代理人によらずに，自ら有効に手続行為をすることができることを明確に規定した（法177条1号・118条）。

4　陳述聴取

家事審判法のもとでは，養子の離縁後にその未成年後見人となるべき者の選任に関する審判事件や未成年後見監督人に関する審判事件について，未成年後見人等となるべき者の意見を聴かなければならないとされていた（家審規63条の4・83条）。

家事事件手続法においては，家事審判法における規律を維持することとしたうえで，未成年被後見人に対する手続保障を充実させるとの観点から，未成年後見人又は未成年後見監督人の選任の審判をするには未成年被後見人（15歳以上のものに限る。）の陳述を聴かなければならないものとするなど審判をする場合において必要的に陳述を聴取しなければならない者の範囲を拡充し，明確に規定した（法178条）。

なお，こうした規定からすれば，未成年被後見人が15歳未満であるときには陳述聴取をしなくてもよいと解すべきではない。これまでも，家庭裁判所調査官を活用するなどして，子の意思を把握していたように，家事事件手続法のもとでも，適切な方法で子の意思を把握するように努めなければならない（法65条）。

5　即時抗告

家事審判法のもとでは，後見人又は後見監督人を解任する審判に対する即時抗告権を後見人，後見監督人又は被後見人もしくはその親族に認めていたが（家審規87条1項・92条2項），家事事件手続法においては，未成年後見人の解任の審判に対する即時抗告権を未成年後見人にのみ認め（法179条2号），また，未成年後見監督人の解任の審判における即時抗告権を未成年後見監督人にのみ認めるなど（同条4号），即時抗告権者について見直しをした。さらに，養

子の離縁後に未成年後見人となるべき者の選任の申立てを却下する審判については，却下すべきではない申立てを却下した場合には是正する必要があること，養子の離縁後に親権者となるべき者の指定の申立てを却下する審判に対しては即時抗告を認めたこととの権衡から，即時抗告を認めることとした（同条1号）。

6　申立ての取下げの制限

家事審判法のもとでは，申立ての取下げについては特段の制限は設けられていなかった。しかしながら，申立人が後見開始等の申立てをした後，後見開始の審判の要件が充足されているにもかかわらず，申立人が自らが未成年後見人に選任される見込みがないことなどを不満として，その申立てを取り下げる場合など，公益的見地及び未成年被後見人となるべき者等の利益保護の観点から，取下げを認めるのが相当でない場合がある。そこで，家事事件手続法においては，未成年被後見人となるべき者又は未成年被後見人の利益に配慮し，後見開始の申立てなど一定の申立てについては，裁判所の許可を得なければ取り下げることができないとする規定を新たに設けた（法180条・121条）。

この取下げの許可の基準については，今後，検討する必要がある。

7　管理者の改任等

家事審判法のもとでは，第三者が被後見人に与えた財産の管理者の選任その他の管理に関する処分の審判事件について，不在者の財産の管理に関する審判事件等の規定が準用されており（家審規90条・32条～37条），家庭裁判所が選任した管理人は，任務を辞しようとするときはその旨を届け出なければならず，その届出があった場合には，家庭裁判所は，更に管理人を選任しなければならないとされていた（家審規90条・32条2項・3項）。しかしながら，家庭裁判所が選任した者が任意に辞任することができるものとすることは，成年後見の場合と同様に財産の適切な管理という観点から相当でないと考えられる。そこで，家事事件手続法においては，辞任に関する規律を削除し，家庭裁判所が選任した管理人が届出のみで任意に辞任することを認めないものとしたうえで，財産の管理を継続することが相当でなくなったとき等を取消事由にするなどの

見直しをした（法180条・125条）。

8 保全処分

未成年後見人の解任の審判事件を本案とする保全処分については，基本的に家事審判法における規律（家審規86条・74条）を維持することとした。そのうえで，家庭裁判所が職権で未成年後見人を解任することができる以上は，職権で未成年後見人の職務の執行を停止等することができるとするのが相当であることから，職権により，職務執行の停止又は職務代行者の選任の保全処分をすることができることとした（法180条・127条1項）。また，未成年後見人が審判の告知を受けることを拒んでいる場合や未成年後見人が行方不明で速やかに審判を告知することができない場合等に対処するため，未成年後見人の職務の執行を停止する審判は，職務の執行を停止される未成年後見人，他の未成年後見人又は職務代行者に告知することによってその効力を生ずることとした（法180条・127条2項）。以上については，未成年後見監督人の解任の審判事件を本案とする保全処分についても，同様である（法181条・127条1項・2項）。

〔細矢　郁〕

第2編 各 論 新法の解説

論点 36 扶養に関する審判事件

1 扶養に関する審判事件等の位置づけ等

　扶養に関する審判事件は，扶養義務の設定及び扶養義務の設定の取消し（別表第1の84項・85項）のほかに，扶養の順位の決定及びその決定の変更又は取消し（別表第2の9項）並びに扶養の程度又は方法についての決定及びその決定の変更又は取消し（別表第2の10項）という事件類型である。

　扶養に関する審判事件のうち，扶養の順位の決定及びその決定の変更又は取消しの審判事件（別表第2の9項）並びに扶養の程度又は方法についての決定及びその決定の変更又は取消しの審判事件（別表第2の10項）は，いずれも性質上，当事者間で協議することができる事項に関するものであるので，家事事件手続法は，家事審判法と同様に別表第2に掲げる事項についての審判事件とした。そのため，これらの審判事件については，家事事件手続法66条から72条までの家事調停をすることができる事項についての家事審判の手続の特則（合意管轄，申立書の写しの送付，必要的陳述聴取，審問の期日への立会い，事実の調査の通知，審理の終結，審判日の定め）が新たに適用されることになり，当事者の手続保障がより図られることとなった。

　なお，民法は，家庭裁判所は，特別の事情があるときには，直系血族及び兄弟姉妹のほか，三親等以内の親族間においても扶養の義務を負わせることができ（民877条2項），また，その扶養義務を負わせる審判があった後に事情の変更が生じたときは，その審判を取り消すことができる（同条3項）と規定している。この「特別な事情」については，例えば，扶養義務を負わせることが相当と認められる程度の経済的対価を得ている場合などに限定して厳格に解するべきであり，扶養権利者と扶養義務を設定される者との間での協議を認めない趣旨と解されている。そうなると，「特別な事情」があるかどうかについては，

家庭裁判所が判断するのが相当であるということになる。そこで，家事事件手続法は，これらの事件を調停をすることができる事件から除外するものとした。

2 管　　轄

　家事審判法のもとでは，扶養に関する審判事件は，相手方の住所地を管轄する家庭裁判所の管轄に属するとされ（家審規94条1項），数人を相手方とする場合にはその一人の住所地を管轄する家庭裁判所に申立てをすることができるとされていた（同条2項）。

　家事事件手続法においては，扶養義務の設定の審判事件，扶養の順位の決定及びその決定の変更又は取消しの審判事件並びに扶養の程度又は方法についての決定及びその決定の変更又は取消しの審判事件については，家事審判法における規律を維持することとした（法182条1項・3項）。これに対し，扶養義務の設定の取消しの審判事件については，手続経済及び当事者間の公平の観点から，これまでの規律を変更し，取消しの対象となる扶養義務の設定の審判をした家庭裁判所（抗告裁判所が審判に代わる裁判をした場合にあっては，その第1審裁判所である家庭裁判所）の管轄に属することとした（同条2項）。

3 申立て

　扶養義務の設定の申立ては，精神保健及び精神障害者福祉に関する法律（昭和25年法律第123号）20条2項4号の規定による保護者の選任の申立てとともにされることが多いが，家事審判法のもとでは，扶養に関する審判事件は，相手方の住所地の家庭裁判所の管轄（家審規49条）であるのに対し，精神保健及び精神障害者福祉に関する法律20条2項ただし書の規定による保護者の順位の変更及び同項4号の規定による保護者の選任に関する審判事件は，精神障害者の住所地を管轄する家庭裁判所の管轄（特別家審規21条）に属するとされていた。家事事件手続法は，こうした実情を踏まえ，扶養義務の設定の審判事件は，扶養義務者となるべき者の住所地を管轄する家庭裁判所の管轄に属する（法182条）としたが，これらの申立てを一の申立てによりするときは，精神障害者の住所地を管轄する家庭裁判所にも扶養義務の設定の申立てをすることが

第2編　各　　論　　新法の解説

できるとした（法183条）。

4　陳述聴取

　上述のとおり，扶養義務の設定の審判事件及び扶養義務の設定の取消しの審判事件を家事調停をすることができない事項についての審判事件と位置づけたため，申立人でない他方当事者は，当然には審判手続に関与しないこととなった。したがって，これらの事件については，家事事件手続法66条から72条までの特則は適用されないことになる。しかし，扶養義務の設定の審判により扶養義務者となるべき者及び扶養義務の設定の取消しの審判により扶養請求権を失う扶養権利者に対しては，扶養の権利義務の性質上，その手続保障を図る必要があるので，家事事件手続法はこれらの者に対しては，必要的に陳述を聴取しなければならないとした（法184条）。

　なお，別表第2の審判事件においては，申立てが不適法であるとき又は申立てに理由がないことが明らかなときには，当事者の陳述を聴取しなくてよい（法68条1項）が，上記の陳述聴取においても，同様に解すべきである。また，陳述聴取の方法については，別表第2の審判事件とは異なり，制約はない。

5　給付命令

　家事審判法のもとでは，扶養の審判においては，金銭の支払，物の引渡し，登記義務の履行その他の給付を命ずることができる（家審規98条・49条）とされていたが，家事事件手続法においても，この規律が維持された（法185条）。

6　即時抗告

　家事審判法のもとでは，扶養に関する審判の即時抗告権を，審判の内容いかんにかかわらず，当事者又は利害関係人に認めていた（家審規97条）。しかしながら，審判に対する不服申立権は，その審判により不利益を受ける当事者等に認めれば足りると解される。そこで，家事事件手続法においては，そのような観点から，即時抗告権者について見直しをした（法186条1号～6号）。その結果，扶養義務の設定又は設定の取消しの各審判に対する即時抗告権は，扶養義務者となるべき者又は扶養権利者に認め（同条1号・3号），扶養義務の設定

についての審判及び扶養義務の設定の取消しの申立てを却下する各審判に対する即時抗告権は，申立人のみに認め（同条2号・4号），また，扶養の順位の決定及びその決定の変更又は取消しの審判並びにこれらの申立てを却下する審判，扶養の程度又は方法についての決定及びその決定の変更又は取消しの審判並びにこれらの申立てを却下する審判においては，定型的に不服申立ての利益があると認められる申立人及び相手方に認めた（同条5号・6号）。しかし，利害関係人については，即時抗告権を認めるべき具体的な必要性を想定することはできないので，即時抗告権を認めないこととした。

7　保全処分

家事審判法のもとでは，扶養に関する審判事件について家事審判規則52条の2の規定が準用されていたが（家審規95条），家事事件手続法においては，扶養の順位の決定及びその決定の変更又は取消しの審判事件並びに扶養の程度又は方法についての決定及びその決定の変更又は取消しの審判事件については，審判前の保全処分の必要性があるので，家事審判法における規律を原則として維持することとした（法187条）。しかし，扶養義務の設定の審判事件及び扶養義務の設定の取消しの審判事件を本案とする保全処分については，これを認めるべき具体的な必要性を想定することができないことから，規律を設けなかった。

なお，扶養の順位の決定及びその決定の変更又は取消しの審判事件並びに扶養の程度又は方法についての決定及びその決定の変更又は取消しの審判事件は，いずれも別表第2に掲げる事項についての審判事件であり，調停をすることができる事項についての審判事件であるから，調停の申立てがあった場合においても，当該申立てをした者の申立てにより保全処分を命ずることができることを明確に規定した（法187条）。

〔細矢　郁〕

第 2 編 各　論　新法の解説

論点
37　推定相続人の廃除に関する審判事件

1　推定相続人の廃除の審判事件等の位置づけ

　推定相続人の廃除に関する審判事件は，推定相続人の廃除の審判事件（別表第 1 の 86 項），推定相続人の廃除の審判の取消しの審判事件（別表第 1 の 87 項）及び推定相続人の廃除の審判又はその取消しの審判の確定前の遺産の管理に関する処分（別表第 1 の 88 項）という事件類型である。

　家事審判法のもとでは，推定相続人の廃除の審判事件及び推定相続人の廃除の審判の取消しの審判事件は，いずれも調停をすることができる事件（家審 9 条 1 項乙類 9 号）であった。しかし，被相続人は，遺留分を有する推定相続人が，被相続人に対して虐待をし，もしくはこれに重大な侮辱を加えたとき，又は推定相続人にその他の著しい非行があったときには，その推定相続人の廃除を家庭裁判所に請求することができ（民 892 条），また，いつでも，推定相続人廃除の取消しを家庭裁判所に請求することができる（民 894 条）のである。このように推定相続人の廃除の審判は，その相続人の相続権の剥奪という重大な効果を生じさせるものであるが，その事由がない限り，たとえ廃除を請求する者とされる者との間に合意ができても，廃除の調停を成立させるべきではないと解され，廃除事由については当事者の自由な処分を許容するものではないといえる。また，廃除の取消しは，いつでも被相続人から請求できるとされており，その要件とされるのは単に被相続人の意思のみであるが，その請求が被相続人の真意に基づくものかどうかを家庭裁判所が判断すべきことが求められていると解される。そこで，家事事件手続法では，推定相続人の廃除及びその取消しをいずれも調停をすることができる事件から除外し，家事調停をすることができない事項についての審判事件とした。

2 管　轄

　家事審判法のもとでは，相続に関する審判事件は，被相続人の住所地又は相続開始地を管轄する家庭裁判所の管轄に属するとされていた（家審規99条）。家事事件手続法においては，基本的に家事審判法における規律を維持することとした（法188条1項）が，推定相続人の廃除の審判又はその取消しの審判の確定前の遺産の管理に関する処分の審判事件（別表第1の88項）については，推定相続人の廃除の審判事件又は推定相続人の廃除の審判の取消しの審判事件が係属している家庭裁判所（その審判事件が係属していない場合にあっては相続開始地を管轄する家庭裁判所，その審判事件が抗告裁判所に係属している場合にあってはその裁判所）の管轄に属することとした（法189条1項）。

3　手続行為能力

　推定相続人の廃除又は廃除の取消しの請求権は，行使上・帰属上の一身専属権であり，被相続人の真意に基づく限り有効な請求権の行使として扱われるべきものであるから，請求権の行使の能力は，意思能力をもって足りると解するのが相当である。そこで，家事事件手続法は，推定相続人の廃除の審判事件及び推定相続人の廃除の審判の取消しの審判事件においては，被相続人は，行為能力の制限を受けていても，法定代理人によらずに，自ら有効に手続行為をすることができることを明確に規定した（法188条2項・118条）。

4　陳述聴取等

　上述のとおり，推定相続人の廃除の審判事件は，家事調停をすることができない事項についての審判事件と位置づけられたが，廃除を求められた推定相続人は，必ずしも当然に手続上の当事者になるわけではない。しかし，同事件は，推定相続人に対して相続人たる地位を失わせるという重大な影響を与えるものであるから，別表第2の事項に関する審判と同じか，それ以上に廃除を求める申立人と廃除を求められた推定相続人とが対立する紛争性の高い事件であるといえる。そこで，家事事件手続法においては，廃除を求められた者の手続保障を充実させるとの観点から，原則として廃除を求められた推定相続人の

陳述を審問の期日において聴かなければならないとし（法188条3項），申立人及び廃除を求められた推定相続人を当事者とみなしたうえで，67条及び69条から72条までの家事調停をすることができる事項についての家事審判の手続の特則（申立書の写しの送付，審問の期日への立会い，事実の調査の通知，審理の終結，審判日の定め）を準用することとした（法188条4項）。

〔細矢　郁〕

論点 38 相続の場合における祭具等の所有権の承継者の指定の審判事件

1 相続の場合における祭具等の所有権の承継者の指定の審判事件の位置づけ等

　相続人は，被相続人の財産に属した一切の権利義務を承継するが，祭祀財産である系譜，祭具及び墳墓の所有権は，相続の対象からはずして，特定の者が承継することになっている（民897条）。その承継者の第一順位者は，被相続人に指定された者であるが，第二順位者は，慣習に従って祖先の祭祀を主宰する者であり（同条1項），慣習が明らかでないときは，家庭裁判所が定める（同条2項）。これが相続の場合における祭具等の所有権の承継者の指定の審判事件（別表第2の11項）である。

2 管　轄

　家事審判法のもとでは，相続開始地（家審規99条1項）の家庭裁判所の管轄であったが，家事事件手続法も同様の規律とした（法190条1項）。

3 祭具等の引渡し及び即時抗告

　家事審判法のもとでは，家庭裁判所は，祭具等の所有権の承継者を指定する審判においては，祭具等の引渡しを命ずることができ，また，当事者及び利害関係人は，祭具等の所有権の承継者を指定する審判及びその申立てを却下する審判に対して即時抗告をすることができた（家審規103条・58条・59条）が，家事事件手続法も同様の規律とした（法190条2項・3項）。

〔細　矢　　　郁〕

第2編 各 論 新法の解説

論点 39 遺産の分割に関する審判事件

1 遺産の分割に関する審判事件の位置づけ等

遺産の分割に関する審判事件（別表第2の12項～14項）は，別表第2に掲げる事項についての審判事件であり，家事事件手続法66条から72条までの家事調停をすることができる事項についての家事審判の手続の特則（合意管轄，申立書の写しの送付，必要的陳述聴取，審問の期日への立会い，事実の調査の通知，審理の終結，審判日の定め）が新たに適用され，当事者の手続保障がより図られることとなった。

なお，遺産の分割の審判事件においてされる遺産の換価処分は，遺産の分割の審判事件の手続内において中間処分としてされるものであることから，家事事件手続法では，審判以外の裁判と位置づけられている（法194条3項）。また，換価処分の裁判は，遺産分割の当事者にとって強い利害関係があることから，新たに，遺産分割の審判事件の当事者に対する裁判の告知の規定が設けられた（法194条4項）。

2 管 轄

家事審判法のもとでは，相続に関する審判事件は，被相続人の住所地又は相続開始地の家庭裁判所の管轄とし，遺産分割の申立てがあった場合において，寄与分を定める審判の申立てをするときは，当該遺産の分割の審判事件が係属している家庭裁判所にしなければならないとされていた（家審規99条1項・2項）が，家事事件手続法は，原則として，これと同様の規律とし，相続に関する審判事件は，相続開始地の家庭裁判所の管轄，遺産分割の申立てがあった場合において，寄与分を定める審判の申立てをするときは，当該遺産の分割の審判事件が係属している家庭裁判所の管轄とした（法191条）。

3 審理方法等

(1) 手続の併合等

家事審判法のもとでは，遺産の分割の申立て及び寄与分を定める申立てがあったときは，これらの審判手続及び審判は，併合してしなければならず，数人から寄与分を定める申立てがあったときも同様とするとされていた（家審規103条の3）。家事事件手続法においても，この規律が維持された（法192条）。

(2) 寄与分を定める処分の審判の申立期間の指定等

家事審判法のもとでは，家庭裁判所は，遺産の分割の審判手続において，当事者が寄与分を定める審判の申立てをすべき期間を定めることができるが，その期間は，1か月以上でなければならず，この期間が経過後にされた寄与分を定める審判の申立ては，却下することができ，この期間を定められなかった場合においても，遺産分割の審理を著しく遅延させると認められ，かつ，申立てが遅延したことについて，申立人の責めに帰すべき事由があるときは，当該寄与分を定める審判の申立てを却下することができるとされていた（家審規103条の4第1項～第3項）。

家事事件手続法においても，基本的に，この規律が維持されたが，当事者が寄与分を定める審判の申立てをすべき期間については，1か月を下らない範囲内で定めることができると改められた（法192条1項～3項）。

(3) 遺産の換価を命ずる裁判

家事審判法のもとでは，家庭裁判所は，遺産の分割の審判をするために必要があると認めるときは，相続人に対して，遺産の全部又は一部について競売し，その他最高裁判所の定めるところにより換価することを命ずることができ，相当であると認めるときは，相続人の意見を聴いて遺産を任意に売却すべきことを命ずることができる（ただし，相続人中に競売によるべき旨の意思表示をした者があるときは，この限りではない。）とされ，こうした競売及び換価方法等についての規定をしていた（家審15条の4第1項・家審規108条の3・108条の4等）。家事事件手続法においても，この規律が維持された（法194条1項・2項等）。

(4) 債務を負担させる方法による遺産の分割

　家事審判法のもとでは，家庭裁判所は，特別の事由があると認めるときは，遺産分割の方法として，共同相続人の一人又は数人に対し，債務を負担させて，現物をもってする分割にかえることができるとされていた（家審規109条）。家事事件手続法においても，この規律が維持された（法195条）。

(5) 給付命令

　家事審判法のもとでは，家庭裁判所は，遺産の分割の審判において，当事者に対し，金銭の支払，物の引渡し，登記義務の履行その他の給付を命ずることができる（家審規110条・49条）とされていたが，家事事件手続法においても，この規律が維持された（法196条）。

(6) 遺産の分割の禁止の審判の取消し及び変更

　遺産分割について当事者間に協議が調わないときは，遺産分割の審判がなされるが，遺産の状況によっては，家庭裁判所は，遺産の全部又は一部について，期間を定めて，遺産分割を禁止することができ（民907条3項），この申立ては，家事審判法9条1項乙類10号の審判事項とされたが，家事事件手続法においても，この規律が維持された（別表第2の13項）。家事審判法のもとでは，事情の変更があれば，いつでも，この審判を取り消し，又は変更することができたが，家事事件手続法も同様の規律とした（法197条。家審規112条1項）。

4　即時抗告

　家事審判法のもとでは，遺産の分割の審判，遺産の分割禁止の審判及び遺産の分割の申立てを却下する審判に対する即時抗告権を相続人又は利害関係人に認めていた（家審規111条）。しかし，相続債権者，特定受贈者及び共同相続人の債権者等は，遺産分割の実施について法律上の利害関係を有するが，即時抗告権を有する利害関係人ではないとされていたのであり，また，遺産について権利を有する者がいたとしても，当該権利について対抗要件を備えればよいのであるから，結局，利害関係人には即時抗告権を認めるまでの具体的な必要性

がないといえる。そこで、家事事件手続法においては、利害関係人の即時抗告権を認めないこととした（法198条1項）。

なお、相続人の一人が相続開始後に破産手続開始決定を受け、破産管財人が選任された場合、当該破産管財人は遺産の分割の調停又は審判についての当事者適格を有するから、相続人の資格で即時抗告することができると解される。

5　申立ての取下げの制限

家事審判法のもとでは、申立ての取下げについては特段の制限は設けられていなかった。しかしながら、遺産の分割の審判事件は、類型的に相手方にも審判を得ることに特に強い利益があると認められる。そこで、家事事件手続法においては、相手方の利益を保護するため、相手方が本案について書面を提出し、又は家事審判の手続の期日において陳述をした後にあっては、相手方の同意を得なければ取下げの効力が生じないこととした（法199条・153条）。別表第2に掲げる事項についての審判事件の申立ての取下げ（法82条2項）の特則である。

6　保全処分

遺産の分割の審判事件は、別表第2に掲げる事項についての審判事件であり、調停をすることができる事項についての審判事件であるから、家事事件手続法は、遺産の分割の審判の申立てがあった場合だけでなく調停の申立てがあった場合においても、当該申立てをした者の申立てにより保全処分を命ずることができることを明確に規定した（法200条1項）。

〔細矢　郁〕

第2編 各 論 新法の解説

論点 40 相続の承認及び放棄に関する審判事件

1 相続の承認及び放棄に関する審判事件の位置づけ

　相続の承認及び放棄に関する審判事件とは，別表第1の89項から95項に規定する事件類型である。これには，相続の承認又は放棄をすべき期間（熟慮期間）の伸長，相続財産の保存又は管理に関する処分，限定承認又は相続の放棄の取消しの申述の受理，限定承認の申述の受理，限定承認の場合における鑑定人の選任，限定承認を受理した場合における相続財産の管理人の選任，相続放棄の申述の受理等がある。高齢化社会及び経済状況等を反映して，子の氏の変更についての許可及び成年後見事件とともに，家庭裁判所が扱う審判事件のうち，かなりの部分を占めている。

2 管　轄

　家事審判法のもとでは，相続の承認及び放棄に関する審判事件は，相続に関する審判事件として，相続開始地を管轄する家庭裁判所の管轄に属するとされていた（家審規99条1項）。

　家事事件手続法においても，相続の承認及び放棄に関する審判事件（別表第1の89項～95項）は，相続開始地を管轄する家庭裁判所の管轄に属するものとした（法201条1項）が，限定承認の場合における鑑定人の選任の審判事件（別表第1の93項）は，限定承認の申述が受理された後，相続財産の清算を行う手続の一環としてなされるものであるため，当初の限定承認の申述を受理した家庭裁判所（抗告裁判所が限定承認の申述を受理した場合にあっては，その第1審裁判所である家庭裁判所）で行うものとするのが合理的であるので，家事審判法における規律を変更し，上記の家庭裁判所の管轄に属することとした（同条2項）。

3 手続行為能力

限定承認又は相続放棄の取消しの申述の受理の審判事件（別表第1の91項）の手続行為能力については，家事審判法には，これを定めた規定はなかった。しかし，民法上，未成年者等も意思能力を有する限り，自ら有効に取消権を行使することができる（民120条参照）ことから，限定承認又は相続放棄の取消しについても，行為能力の制限を受けていたとしても，法定代理人によらずに，自ら有効に申述をすることができるとすべきである。そこで，家事事件手続法は，このことを明確に規定した（法201条4項・118条）。

4 申述の方式等

家事審判法のもとでは，限定承認又は放棄の申述書，限定承認又は放棄の取消しの申述書の記載内容について詳細な事項が定められていた（家審規114条2項・3項）。家事事件手続法においては，申立書の記載事項についての規定を整備したことから（法49条），申述の方式についても，これらと整合する規定を置くこととした（法201条5項，規則105条1項～3項）。

また，併合申立てができること（法49条3項），必要的記載事項がない場合に不備を補正すべきことを命じること（同条4項），補正に応じないときは命令で申立書を却下すること（同条5項），同命令に対しては即時抗告ができること（同条6項），申立ての趣旨又は理由の変更に関する要件及び手続等（法50条）については，申述においても異なる取扱いをする必要はないと考えられることから，家事事件手続法においては，これらの規律を準用することとした（法201条6項）。

5 申述の受理の審判

家事審判法のもとでは，申述の受理の審判の効力発生時期については，規律がなかったが，申述の受理の審判は，申述書にその旨を記載したときに効力が生ずるものと解されていることから，家事事件手続法においては，これを明確に規定した（法201条7項，規則106条1項）。

また，審判は，審判書を作成してしなければならないことを原則としている

ところ（法76条1項），限定承認及びその取消し並びに相続の放棄及びその取消しの申述の受理の審判は，家事審判法のもとにおいても，申述書にその旨を記載するものとされており（家審規115条1項），別途審判書を作成するものではないことから，家事事件手続法でもこの規律を維持して，上記原則を適用しないこととした（法201条8項）。

6 即時抗告

　家事審判法のもとでは，相続の承認又は放棄をすべき期間の伸長の申立てを却下する審判に対する即時抗告権を相続人又は利害関係人に認めていた（家審規113条・111条）。しかしながら，相続の承認又は放棄をすべき期間は，各相続人ごとに進行し，伸長の要否及び必要な期間も各相続人によって異なることから，申立てを却下する審判に対しては，当該申立人のみが即時抗告をすることができるとするのが合理的であると考えられる。また，期間の伸長が必要な相続人は，自ら申立てをすれば足りることから，申立人以外の者に却下の審判を争う余地を認める必要はないと考えられる。そこで，家事事件手続法においては，相続の承認又は放棄をすべき期間の伸長の申立てを却下する審判については，申立人にのみ即時抗告権を認めることとした（法201条9項1号）。

　また，家事審判法のもとでは，限定承認又は相続の放棄の取消しの申述を却下する審判に対する即時抗告権を相続人又は利害関係人に認めていた（家審規115条2項・111条）が，これらの審判に対しては，限定承認又は放棄の取消権者に限って即時抗告をすることができると解されており，実際においても，取消権者には，申述の却下を争う固有の利益があると考えられる。そこで，家事事件手続法においては，限定承認又は相続の放棄の取消しの申述を却下する審判については，これらの取消しをすることができる者が即時抗告権を有することを明確に規定した（法201条9項2号）。

　さらに，家事審判法のもとでは，限定承認又は相続の放棄の申述を却下する審判に対する即時抗告権を相続人又は利害関係人に認めていたが（家審規115条2項・111条），限定承認又は相続の放棄の申述を却下する審判の当否を争う利益は当該申述人に固有のものであり，他の相続人に対して申述人が争っていない却下の審判を争う余地を認める必要はなく，また，申述人以外に審判を争

う固有の利益を有する利害関係人を想定することもできない。そこで，家事事件手続法においては，限定承認又は相続の放棄の申述を却下する審判については，申述人のみが即時抗告権を有することを明確に規定した（法201条9項3号）。

〔細矢　郁〕

論点 41 財産分離に関する審判事件

1 財産分離に関する審判事件の位置づけ等

　財産分離に関する審判事件とは，別表第1の96項～98項に規定する事件類型であり，債権者らの衡平を図るため，相続財産と相続人固有の財産を分離して，相続財産の清算等を行うものである。これには，民法941条1項及び950条1項の財産の分離，財産分離の請求後の相続財産の管理に関する処分及び財産分離の場合における鑑定人の選任（別表第1の96項～98項）がある。

2 管　　轄

　家事審判法のもとでは，財産分離に関する審判事件は，相続開始地を管轄する家庭裁判所の管轄に属するとされていたが（家審規99条1項），家事事件手続法では，事件類型ごとに規定することにした。財産分離の審判事件（別表第1の96項）は，家事審判法のもとの規律を維持して，相続が開始した地を管轄する家庭裁判所の管轄とした（法202条1項1号）。しかし，財産分離の請求後の相続財産の管理に関する処分の審判事件は，資料を収集しやすい裁判所が審理するのが相当であり，当該財産分離の審判事件が係属している場合には，当該裁判所において扱うのが合理的であると考えられる。そこで，財産分離の請求後の相続財産の管理に関する処分の審判事件（別表第1の97項）は，これまでの規律を変更し，財産分離の審判事件（別表第1の96項）が係属している家庭裁判所（抗告裁判所に係属している場合にあってはその裁判所，財産分離の裁判確定後にあっては財産分離の審判事件が係属していた家庭裁判所）の管轄に属することとした（法202条1項2号）。

　また，財産分離の場合における鑑定人の選任の審判事件は，財産分離後の清算手続の一環としてなされるものであるため，当初の財産分離の審判をした家

庭裁判所において扱うのが合理的であると考えられる。そこで，財産分離の場合における鑑定人の選任の審判事件（別表第1の98項）は，財産分離の審判をした家庭裁判所（抗告裁判所が財産分離の裁判をした場合にあっては，その第1審裁判所である家庭裁判所）の管轄に属することとした（法202条1項3号）。

3 即時抗告

家事審判法のもとでは，財産分離の申立てを却下する審判については，民法941条1項の規定による財産分離の申立てを却下する審判と同法950条1項の規定による財産分離の申立てを却下する審判とを区別することなく，相続債権者，受遺者又は相続人の債権者に即時抗告権を認めていたが（家審規117条），家事事件手続法においては，民法941条1項の規定による財産分離の申立てを却下する審判と同法950条1項の規定による財産分離の申立てを却下する審判とを区別したうえで，それぞれの申立ての申立権者に即時抗告権を認めることを明確に規定した（法202条2項2号・3号）。

〔細矢　郁〕

第 2 編　各　論　新法の解説

論点 42　相続人の不存在に関する審判事件

1　相続人の不存在に関する審判事件の位置づけ

相続人の不存在に関する審判事件とは，相続人が不存在の場合に，相続財産管理人を選任して，相続人捜索の公告を行ったうえで，相続財産を確定して管理清算し，被相続人と特別な縁故があった者の申立てにより，残余財産を与え，さらに残余財産があれば，国庫に帰属させるなどするものである。これには，相続財産の管理に関する処分，相続人の不存在の場合における鑑定人の選任及び特別縁故者に対する相続財産の分与（別表第 1 の 99 項～101 項）がある。

2　管　轄

家事審判法のもとでは，相続開始地を管轄する家庭裁判所の管轄に属するとされていた（家審規 99 条 1 項）が，家事事件手続法においては，他の相続に関する審判事件と同様に事件類型ごとに規律することにした。そして，相続人の不存在に関する審判事件のうち，相続人の不存在の場合における相続財産の管理に関する処分の審判事件（別表第 1 の 99 項）及び特別縁故者に対する相続財産の分与の審判事件（別表第 1 の 101 項）については，相続開始地を管轄する家庭裁判所の管轄に属することとした（法 203 条 1 号・3 号）。相続人の不存在の場合における鑑定人の選任の審判事件（別表第 1 の 100 項）については，相続人の不存在の場合における相続財産の清算手続の一環としてなされるものであるため，当初の相続人の不存在の場合における相続財産の管理に関する処分の審判事件において相続財産の管理人の選任をした家庭裁判所で行うものとするのが合理的であると考えられる。そこで，家事事件手続法においては，当該事件については，上記の家庭裁判所の管轄に属することとした（同条 2 号）。

3 審理方法等

家事審判法のもとでは，特別縁故者に対する分与の審判は，民法958条の期間の満了後，3か月経過後に行い，同一の相続財産に関して分与の審判申立てがあったときは，審判手続及び審判は併合し，審判をするには，相続財産管理人の意見を聴取しなければならない（家審規119条の4第1項・2項・119条の5）とされていたが，家事事件手続法も同様の規律とした（法204条1項・2項・205条）。

4 即時抗告

家事審判法のもとでは，特別縁故者に対して分与する審判については，申立人及び相続財産の管理人が，分与の申立てを却下する審判については，申立人がそれぞれ即時抗告をすることができ，審判が併合されたときは，申立人の一人又は相続財産管理人のした即時抗告は，申立人の全員に対してその効力が生じる（家審規119条の7第1項～3項・27条2項）とされていたが，家事事件手続法も同様の規律とした（法206条1項・2項）。

5 相続財産の換価

家事審判法のもとでは，特別縁故者に対して分与する審判については，遺産分割における遺産の競売又は換価等を命ずるなどの規定を準用した（家審規119条の6・106条2項・108条の3（1項ただし書を除く。）・同条の4第1項・3項）が，家事事件手続法も同様の規律とした（法207条・194条1項・2項～5項・7項）。

6 管理者の改任等

家事審判法のもとでは，相続財産管理人に不適任と認められる事情があるときは，いつでも改任し，新たな相続財産管理人を選任することなどができる（家審規118条・32条1項）とされていたが，家事事件手続法も，同様の規律とした（法208条・125条。ただし，準用の規定が異なる。）。

〔細矢　郁〕

論点 43 遺言に関する審判事件

1 遺言に関する審判事件の位置づけ

　遺言に関する審判事件とは，死亡危急者又は船舶遭難者がした遺言の確認のほか，遺言書の検認，遺言執行者の選任，報酬付与，解任及び辞任許可，負担付遺贈に係る遺言の取消しなどの事件類型である（別表第1の102項～108項）。

2 管　轄

　家事審判法のもとでは，遺言者の死亡後は，相続開始地の家庭裁判所，遺言者が生存中は，その住所地の家庭裁判所の管轄であった（家審規120条1項・2項）が，家事事件手続法においても，この規律を維持した（法209条1項・2項）。

3 陳述聴取

　家事審判法のもとでは，遺言執行者を選任する場合にはその候補者の意見を聴かなければならないとされ（家審規125条・83条1項），遺言執行者を解任する場合には本人の陳述を聴かなければならないとされていた（家審規126条1項・76条）。

　家事事件手続法においては，基本的に家事審判法における規律を維持することとしたうえで（法210条），負担付遺贈に係る遺言の取消しの審判をする場合には，それが受遺者及び負担の利益を受けるべき者に対して重大な影響を及ぼすことから，それらの者に対する手続保障をすべきであると考え，新たに，当該審判をするには，それらの者の陳述を聴かなければならないとする規定を設けた（同条1項2号）。

4　申立ての取下げの制限

　家事審判法のもとでは，申立ての取下げについては特段の制限は設けられていなかった。しかしながら，危急時遺言は，遺言後に家庭裁判所の確認を得なければその効力を生じないとされていることから（民976条4項・979条3項参照），申立人が自由に取り下げることができるとすると，申立人一人の考えだけで遺言書の効力が失われることになってしまうが，これは，相当でないと考えられる。また，遺言書の検認は，その申立てが義務づけられていることから（民1004条1項参照），申立人が自由に取り下げることができるとすることは，同様に相当でない。そこで，家事事件手続法においては，遺言の確認又は遺言書の検認の申立ては，審判がされる前であっても，家庭裁判所の許可を得なければ取り下げることができないことを明確に規定した（法212条）。

　なお，どのような場合に取下げが認められるかについては，今後，検討されるべきであるが，誤って生存者の遺言書について申立てをした場合や申立てをした後に遺言書が滅失した場合など，手続を維持することに意義が認められない事由があるときが考えられるであろう。

5　審判の告知

　家事審判法のもとでは，遺言執行者の解任の審判及び負担付遺贈に係る遺言の取消しの審判の告知については，規律がなかった。ところで，遺言執行者の解任の審判がされた場合，この審判を受ける者は，当該遺言執行者であるから，家事事件手続法の総則規定によれば，当該審判は，遺言執行者には告知されるが，必ずしも相続人には告知されないことになる（法74条1項）。他方，遺言執行者が解任された場合には，家庭裁判所は，職権ではなく，利害関係人の請求によって新たな遺言執行者を選任する（民1010条参照）から，遺言執行者の解任に利害関係を有する相続人に解任の審判が告知されないと新たな遺言執行者が選任されないことになる。そこで，家事事件手続法においては，遺言執行者の解任の審判を，74条1項に規定する者のほか，相続人に告知しなければならないとし（法213条1号），新たな遺言執行者の選任を請求する契機とすることとした。

また，負担付遺贈に係る遺言の取消しの審判がされた場合，当該審判は負担の利益を受けるべき者に重大な影響を及ぼすから，負担の利益を受けるべき者に対する手続保障を図るため，即時抗告の機会を与える必要がある。そこで，家事事件手続法においては，負担付遺贈に係る遺言の取消しの審判を，74条1項に規定する者のほか，負担の利益を受けるべき者に告知しなければならないとした（法213条2号）。

6　即時抗告

家事審判法のもとでは，遺言の確認の審判及びその申立てを却下する審判等について，利害関係人等が即時抗告をすることができる（家審規121条・126条〜128条）としたが，家事事件手続法も同様の規律とした（法214条）。

7　保全処分

家事審判法のもとでは，遺言執行者の解任の審判事件を本案とする保全処分の効力発生時期については，規律がなかったが，家事事件手続法は，職務の執行を停止される遺言執行者が審判の告知を受けることを拒んでいる場合や遺言執行者が行方不明で速やかに審判を告知することができない場合等に対処するため，遺言執行者の職務の執行を停止する審判は，職務の執行を停止される遺言執行者，他の遺言執行者又は職務代行者に告知することによって，その効力を生ずることとした（法215条2項）。

〔細矢　郁〕

論点 44 遺留分に関する審判事件

1 遺留分に関する審判事件の位置づけ

遺留分に関する審判事件とは，遺留分を算定する場合における鑑定人の選任と遺留分の放棄についての許可事件である（別表第1の109項・110項）。

2 管　轄

家事審判法のもとでは，遺留分に関する審判事件は，被相続人の住所地又は相続開始地の家庭裁判所の管轄であった（家審規99条1項）が，家事事件手続法においても，この規律を維持し，遺留分を算定する場合における鑑定人の選任の審判事件は相続開始地，遺留分の放棄についての許可事件は被相続人の住所地を管轄する各家庭裁判所の管轄とした（法216条1項）。

3 即時抗告

家事審判法のもとでは，遺留分の放棄についての許可の申立てを却下する審判事件及び遺留分の放棄を許可する審判事件に対する即時抗告権については規律がなかった。この点，遺留分の放棄についての許可の申立てを却下する審判が確定すると，申立人は，遺留分の放棄をすることができなくなり，大きな影響を受ける場合がある。そこで，家事事件手続法においては，遺留分の放棄についての許可の申立てを却下する審判については，申立人に即時抗告権を認めることとした（法216条2項）。

なお，遺留分の放棄を許可する審判については，申立てどおりの審判がされたことになるから，申立人に即時抗告権を認める必要はなく，また，申立人以外の第三者ついては，その判断を独自に争わせるだけの固有の利益があるとは考え難いことから，即時抗告権を認めないこととした。〔細矢　郁〕

第2編 各 論 新法の解説

論点 45 任意後見契約法に規定する審判事件

1 任意後見契約法に規定する審判事件の位置づけ

　任意後見契約は，任意後見監督人が選任されたときから，その効力を生ずる(任意後見契約に関する法律〔平成11年法律第150号〕4条1項)が，任意後見契約法に規定する審判事件は，任意後見監督人を選任する場合のほか，任意後見監督人が欠けた場合，更に任意後見監督人を選任する場合，後見開始の審判等を取り消す場合，任意後見監督人の職務に関する処分を命ずる場合，任意後見監督人の辞任の許可をする場合，任意後見監督人を解任する場合，任意後見監督人の権限の行使についての定めをし，又はその取消しをする場合，任意後見人に対する報酬を付与する場合，任意後見人を解任する場合，任意後見契約の解除についての許可する場合の事件類型である (別表第1の111項～121項)。

2 管 轄

　家事審判法のもとでは，任意後見契約に関する法律の改正前12条に規定する事項についての審判事件は，同法2条2号の本人の住所地を管轄する家庭裁判所の管轄に属するとされていた (特別家審規3条)。

　家事事件手続法においては，任意後見契約の効力を発生させるための任意後見監督人の選任の審判事件については，この規律を維持することとしたが (法217条1項)，その余の任意後見契約法に規定する審判事件については，本人の住所地にかかわらず，当該選任の審判をした家庭裁判所が一元的に管轄するのが便宜であると考えられる。そこで，家事事件手続法は，これまでの規律を変更して，当該事件は，任意後見契約の効力を発生させるための任意後見監督人の選任の審判をした家庭裁判所 (抗告裁判所が当該任意後見監督人を選任した場合にあっては，その第1審裁判所である家庭裁判所) の管轄に属することとし，任意後見

契約の効力を発生させるための任意後見監督人の選任の審判事件が家庭裁判所に係属しているときは，その家庭裁判所の管轄に属することとした（同条2項）。

3　手続行為能力

任意後見制度においては，既に法定後見（成年後見，保佐又は補助）が開始されている本人が，任意後見契約に関する法律4条1項の規定による任意後見監督人の選任の申立てをすることも想定され（任意後見4条1項2号参照），そのような場合には，本人の自己決定権を尊重する必要があると解される。そこで，家事事件手続法においては，本人は，行為能力の制限を受けていても意思能力を有する限り，法定代理人によらずに，自ら有効に任意後見契約の効力を発生させるための任意後見監督人の選任の審判における手続行為をすることができることを明確に規定した（法218条・118条）。

なお，本人が成年被後見人，被保佐人及び被補助人の場合は，任意後見監督人が選任されて任意後見契約の効力が生じると法定後見等の審判が取り消される（任意後見契約に関する法律4条2項）から，任意後見契約の効力が生じた後に本人が手続行為能力の制限を受けているということは想定されない。また，本人が未成年者であるときには，そもそも任意後見監督人は，選任されない（同法4条1項1号）から，同様に，任意後見契約の効力が生じた後に本人が未成年者でいるということも想定されない。したがって，このような場合には，本人が自ら手続行為をすることについての規定は必要ないことになる。

4　精神の状況に関する意見の聴取

家事審判法のもとでは，家庭裁判所は，任意後見契約に関する法律所定の任意後見監督人の選任をするには，本人の精神の状況に関する医師の診断結果その他適当な者の意見を聴かなければならない（特別家審規3条の2）としていた。

家事事件手続法は，基本的には，同じ規律（法219条）としたが，本人の精神の状況につき医師その他適当な者の意見を聴かなければならないとして，医師の意見については，必ずしも診断結果に限定していない。

5 陳述聴取

陳述聴取については，家事事件手続法は，基本的に従前の規律（特別家審規3条の3第1項・2項・同条の9第3項・同条の10・同条の12・家審規76条）を維持することとした（法220条1項～3項）うえで，任意後見契約に関する法律2条2号にいう本人（任意後見契約の委託者）については，心身の障害により陳述を聴くことができない場合もあることから，そのような場合には陳述を聴くことを要しないことを明確に規定した（法220条1項ただし書）。

6 申立ての取下げの制限

家事審判法のもとでは，申立ての取下げについては特段の制限は設けられていなかった。しかしながら，任意後見契約の効力を発生させるための任意後見監督人の選任及び任意後見監督人が欠けた場合における任意後見監督人の選任の審判事件においては，後見開始の審判事件と同様に，申立てがされた後，選任の要件が充足されているにもかかわらず，申立人が自ら希望する者が任意後見監督人に選任される見込みがないことを不満として，その申立てを取り下げる場合など公益的見地及び本人保護の観点から，取下げを認めるのが相当でない場合がある。そこで，家事事件手続法においては，任意後見契約の効力を発生させるための任意後見監督人の選任及び任意後見監督人が欠けた場合における任意後見監督人の選任の審判事件の申立てについては，審判がされる前であっても，家庭裁判所の許可を得なければ取り下げることができないとする規定を新たに設けた（法221条）。

なお，任意後見監督人を更に選任する場合における任意後見監督人の選任の審判事件については，既に任意後見監督人がいることから，このような場合にまで申立ての取下げを制限する必要はないと考えられることから，これを制限する旨の規定は設けなかった。

7 審判の告知

家事審判法のもとでは，任意後見監督人選任審判，選任審判等の取消審判，任意後見人の解任及び任意後見契約の解除許可の審判については，本人及び任

意成年後見受任者等に告知しなければならない（特別家審規3条の4・3条の5・3条の11）とされていたが，家事事件手続法も，同様の規律とした（法222条）。

8　即時抗告

家事審判法のもとでは，任意後見監督人を解任する審判に対する即時抗告権を任意後見監督人のほか，本人及びその親族に認めていた（特別家審規3条の9第3項，家審規87条）。しかしながら，解任される当該任意後見監督人自身がその判断を受け入れて即時抗告をしない場合に，他の者にそれを争うことを認めることは相当ではないと考えられる。そこで，家事事件手続法においては，任意後見監督人の解任の審判に対しては，解任される任意後見監督人にのみ即時抗告権を認めることを明確に規定した（法223条2号）。

また，家事審判法のもとでは，任意後見人を解任する審判に対する即時抗告権を任意後見監督人，本人及びその親族に認めていた（特別家審規3条の10，家審規87条）。しかしながら，任意後見契約は，解任により終了することとなるため，解任される任意後見人及び任意後見契約の当事者である本人には即時抗告権を認める必要があるが，それ以外の者に即時抗告権を認めることは相当でないと解される。そこで，家事事件手続法においては，任意後見人の解任の審判に対しては，解任される任意後見人及び本人にのみ即時抗告権を認めることを明確に規定した（法223条4号）。

9　保全処分

任意後見監督人の解任の審判事件を本案とする保全処分については，家事事件手続法は基本的に従前の規律（特別家審規3条の9第3項，家審規74条）を維持することとしたうえで，家庭裁判所が職権で任意後見監督人を解任することができる以上は，職権で任意後見監督人の職務の執行を停止等することができるとするのが相当であることから，職権により，職務執行の停止又は職務代行者の選任の保全処分をすることができることとした（法225条1項・127条1項）。また，任意後見監督人が審判の告知を受けることを拒んでいる場合や任意後見監督人が行方不明で速やかに審判を告知することができない場合等に対処するため，任意後見監督人の職務の執行を停止する審判は，職務の執行を停止され

第2編　各　論　新法の解説

る任意後見監督人，他の任意後見監督人又は職務代行者に告知することによってその効力を生ずることとした（法225条1項・127条2項）。以上については，任意後見人の解任の審判事件を本案とする保全処分についても，同様である（法225条2項・127条1項・2項）。

〔細矢　郁〕

論点 46 戸籍法に規定する審判事件

1 戸籍法に規定する審判事件の位置づけ

　戸籍法に規定する審判事件は，戸籍法に基づく氏又は名の変更許可，本来本籍を有すべき者がこれを有していない場合に本籍を設ける就籍許可，戸籍の記載に錯誤又は遺漏がある場合又は婚姻等の創設的届出がされた後にその行為が無効であることが発見された場合の戸籍訂正の許可，戸籍事件についての市町村長の処分に対する不服事件（別表第1の122項～125項）である。

2 管　　轄

　家事審判法のもとでは，戸籍法に規定する審判事件は，戸籍法に基づく氏又は名の変更許可は，申立人の住所地の家庭裁判所，就籍許可は，就籍しようとする地の家庭裁判所，戸籍の記載に錯誤又は遺漏がある場合等の戸籍訂正の許可は，その戸籍のある地の家庭裁判所，戸籍事件についての市町村長の処分に対する不服は，当該市町村の市役所又は役場の所在地の家庭裁判所の管轄であった（特別家審規4条・7条・10条・13条）が，家事事件手続法においても，この規律を維持した（法226条）。

3 手続行為能力

　家事事件手続法は，氏又は名の変更についての許可の審判事件（別表第1の122項），就籍許可の審判事件（別表第1の123項），戸籍の訂正についての許可の審判事件（別表第1の124項）及び戸籍事件についての市町村長の処分に対する不服の審判事件（別表第1の125項）については，本人の自己決定権を尊重する必要があるとして，行為能力の制限を受けていても意思能力を有する限り，法定代理人によらずに，自ら有効に手続行為をすることができることを明確に

規定した（法227条・118条）。ただし，戸籍事件についての市町村長の処分に対する不服の審判事件においては，当該処分を受けた届出その他の行為を自らすることができる場合に限ることとした（法227条ただし書）。

4　事件係属の通知

戸籍法113条の規定による戸籍訂正の許可の審判事件は，利害関係人が申立適格者であるため，必ずしも届出人又は届出事件の本人が申立人となるとは限らない。そこで，家事事件手続法においては，手続保障の観点から，新たに当該戸籍の届出人又は届出事件の本人以外の者の申立てにより上記審判事件が係属した場合には，原則として，当該届出人又は届出事件の本人にその旨を通知しなければならないとした（法228条）。

5　陳述等の聴取

家事審判法のもとでは，氏の変更の許可審判をする場合には，同一戸籍内の15歳以上の者の陳述を，戸籍事件についての市町村長の処分に対する不服の申立てがあった場合には，当該市町村長の意見を，それぞれ聴かなければならない（特別家審規5条・14条）としたが，家事事件手続法も，同様の規律とした（法229条1項・2項）。

6　審判の告知等

家事審判法のもとでは，戸籍事件についての市町村長の処分に対する不服の申立てがあった場合には，申立てを却下する審判は，当事者等（法74条1項）のほかに，当該市町村長に告知し，また，申立てを理由があると認めるときは，当該市町村長に相当の処分を命じなければならない（特別家審規16条・15条）としたが，家事事件手続法も，同様の規律とした（法230条1項・2項）。

7　即時抗告

家事審判法のもとでは，氏又は名の変更についての許可の申立人，就籍許可の申立人，戸籍の訂正についての許可及び戸籍事件についての市町村長の処分に対する不服の申立人は，その申立てを却下する審判に対して即時抗告をする

Ⅱ　家事審判に関する手続　〔2〕　家事審判事件　**論点 46**

ことができ（特別家審規6条2項・8条・11条2項・17条2項・3条の5），氏の変更についての許可審判及び戸籍訂正の許可審判については，申立人を除く利害関係人が即時抗告をすることができ（特別家審規6条1項・11条1項），市町村長に相当の処分を命ずる審判については，当該市町村長が即時抗告をすることができる（特別家審規17条1項）とされていたが，家事事件手続法も，同様の規律とした（法231条1号～7号）。

〔細　矢　　郁〕

論点 47 性同一性障害者の性別の取扱いの特例に関する法律に規定する審判事件

1 性同一性障害者の性別の取扱いの特例に関する法律に規定する審判事件の位置づけ

性同一性障害者の性別の取扱いの特例に関する法律に規定する審判事件とは，性同一性障害者の性別の取扱いの特例に関する法律（平成15年法律第111号）に規定する，性同一性障害者に関する法令上の性別の取扱いの変更審判事件である（別表第1の126項）。

2 管　　轄

家事審判法のもとでは，性同一性障害者の性別の取扱いの特例に関する法律に規定する性別の取扱いの変更審判事件は，申立人の住所地の家庭裁判所の管轄であった（特別家審規17条の2）が，家事事件手続法においても，この規律を維持した（法232条1項）。

3 手続行為能力

性同一性障害者の性別の取扱いの特例に関する法律に規定する性別の取扱いの変更審判事件は，性質上，本人の自己決定権を尊重する必要があると解される。そこで，家事事件手続法においては，本人は，行為能力の制限を受けていても意思能力を有する限り，法定代理人によらずに，自ら有効に手続行為をすることができることを明確に規定した（法232条2項・118条）。

4 即時抗告

家事審判法のもとでは，性同一性障害者の性別の取扱いの特例に関する法律に規定する性別の取扱いの変更の申立てをした者は，その申立てを却下する審

Ⅱ　家事審判に関する手続　〔2〕　家事審判事件　論点47

判に対して即時抗告をすることができた（特別家審規17条の3・3条の5）が，家事事件手続法も，同様の規律とした（法232条3項）。

〔細　矢　　郁〕

第2編 各 論 新法の解説

論点 48 厚生年金保険法等に規定する審判事件

1 厚生年金保険法等に規定する審判事件の位置づけ等

　厚生年金保険法等に規定する審判事件は，厚生年金保険法，国家公務員共済組合法，私立学校教職員共済法及び地方公務員等共済組合法による離婚等をした場合における標準報酬の改定等の請求すべき按分割合に関する処分の審判事件（年金分割審判事件。別表第2の15項）である。これは，別表第2に掲げる事項についての審判事件であるから，家事事件手続法66条から68条1項，69条から72条までの家事調停をすることができる事項についての家事審判の手続の特則（合意管轄，申立書の写しの送付，必要的陳述聴取，審問の期日への立会い，事実の調査の通知，審理の終結，審判日の定め）が新たに適用されることになり（法233条3項），当事者の手続保障がより図られることとなった。

2 管　轄

　家事審判法のもとでは，厚生年金保険法等の規定による請求すべき按分割合に関する審判事件は，相手方の住所地を管轄する家庭裁判所の管轄に属するとされていた（特別家審規17条の6）。しかしながら，夫婦のいずれの住所地にも夫婦の生活状況等の資料が存在していると考えられること，管轄を相手方の住所地に限定すると当事者間の公平に反する場合があると考えられること，相手方の住所地が管轄になると紛争当事者が互いに相手からの申立てを待つことになりがちであり，その結果，紛争解決の遅延につながる可能性があること，相手方の協力が得られない場合については，電話会議システム等の利用や移送という手段も採り得ること等から，家事事件手続法においては，相手方の住所地だけでなく申立人の住所地にも管轄を認めることとした（法233条1項）。

3 陳述聴取

　上述のとおり，厚生年金保険法等に関する審判事件は，別表第 2 に掲げる事項についての審判事件と位置づけられ，当事者から陳述を聴取しなければならないが，同事件の審理においては，多くの場合，年金分割のための情報通知書等の客観的資料に基づき，婚姻期間，対象期間標準報酬総額，按分割合の範囲等を把握することで判断することが可能であり，当事者本人の陳述を審判期日において確認しなければならない場合はそれほど多いとは思われない。そこで，家事事件手続法においては，当事者の陳述については，申出があるときは審判期日においてしなければならないとする同法 68 条 2 項の規定を準用しないことを明確に規定した（法 233 条 3 項）。

4 即時抗告

　家事審判法のもとでは，厚生年金保険法等に規定する請求すべき按分割合に関する審判に対して即時抗告をすることができる（特別家審規 17 条の 8）とされていたが，家事事件手続法も，同様の規律とした（法 233 条 2 項）。

〔細矢　郁〕

第2編 各 論 新法の解説

論点 49 児童福祉法に規定する審判事件

1 児童福祉法に規定する審判事件の位置づけ

児童福祉法に規定する審判事件は，保護者による児童虐待等の場合における都道府県の措置についての承認及び都道府県の措置の期間の更新についての承認事件である（別表第1の127項・128項）。

2 管　轄

家事審判法のもとでは，児童福祉法に規定する審判事件は，当該児童の住所地の家庭裁判所の管轄であった（特別家審規18条）が，家事事件手続法においても，この規律を維持した（法234条）。

3 手続行為能力

都道府県の措置についての承認の審判事件（別表第1の127項）及び都道府県の措置の期間の更新についての承認の審判事件（別表第1の128項）は，児童を現に監護する者，児童に対し親権を行う者，児童の未成年後見人及び児童に対して重大な影響を及ぼすものであり，また，それらの者が審判の結果によって直接影響を受ける者であることから，それらの者の意思をできる限り尊重する必要があると解される。そこで，家事事件手続法においては，児童を現に監護する者，児童に対し親権を行う者，児童の未成年後見人及び児童は，行為能力の制限を受けていても意思能力を有する限り，法定代理人によらずに，自ら有効に手続行為をすることができることを明確に規定した（法235条・118条）。

4 陳述聴取

家事審判法のもとでは，当該児童を現に監護する者及び親権者（親権者のない

ときは未成年後見人）の陳述を聴取しなければならず，また，当該児童が満15歳以上であるときは，その児童の陳述を聴取しなければならないとされていた（特別家審規19条1項・2項）が，家事事件手続法は，原則として，この規律を維持した（法236条1項）。

5 審判の告知

家事審判法のもとでは，児童福祉法に規定する審判事件の審判の告知については，規律がなかった。この点，都道府県の措置についての承認の審判事件及び都道府県の措置の期間の更新についての承認の審判事件においては，申立人である都道府県知事又はその委任を受けた児童相談所長が審判を受ける者となるところ，児童を現に監護する者，児童に対し親権を行う者及び児童の未成年後見人は，承認の審判に強い利害関係を有し，また当該審判に対して即時抗告をすることができる者である（法238条1号・3号）。そこで，家事事件手続法においては，児童を現に監護する者，児童に対し親権を行う者及び児童の未成年後見人については，審判の告知を受ける者には該当しないものの（法74条1項参照），当該審判を告知しなければならないとした（法237条）。

6 即時抗告

家事審判法のもとでは，承認の審判に対しては，児童を現に監護する者及び親権者（未成年後見人）から，申立てを却下する審判に対しては，申立人から，それぞれ即時抗告をすることができた（特別家審規20条1項・2項・3条の5）が，家事事件手続法も，この規律を維持した（法238条）。

7 保全処分

家事審判法のもとでは，児童福祉法33条2項の規定による一時保護が加えられている児童について，保護者による児童虐待等の場合における都道府県の措置についての承認の申立てがあり，かつ，児童虐待の防止等に関する法律（平成12年法律第82号）12条1項の規定により，当該児童の保護者について，一定の制限がされている場合において，当該児童の保護のため必要があるときは，家庭裁判所は，当該申立人の申立てにより，審判が効力を生ずるまでの

間，当該保護者に対し，当該児童の住所等においてその身辺につきまといなどをしてはならないことを命ずることができた（特別家審規18条の2）が，家事事件手続法も，この規律を維持した（法239条）。

〔細矢　郁〕

論点 50 生活保護法等に規定する審判事件

1 生活保護法等に規定する審判事件の位置づけ等

　生活保護法等に規定する審判事件は，生活保護法30条3項に基づく施設への入所等についての許可（別表第1の129項）と同法77条2項（ハンセン病問題の解決の促進に関する法律21条2項において準用する場合を含む。）に基づく扶養義務者の負担すべき費用額等の確定審判事件である。このうち，扶養義務者の負担すべき費用額の確定の審判事件（別表第2の16項）は，別表第2に掲げる事項についての審判事件であるから，家事事件手続法66条から72条までの家事調停をすることができる事項についての家事審判の手続の特則（合意管轄，申立書の写しの送付，必要的陳述聴取，審問の期日への立会い，事実の調査の通知，審理の終結，審判日の定め）が新たに適用されることになり，当事者の手続保障がより図られることとなった。

2 管　　轄

　家事審判法のもとでは，生活保護法30条3項に基づく施設への入所等についての許可審判事件は，被保護者の住所地を管轄する家庭裁判所の管轄（特別家事規20条の2）に，扶養義務者の負担すべき費用額の確定の審判事件は，当該扶養義務者の住所地を管轄する家庭裁判所の管轄（同条の5）に属するとされていた。家事事件手続法においては，従前の規律を基本的に維持することとしたうえで，扶養義務者の負担すべき費用額の確定の審判事件については，数人の扶養義務者を相手方とする場合には，そのうちの一人の住所地の家庭裁判所において併せて審理判断することができるとすることが当事者の便宜にかなうと考えられることから，そのうちの一人の住所地を管轄する家庭裁判所にも管轄を認めることとした（法240条2項）。

3 手続行為能力

施設への入所等についての許可の審判事件（別表第1の129項）は、被保護者及び被保護者に対し親権を行う者又は被保護者の後見人に対して重大な影響を及ぼすものであるから、それらの者の意思を可能な限り尊重する必要があると解される。そこで、家事事件手続法においては、被保護者及び被保護者に対し親権を行う者又は被保護者の後見人は、行為能力の制限を受けていても意思能力を有する限り、法定代理人によらずに、自ら有効に手続行為をすることができることを明確に規定した（法240条3項・118条）。

4 陳述聴取

家事審判法のもとでは、被保護者を保護施設に収容すること等についての許可に関する審判をするには、当該被保護者の親権者又は後見人及び満15歳以上の当該被保護者の陳述を聴かなければならないとされていた（特別家審規20条の3第1項・2項）が、家事事件手続法は、申立てが不適法又は理由がないことが明らかなときを除き、この規律を維持した（法240条4項）。

5 審判の告知

家事審判法のもとでは、生活保護法等に規定する審判事件の審判の告知については、規律がなかった。この点、被保護者に対し親権を行う者及び被保護者の後見人は、被保護者の保護施設への入所等についての許可の審判に強い利害関係を有し、また当該審判に対して即時抗告をすることができる者である（法240条6項1号）。そこで、家事事件手続法においては、被保護者に対し親権を行う者及び被保護者の後見人については、審判の告知を受ける者には該当しないものの（法74条1項参照）、当該審判を告知しなければならないとした（法240条5項）。

6 即時抗告

家事審判法のもとでは、扶養義務者の負担すべき費用額の確定に関する審判については、内容のいかんにかかわらず、当事者又は利害関係人に即時抗告権

Ⅱ 家事審判に関する手続 〔2〕 家事審判事件 論点 50

を認めていた（特別家審規20条の6）。しかしながら，当事者には定型的に不服申立ての利益があると認められるが，当事者に不服がないのに，利害関係人に即時抗告権を認めるべき具体的必要性を想定し難い。そこで，家事事件手続法においては，当事者のみに即時抗告権を認め（法240条6項3号），利害関係人には認めないこととした。

〔細矢　郁〕

第2編 各 論 新法の解説

論点 51 精神保健及び精神障害者福祉に関する法律に規定する審判事件

1 精神保健及び精神障害者福祉に関する法律に規定する審判事件の位置づけ

　精神保健及び精神障害者福祉に関する法律（昭和25年法律第123号）は，精神障害者の後見人又は保佐人，配偶者，親権を行う者及び扶養義務者は，精神障害者に医療を受けさせ，その財産上の利益を保護しなければならないとしたうえ，保護者が数人ある場合の義務を行う順位を定めている。ところで，家庭裁判所は，本人の保護のために，利害関係人の申立てにより，配偶者及び親権を行う者以外の扶養義務者のうちから，保護者を選任することができ，本人の保護のために特に必要があると認める場合には，後見人又は保佐人以外の者の保護者の順位を変更できる。こうした保護者の選任及び順位の変更が，精神保健及び精神障害者福祉に関する法律に規定する審判事件（別表第1の130項）である。

2 管 轄

　家事審判法のもとでは，精神保健及び精神障害者福祉に関する法律20条2項ただし書の規定による保護者の順位の変更及び同項4号の規定による保護者の選任に関する審判事件は，精神障害者の住所地を管轄する家庭裁判所の管轄に属するとされていた（特別家審規21条）。

　家事事件手続法においては，従前の規律をそのまま維持したうえ，民法の扶養義務の設定の申立てが，精神保健及び精神障害者福祉に関する法律20条2項4号の規定による保護者の選任の申立てとともにされることが多い実情を踏まえ，これらの申立てを一の申立てによりするときは，精神障害者の住所地を管轄する家庭裁判所にも扶養義務の設定の申立てをすることができるとした

(法183条)。

3　意見聴取

　家事審判法のもとでは，保護者を選任する審判をする場合には，保護者となるべき者の意見を聴かなければならないものとされていたが（特別家審規22条），保護者の順位を変更する審判をする場合の意見の聴取に関する規定は存在しなかった。しかしながら，保護者は，精神障害者に治療を受けさせ，その財産上の利益を保護しなければならないなど精神障害者を保護する責任を負担する者であるから（精神保健及び精神障害者福祉に関する法律22条・41条等参照），保護者の順位を先順位に変更される者は，当該審判の結果に強い利害関係を有すると解される。そこで，家事事件手続法においては，保護者の順位の変更の審判（別表第1の130項）をするには，当該審判により先順位に変更される者（ただし，申立人を除く。）の意見を聴かなければならないとした（法241条2項1号）。

4　即時抗告

　家事審判手続法のもとでは，精神保健及び精神障害者福祉に関する法律に規定する審判事件に対する即時抗告権については，規律がなかった。しかしながら，上述のとおり，保護者は，種々の役割を担って精神障害者を保護する責任を負担する者であるから，保護者の順位の変更の審判にあっては当該審判により先順位に変更される保護者が，保護者の選任の審判にあってはそれにより保護者となるべき者が，それぞれの審判について重大な利害関係を有すると解される。そこで，家事事件手続法においては，保護者の順位の変更の審判に対しては当該審判により先順位に変更される者（申立人を除く。）が，保護者の選任の審判に対してはそれにより保護者となるべき者（申立人を除く。）がそれぞれ即時抗告をすることができることとした（法241条3項1号・2号）。また，保護者の順位の変更又は保護者の選任の申立てを却下する審判に対しては，申立人が即時抗告をすることができることとした（同項3号）。

5 保護者等の改任等

　家事審判法のもとでは、家庭裁判所は、いつでも、その選任した保護者を改任することができる (特別家審規23条) としたが、家事事件手続法は、同旨の規定を定めるとともに、家庭裁判所は、いつでも、保護者の順位の変更をすることができるとした (法241条4項)。

〔細矢　郁〕

論点 52 破産法に規定する審判事件

1 破産法に規定する審判事件の位置づけ

　破産法に規定する審判事件とは，破産手続が開始された場合における夫婦財産契約による財産の管理者の変更等，親権を行う者について破産手続が開始された場合における管理権喪失，破産手続における相続の放棄の承認についての申述の受理の事件類型である（別表第1の131項～133項）。

2 管　轄

　家事審判法のもとでは，破産法（平成16年法律第75号）61条1項において準用する民法758条2項及び3項の規定による，夫婦財産契約による財産の管理者の変更等の審判事件は，相手方の住所地を管轄する家庭裁判所の管轄に属するとされていた（特別家審規24条）。しかしながら，夫婦のいずれの住所地にも夫婦の生活状況等の資料が存在していると考えられること，管轄を相手方の住所地に限定すると当事者間の公平に反する場合があると考えられること，相手方の住所地が管轄になると，紛争当事者が互いに相手から申立てを待つことになりがちであり，その結果，紛争解決の遅延につながる可能性があること，相手方の協力が得られない場合については，電話会議システム等の利用や移送という手段も採り得ること等から，家事事件手続法においては，破産手続が開始された場合における夫婦財産契約による財産の管理者の変更等の審判事件については，相手方の住所地だけでなく申立人の住所地にも管轄を認めることとした（法242条1項1号）。

　また，家事審判法のもとでは，破産法61条1項において準用する民法835条の規定による管理権喪失の宣告に関する審判事件は，事件本人の住所地を管轄する家庭裁判所の管轄に属するとされていた（特別家審規26条）。しかしなが

ら，親権を行う者につき破産手続が開始された場合における管理権喪失の審判事件においては，子の利益に配慮する必要があり，子に関する情報が最も得やすい子の住所地の家庭裁判所において審理するのが相当であると考えられる。そこで，家事事件手続法においては，親権を行う者につき破産手続が開始された場合における管理権喪失の審判事件については，子の住所地を管轄する家庭裁判所の管轄に属することとした（法242条1項2号）。

なお，家事審判法のもとでは，破産法238条2項（同法243条において準用する場合を含む。）に規定する，破産手続開始の決定前に破産者のために相続の開始があった場合において，破産管財人がする相続放棄の申述の受理の申立ては，相続開始地の家庭裁判所の管轄とされていた（特別家審規28条）が，家事事件手続法においても，これが維持された（法242条3項3号）。

3 即時抗告

家事審判法のもとでは，破産手続における相続の放棄の承認についての申述を却下する審判に対する即時抗告を破産管財人又は利害関係人に認めていた（特別家審規30条，家審規115条2項・111条）。しかしながら，裁判所の許可を得て手続を行う破産管財人以外の者が即時抗告をして当該手続に関与してくることは相当ではないと考えられ，また，破産管財人以外の者に申述の却下の審判に対する不服申立てを認める固有の利益は想定し難い。そこで，家事事件手続法においては，破産手続における相続の放棄の承認についての申述を却下する審判については，利害関係人には即時抗告権を認めないこととし，破産管財人のみが即時抗告をすることができることとした（法242条2項）。

〔細矢　郁〕

論点 53 中小企業における経営の承継の円滑化に関する法律に規定する審判事件

1 中小企業における経営の承継の円滑化に関する法律に規定する審判事件の位置づけ

　中小企業における経営の承継の円滑化に関する法律（平成20年法律第33号）に規定する審判事件とは，中小企業の代表者の死亡等に起因する経営の承継がその事業活動の継続に影響を及ぼさないようにするために，後継者が取得した株式等及び株式等以外の財産の全部又は一部の価額を遺留分を算定するための価額に算入しないなどの合意等をした場合に，これについての家庭裁判所の許可を受ける事件である（別表第1の134項）。

2 管　　轄

　家事審判法のもとでは，本件合意についての許可審判事件は，旧代表者の住所地の家庭裁判所の管轄とされていた（特別家審規31条）が，家事事件手続法においても，この規律が維持された（法243条1項）。

3 審判の告知

　家事審判法のもとでは，本件合意についての許可の審判は，その効力が重大であることから，当該許可に係る合意の当事者の全員に告知すべきとされていた（特別家審規33条）が，家事事件手続法においても，この規律が維持された（法243条2項）。

4 即時抗告

　家事審判法のもとでは，本件合意についての許可の審判については，当該許可に係る合意の当事者の全員（ただし，申立人を除く。）が，却下の審判について

は，当該許可に係る合意の当事者の全員が，それぞれ即時抗告をすることができるとされていた（特別家審規34条1項・2項）が，家事事件手続法においても，この規律が維持された（法243条3項）。

〔細矢　郁〕

III 家事調停に関する手続

〔1〕 総　則

論点 54　家事調停に関する手続の通則

1　家事調停事項

　家事調停の対象となる事件は，人事に関する訴訟事件その他家庭に関するすべての事件（別表第1に掲げる事項についての事件を除く。）と包括的に規定されており（法244条），家事審判法のもとにおいても同様に定められていた（家審17条）[☆1]。

　人事に関する訴訟事件とは，人事訴訟法に規定されている婚姻関係事件，実親子関係事件，養子縁組関係事件，その他身分関係の形成又は存否の確認を目的とする訴えである（人訴2条）。事件数も多く，最も典型的な離婚事件は，協

☆1　家事事件手続法244条は，調停を行う事件について規定しているところ，調停成立で終了する事件のみならず，合意に相当する審判及び調停に代わる審判で終了する事件も「調停を行う」事件に含まれる。

議離婚が認められているため，当事者の自主的任意処分を許すものといえるのであり，家事調停の対象となる。これに対し，本来当事者の協議で自由に処分できる性質を有していない親子関係不存在確認事件などは，通常の調停手続ではなく，合意に相当する審判（法277条。家事審判法における23条審判）の手続で処理することになる。ちなみに，合意に相当する審判は，本来の審判ではなく，調停手続における特殊な審判であり，人事訴訟の代用又は簡易な手続である。

家庭に関する事件は，①親族又はこれに準ずる者の間という一定の身分関係の存在，②その間における紛争の存在，③人間関係調停の要求（余地）の存在の要素を備えているものをいう[☆2]。

家事審判法で乙類事件と呼ばれていた事件は，家事事件手続法においては，そのほとんどが別表第2の事件として家事調停の対象となる（法244条）。家事事件手続法24条は，人事に関する訴訟事件その他家庭に関する事件のうち，別表第1に掲げる事件を除く事件について，調停を行うと規定している。

家事審判法において乙類事件とされていたが，家事事件手続法では，別表第1事件とされたものとして，以下の(1)ないし(3)がある。

(1) 夫婦財産契約による財産の管理者の変更等（別表第1の58項）

夫婦が婚姻の届出前にした夫婦財産契約は，婚姻届出後に変更することはできない（民758条1項）が，夫婦の一方が，他の一方の財産を管理する場合において，管理が失当であったことによってその財産を危うくしたときは，他の一方は，自らその財産を管理することを家庭裁判所に請求することができ（同条2項），共有財産については，この請求とともに，その分割を請求することができる（同条3項）。夫婦財産契約における管理者の変更及び共有財産の分割の請求は，事由が限定されており，当事者間の協議を認めない趣旨と解されることから，家事事件手続法ではこれを調停をすることができる事件から除外するものとした。

[☆2] 実務講義案・167頁，最高裁判所事務局民事部編「家事審判法規の概説」民事裁判資料3号（1948）52頁ほか。

(2) 扶養義務の設定及びその取消し （別表第1の84項・85項）

　家庭裁判所は，特別の事情があるときには，直系血族及び兄弟姉妹のほか，三親等以内の親族間においても扶養の義務を負わせることができ（民877条2項），また，その扶養義務を負わせる審判があった後に事情の変更が生じたときは，その審判を取り消すことができる（同条3項）。民法877条2項の「特別な事情」とは，例えば，扶養義務を負わせることが相当と認められる程度の経済的対価を得ている場合などに限定して厳格に解するべきであるとされている。したがって，扶養権利者と扶養義務を設定される者との間での協議を認めない趣旨と解され，「特別な事情」があるかどうかを家庭裁判所が判断するものとすることが相当であるから，家事事件手続法ではこれを調停をすることができる事件から除外するものとした。

(3) 推定相続人の廃除及びその取消し （別表第1の86項・87項）

　遺留分を有する推定相続人が，被相続人に対して虐待をし，もしくはこれに重大な侮辱を加えたとき，又は推定相続人にその他の著しい非行があったときは，被相続人は，その推定相続人の廃除を家庭裁判所に請求することができる（民892条）。また，被相続人はいつでも，推定相続人廃除の取消しを家庭裁判所に請求することができる（民894条）。推定相続人の廃除の審判は，その相続人の相続権の剥奪という重大な効果を生じさせるものであるから，一定の事由がある場合に限って認められるべきであり，その事由がない限り，たとえ廃除を請求する者とされる者との間に合意ができても，廃除の調停を成立させるべきではないと解され，廃除事由については当事者の自由な処分を許容するものではないといえる。また，廃除の取消しは，いつでも被相続人から請求できるとされ，その要件とされるのは単に被相続人の意思のみであるが，その請求が被相続人の真意に基づくものかどうかを家庭裁判所が判断すべきことが求められていると解される。したがって，これらの趣旨を踏まえ，家事事件手続法では，推定相続人の廃除及びその取消しをいずれも調停をすることができる事件から除外するものとした。

第2編 各　論　新法の解説

2　管轄等及び移送

(1) 管　轄　等

　家事調停の土地管轄は，相手方の住所地を標準とすると定められている（法245条1項）。家事審判法のもとにおける規律（家審規129条1項前段）が維持されている。

　この土地管轄は，申立てのときに定まり（法8条），いったん適法にその家庭裁判所に係属した事件はその後に相手方の住所が変動してもそのために管轄違いとなるものではない。

　さらに，当事者が合意で管轄家庭裁判所を定めることができる（法245条1項）。これは，家事審判規則129条1項後段を実質的に維持するものである。ただし，同規則における管轄の合意は，必ずしも書面によることを要しないと解されていたが，家事事件手続法では，合意の有無についての紛争を避けるため，管轄裁判所を定める合意は書面でしなければならないこととされた（法245条2項，民訴11条2項・3項の準用）。管轄の合意は，専属的，競合的，選択的いずれの形でもなし得る。管轄権のある家庭裁判所に調停の申立てがあった後に，当事者がそれ以外の家庭裁判所を合意で定めたとしても，管轄の標準時は調停申立てがあった時であるから，調停の申立てを受けた家庭裁判所の管轄権が失われるものではない。ただし，実務的には，申立てを受けた家庭裁判所が，当事者が合意で定める家庭裁判所への移送の必要性を検討することになろう（法9条2項）[☆3]。

　管轄の合意が競合的又は選択的になされた場合は，複数の家庭裁判所が管轄権を有することになるが，この場合は，最初に事件の申立てを受けた家庭裁判所がその事件を管轄することになる（法5条。優先管轄）。

　遺産分割調停事件が係属している場合は，寄与分を定める処分の調停事件は，当該遺産分割調停が係属している裁判所の管轄に属する（法245条3項・191条2項）。これは合一処理を図るためであり，家事審判規則129条2項・99条の規律が実質的に維持されている。遺産分割の調停ではなく，審判事件

☆3　実務講義案・190頁。

が係属している場合には，寄与分を定める処分の調停事件の管轄は，相手方の住所地を管轄する家庭裁判所又は当事者が合意で定める家庭裁判所にということになりそうである（法245条3項の反対解釈）が，実務的には，寄与分を定める処分と遺産分割を切り離すことは相当でないので，遺産分割審判事件が係属している家庭裁判所に申立てをさせるよう促すことになろう。

なお，遺産分割調停事件と寄与分を定める処分の調停事件は合一処理を図るため，併合して行うこととされている（法245条3項・192条）。寄与分を定める処分の申立てが複数なされた場合にも同様である[☆4]。

(2) 移　　送

家庭裁判所で扱う家事調停の範囲は，必ずしも明確ではなく，また，親族間の紛争であっても，内容によっては，民事調停事件として処理することが適当な場合もある。

しかし，明らかに家事調停を行うことができない事件もある。こうした家事調停を行うことができない事件について家事調停の申立てがあった場合は，職権で，管轄権を有する地方裁判所又は簡易裁判所に移送することが義務づけられている（法246条1項）。もし，このような規定がないとすれば，申立てを却下すべきであると解されるが，家事事件手続法も家事審判規則129条の2第1項の規定と同様，このような場合の移送を認めた。これは，民事調停及び家事調停を通じて要請される簡易性と当事者の不利益の防止のために認められた特則であるといえる[☆5]。

家事調停を行うことができる事件であっても，事件を処理するために必要があると認めるときは，職権で，事件の全部又は一部を管轄権を有する地方裁判所又は簡易裁判所に移送することができる（法246条2項）[☆6]。家事審判規則129条の2第2項は，「土地管轄の規定にかかわらず」と規定して，土地管轄

[☆4] 実務講義案・191頁。
[☆5] 実務講義案・192頁。
[☆6] 例えば，親族間における金銭消費貸借に関する事件など家事調停も民事調停もできような場合である。家事事件手続規則（124条・8条2項）において，移送について当事者の意見を聴くことになっている。

第 2 編 各　　論　　新法の解説

権に関係なく，その事件を民事調停事件として事物管轄権を有する地方裁判所又は簡易裁判所に移送することができるものとしていたが，家事事件手続法では，民事調停事件として移送するからには，原則として当該民事調停事件の土地管轄を有する裁判所が処理するべきものとし，「土地管轄の規定にかかわらず」の文言は削除された☆7。

そして，家事事件手続法 246 条 3 項が新たに設けられ，家庭裁判所は，事件を処理するために特に必要があると認めるときは，同条 1 項・2 項の規定にかかわらず，その事件を管轄を有しない地方裁判所又は簡易裁判所に移送することができるものとされた。「事件を処理するために特に必要があると認めるとき」とは，家事審判規則 129 条の 2 第 1 項の規定と同様，本来の管轄に従うならば，当事者の経済力等からすると，一方に著しい負担を強いる結果になる場合，又は関係人の住所地等の関係から事件処理に多くの時間や費用を要することになる場合など，土地管轄の原則をゆるめることが事件の迅速適正な処理のために必要と認められる場合をいう。この点は，家庭裁判所の裁量により判断されることになる。ただし，民事各種調停事件について定められた各裁判所の事物管轄はそのままとするため，括弧書で「事物管轄権を有するものに限る。」と規定されている☆8。

なお，家事調停事件を誤って地方裁判所ないし簡易裁判所に対して民事調停の申立てをした場合も，管轄権のある家庭裁判所に移送される（民調 4 条 2 項本文）。

移送の裁判は，当事者に重大な影響を及ぼすので，これに対しては，即時抗告をすることができる（法 246 条 4 項・9 条 3 項〜5 項）。また，家事事件手続法では，これまでと異なり，移送の裁判に拘束力を認めた（法 246 条 5 項・民訴 22

☆7　家事調停ができない事件は，家事審判規則 129 条の 2 第 1 項では，管轄地方裁判所又は管轄簡易裁判所に「移送しなければならない」とされ，同項ただし書で「事件を処理するために特に必要があると認めるときは土地管轄の規定にかかわらず，事件の全部又は一部を他の管轄裁判所に移送することができる。」とされていたが，家事事件手続法 246 条 1 項及び 3 項によって整理された。

☆8　したがって，例えば，農事調停事件を簡易裁判所に移送することはできない（民調 26 条参照）。

条)。

3 調停機関

　家事調停を行うのは，官署としての家庭裁判所（裁判所法上の裁判所）の権限である（裁31条の3第1項1号）。事件が受理されると，各裁判官に配てんされ，手続上の家庭裁判所（受調停裁判所）が定まる。

　調停の合意案を検討して調停案を作成し，当事者間の合意形成に向けて調整作業をするという本質的な調停行為を行って調停事件を処理する調停機関は，調停委員会又は一人の裁判官（家事調停官）である。家庭裁判所が相当と認めるときは，裁判官のみで調停を行うことができる（法247条1項）。しかし，当事者から申立てがあったときは，調停委員会で調停を行わなければならない。つまり，裁判官のみで調停を行うことはできないことになる（法247条2項）。これは，家事審判法3条2項・3項の規律をそのまま維持するものであり，本来，自主的紛争解決手段である調停は，知識，経験が豊富な一般国民である家事調停委員で構成される調停委員会による調停を原則とするためである。当事者からの申立ては，双方でなくともよく，どちらか一方の申立てがあれば，調停委員会で調停手続を行わなくてはならない。

4 調停委員会

(1) 構　成

　調停委員会は，裁判官1人と家事調停委員2人以上で構成される（法248条1項）。調停委員会は原則的な調停機関であり，このような調停の形を実務では「委員会調停」という（なお，裁判官が1人で行う調停を実務上「単独調停」と呼んでいる。）。家事審判法22条の規律がそのまま維持されたものである。

(2) 家事調停委員の指定

　家事調停委員は，司法機関である最高裁判所によって，当初から非常勤の公務員として任命される（民事調停委員及び家事調停委員規則1条）。その任命に必要な事項は最高裁判所規則によって定める（法249条1項）こととされているが，弁護士となる資格を有する者，家事の紛争の解決に有用な専門的知識経験を有

する者，又は社会生活のうえで豊富な知識経験を有する者で，人格識見が高い，原則として年齢40年から70年未満の者から，最高裁判所が任命し，その任期は2年とされている。再任されることも可能である（民事調停委員及び家事調停委員規則1条・3条）。

家事調停委員には，法律の定めるところにより手当が支給され，最高裁判所規則で定められた旅費，日当及び宿泊料が支払われる（法249条2項）。

家庭裁判所（受調裁判所）は，具体的事件について，家事事件手続法247条2項で裁判官のみで行う調停を行うのが相当と認められる場合以外は，任命された家事調停委員の中から2人以上の家事調停委員を指定する（法248条2項）。2人以上というのは，最低2人はいないと調停委員会を構成しないという趣旨である。したがって，裁判官と調停委員1人のときは，委員会調停ではなく，裁判官だけで行う調停ということになる。家事調停委員指定の方式について特段の定めはないが，実務上は，調停の事件記録の表紙裏面に設けられている「家事調停委員指定欄」に裁判官が認印を押すなどの方法によって家事調停委員を指定している。

(3) 家事調停委員の職務
  (a) 調停への関与
  調停委員会の構成員として調停に関与する（調停委員会の権限については，後記**論点 56** の 2 参照）。
  (b) 受命による事実の調査
  調停委員会は，調停委員会を組織する家事調停委員に事実の調査を行わせることができる（法262条）。家事審判規則137条の4と同旨の規定である。
  (c) 調停委員会の構成外の職務
  調停委員会は，必要があるときは，調停委員会を構成しない家事調停委員の専門的な知識経験に基づく意見を聴取することができる（法264条1項）。家事審判法22条の2の規定と同旨である。意見を聴取する家事調停委員は家庭裁判所が指定する（法264条2項）。指定を受けた家事調停委員は，調停委員会に出席して意見を述べる（同条3項）。家庭裁判所には豊富な知識と経験を有する家事調停委員が多数所属している一方，家事事件は複雑困難化していることか

ら，家事調停委員の知識経験及び能力を有効に活用し，調停事件を適正かつ円滑に処理するために，昭和49年の法改正によって設けられた規定である家事審判法22条の2第1項，家事審判規則136条の2の規定が家事事件手続法でも維持された。

5 家事調停官

家事審判法は，平成16年1月から，家事調停官の制度を導入していたが（家審26条の2），家事事件手続法においても，そのまま維持されている（法250条）。

家事調停官は，弁護士で5年以上その職にあった者のうちから，最高裁判所が任命する（法250条1項）。任期は2年で，再任されることも可能であるが，非常勤である（同条3項・4項）。家事調停官は，①弁護士法7条各号に該当するとき，②心身の故障のために職務の執行ができないとき，③職務上の義務違反その他家事調停官たるに適しない非行があると認められるときに該当しない限り解任されない（同条5項）。そのほか，家事調停官の任免に必要な事項は最高裁判所規則で定められる（同条6項）。

家事審判法では，家事調停官は家事調停事件の処理に必要な職務を行うとされていた（家審26条の2第2項）。その職務の内容としては委員会調停における裁判官の職務を行うほか，単独調停における裁判官の職務も行うものとされていた。

家事事件手続法では，家事調停官は，家庭裁判所の指定を受けて，家事調停事件を取り扱う（法251条1項）が，その取り扱う事件を処理するうえで有する権限は，家事事件手続法で，家事調停事件の処理に関する家庭裁判所，裁判官及び裁判長の権限として定められているものすべてであるとされた（同条2項）[9]。したがって，合意に相当する審判や調停に代わる審判も行うことができる。裁判所書記官，家庭裁判所調査官及び医師である裁判所技官に対しても必要な命令をすることができる（同条4項）[10]。しかし，家事調停官の権限は，

---

[9] 家事事件手続規則125条は，同規則において家庭裁判所，裁判官又は裁判長が行うものとして定める家事調停事件の処理に関する権限を行うことができると規定している。

指定を受けた家事調停事件に限り，家事調停手続の処理という限度で付与されているものであるから，合意に相当する審判に対する異議の申立てについての裁判など家事調停手続における裁判に対する不服申立ての手続や調停が成立した事項の履行状況の調査など家事調停事件が終了した後に予定されている手続については家事調停官の権限に含まれない。

家事調停官には，法律の定めるところにより手当が支給され，最高裁判所規則で定められた旅費，日当及び宿泊料が支払われる（法251条5項）。

6 家庭裁判所調査官

家庭裁判所調査官は，家事調停において，裁判官（家事調停官）の命令により事実の調査を行う（法261条2項）（後記**論点 56** の **4**(2)参照）。

家庭裁判所は，家事調停事件の処理に関し，事件の関係人の家庭環境その他の環境の調整を行うために必要があると認めるときは，家庭裁判所調査官に社会福祉機関との連絡その他の措置をとらせることができる（法261条5項・59

☆10　家事調停官の権限の主なものは以下のとおりである。
　① 家庭裁判所が行うものとして定める家事調停事件の処理に関する権限
　　　手続代理人の許可（法22条），補佐人の許可（法27条），傍聴の許可（法33条ただし書），手続の併合又は分離（法35条），移送（法246条），裁判官のみで調停を行うことの判断（法247条），調停委員の指定（法248条2項），記録の閲覧等の許可（法254条1項），申立書の写しの送付（法256条1項），家事審判の手続の規定の準用による権限（法258条1項）
　② 調停委員会で行う調停において調停委員会を組織する裁判官が行うものとして定める調停事件の処理に関する権限
　　　家事調停の手続の指揮（法259条），調停委員会を組織する裁判官の権限（法261条），急迫の事情がある場合の調停前の処分（法266条2項）
　③ 裁判官のみで行う調停において裁判官が行うものとして定める調停事件の処理に関する権限
　　　裁判所書記官に事実の調査をさせること（法267条），調停条項案の提示（法270条）
　④ 裁判長が行うものとして定める調停事件の処理に関する権限
　　　申立書却下命令（法255条4項・50条5項），通知の費用の予納及び申立書却下（法255条4項・50条4項・5項），裁判長の手続指揮権（法258条1項・53条）

条3項)。これは，家事審判規則7条の5の規律を維持するものである。具体的には，子の監護に関する事件等で，児童相談所との連携を図りその後の監護について環境を調整しながら当事者の合意を形成することなどがこれに該当する。

7　家事調停の当事者

(1)　当事者能力

家事事件手続法において，当事者能力についての規定が設けられ，民事訴訟法の当事者能力に関する規定を準用することが明らかにされた（法17条1項)。前記**論点5**「当事者能力と手続行為能力」も参照されたい。

(2)　当事者適格

当該家事調停事件について当事者となり得る資格又は権能を当事者適格という。

当事者適格を有する者として一般に次のような者が考えられている☆11。

(a)　別表第2事件に関する調停事件においては，別表第2事件の審判事件において当事者適格を有するとされる者☆12

(b)　人事訴訟事項に関する調停事件においては，人事訴訟法上当事者適格を有するとされる者☆13

(c)　その他の事項に関する調停事件においては，当該紛争の解決を求める利益を有する者（すなわち，紛争の当事者，紛争に原因を与えている者及び紛争の解決に直接関係し得る者）

☆11　実務講義案・180頁（ただし，家事審判法における説明)。
☆12　遺産分割事件においては，包括受遺者，相続分譲受人などについて当事者適格を有するか検討を要する（田中壮太ほか「遺産分割事件の処理をめぐる諸問題」司法研究報告書45輯1号（1993）166頁)。財産分与事件，扶養請求事件などでも当事者適格が問題となる場合がある（実務講義案・182頁)。
☆13　後記**論点60**合意に相当する審判の「**2　合意に相当する審判の当事者**」の項参照。

(3) 手続行為能力

　家事事件手続法においては，手続行為能力について規定が設けられ，民事訴訟法の訴訟能力に関する規定を準用することが明らかにされた（法17条1項）（前記**論点5**参照）。

　財産関係の行為に関する手続行為能力は，これまでも民事訴訟法の訴訟能力の有無によって判断されると解釈されており，実務の運用は(a)ないし(e)のとおりであった。

　(a)　民法上の行為能力の制限を受けていない者は，すべて手続行為能力を有するので，自ら調停行為をすることができる。

　(b)　成年被後見人は，原則として手続行為能力はなく（民訴31条参照），後見人によってのみ調停行為をすることができる。

　(c)　未成年者は，原則として手続行為能力はない（民訴31条）ので，法定代理人によってのみ調停行為をすることができる。ただし，未成年者であっても既婚者は調停行為をすることができるし，独立して法律行為をなし得る場合（民6条1項，商5条）は調停行為をすることができる。

　(d)　被保佐人は，自ら調停行為をすることができるが，そのためには保佐人の同意が必要である（民13条1項4号）。ただし，相手方となって調停行為をするには同意を要しない（民訴32条1項）。さらに，被保佐人が保佐人の同意を得た場合でも，また同意を要しない場合でも，申立ての取下げや調停の成立等調停を終了させる行為には特別な同意がいる（同条2項）。

　(e)　被補助人は，当該補助開始の審判があっても，何ら法律行為の制限を受けるものではないから，自ら調停行為をすることができる。ただし，調停行為をするにつきその補助人の同意を要する旨の審判が併せてなされた場合（民17条）は，調停行為を行うにつき，被保佐人と同様の制限を受けることになる。

　身分関係の行為については，それが当事者本人の人格に最も影響が大きい行為であるから，できるだけ本人の意思に基づくことが望ましいと考えられ，人事訴訟では，通常の民事訴訟において訴訟能力をもたないとされている者にも意思能力がある限り訴訟能力を認めている（人訴13条1項）のと同様，調停においても意思能力がある限り調停行為をすることができるものと解されていた。

Ⅲ 家事調停に関する手続 〔1〕 総　　則　論点 54

　家事事件手続法では，以下の調停事件において 252 条 1 項各号に定められた者は，同法 17 条 1 項の規定にかかわらず，法定代理人によらずに，自ら手続行為をすることができることが明文で規定された。
　(a)　**夫婦間の協力扶助に関する処分**（別表第 2 の 1 項）　　夫及び妻（法 252 条 1 項 1 号）
　(b)　**子の監護に関する処分**（別表第 2 の 3 項）　　子（法 252 条 1 項 2 号）
　(c)　**養子の離縁後に親権者となるべき者の指定**（別表第 2 の 7 項）　　養子，その父母，養親（法 252 条 1 項 3 号）
　(d)　**親権者の指定又は変更**（別表第 2 の 8 項）　　子及びその父母（法 252 条 1 項 4 号）
　(e)　**人事訴訟法 2 条に規定する人事に関する訴えを提起することができる事項**　　人事訴訟法 13 条 1 項の規定が適用されることにより訴訟行為をすることができることとなる者（法 252 条 1 項 5 号）
　(a)と(b)の調停事件については，財産上の給付を求めるものは除かれている（法 252 条 1 項本文括弧書）。
　親権者又は後見人は，未成年者又は成年被後見人が法定代理人によらず自ら手続行為をすることができる場合であっても，未成年者又は成年被後見人を代理して手続行為をすることができると規定されている（法 18 条）。しかし，親権者又は後見人は，以下の①ないし④の者を代理して調停成立の合意（法 268 条 1 項），調停条項の書面による受諾（法 270 条 1 項），調停に代わる審判に服する旨の共同の申出（法 286 条 8 項）をすることはできない（法 252 条 2 項）。
　①　上記(a)(c)(d)（法 252 条 1 項 1 号・3 号・4 号）の調停事件における未成年者又は成年被後見人である家事事件手続法 252 条 1 項各号に定める者☆14
　②　離婚の調停事件における夫又は妻
　③　離縁の調停事件における養親
　④　離縁の調停事件における未成年者又は成年被後見人である養子（15 歳以

☆14　家事事件手続法 252 条 1 項 2 号（前記(b)）の子の監護に関する処分の調停は，親権者又は後見人が合意をすることができる。したがって，例えば，父母が未成年者の場合，子の面会交流について，父母の法定代理人が父母に代わって協議をすることになる（島津一郎＝阿部徹編『新版注釈民法⑳』（有斐閣，2008）104 頁〔梶村太市〕）。

上のものに限る。)☆15

8 調停手続における代理

代理については，前記**論点6**「法定代理人」の項を参照されたい。

(1) 法定代理

家事事件手続法252条2項に規定する身分上の行為は，法定代理人が本人を代理して行うことはできない（前記7(3)参照）。

調停においても，手続行為能力は意思能力があることが前提となるので，例えば，意思能力のない成年被後見人は，手続行為能力がなく，離婚のような身分関係事項は法定代理に親しまないので，成年被後見人本人も成年後見人もいずれも調停を行うことはできない（この場合，成年後見人又は成年後見監督人を職務上の当事者とする離婚訴訟によるほかない。人訴14条1項・2項）。

(2) 任意代理

離婚，内縁解消，離縁，親権者の指定及び変更，監護者の指定及び変更等の調停事件において，調停を成立させるための合意は，代理人をもってすることは許されないと解されている☆16。

合意に相当する審判の調停事件については，この合意を実体法上の身分関係に関するものとみる実体法説と手続法上の合意とみる手続法説があり，手続法説によれば，代理人による合意は可能ということになる☆17。この点については，家事事件手続法のもとにおいても，解釈に委ねられている。

なお，合意に相当する審判における合意が電話会議，テレビ会議によることができないことについては後記**論点57**の「4　電話会議，テレビ会議」のとおりである。

☆15　養子が15歳未満の場合には，養親と離縁後に養子の法定代理人となるべき者との間で離縁の合意をすることになる。
☆16　実務講義案・188頁。
☆17　注解家審法・796頁〔窪田もとむ〕。

9　参　　加

参加については，前記**論点 11** の「**3　当事者参加及び利害関係参加**」の項を参照されたい。

調停手続においても，当事者参加，利害関係参加及び排除の規定が準用されている（法258条1項・41条～43条）。

10　受　　継

受継については，前記**論点 11** の「**5　受継**」の項を参照されたい。

調停手続においても，法令により手続を続行する資格のある者による受継についての規定が準用されている（法258条1項・44条）。調停手続では，従前の手続に当事者として加わっていなかった別の申立権者がいるという場合は非常に例外的であり，調停は当事者ごとによる個別性の強い事件であって，あえて従前の資料やそれまでの手続の状態の引継ぎを認める必要性に乏しいことから，別の申立権者が受継することは認められていない（審判手続における法45条は調停事件には準用されていない。）。

〔髙取　真理子〕

論点 55　家事調停の申立て等

1　書面による申立て

　家事審判法では，申立ては口頭でもよいとされていたが（家審規3条），家事事件手続法では，申立ては書面によらなければならないとされた（法255条1項）。申立てによって求められる調停事項を明確にすることが，簡易迅速な事件処理に資すると考えられるからである。

　なお，身体上の障害等により書面を作成することが困難な申立人については，裁判所職員が代筆し，申立人の署名押印を求める方法で申立書を作成するという方法（準口頭申立て）が可能である。

2　申立書の記載事項

　家事事件手続法では，家事調停の申立書に「当事者及び法定代理人」「申立ての趣旨及び理由」を記載しなければならない（法255条2項）。家事審判法では「申立人の氏名，住所」を記載するものとされていた（家審7条による旧非訟9条1項1号の準用）が，相手方のある調停事件においては，相手方についても記載すべきであるとの趣旨で「当事者」を記載させることにしたのである。

　また，家事審判法のもとでは，「申立ての趣旨」及び「事件の実情」を明らかにしなければならないとされていた（家審規2条）が，家事事件手続法では「申立ての趣旨」とともに「申立ての理由」を記載しなければならないものとされた（法255条2項）。これは，「申立ての実情」より「申立ての理由」の方が，どのような紛争についてどのような趣旨の家事調停を求めるのかが明らかとなるためである。「申立ての趣旨」と「申立ての理由」が必ずしも明確に区別されていないとしても，両者が相まって調停を求める事項が特定されていれば，申立書に不備はないことになる。また，家事事件手続法では，申立書に不

備があり，その補正を命じられたにもかかわらずこれに応じなかった場合には「申立書却下」が命じられることになった（法255条4項・49条5項）が，申立書却下の判断をするためにも，申立書の内容を明確にすべきであると考えられたことによる。

調停の申立ての方法については，審判の申立てについての規定が準用されている（法255条4項・49条3項〜6項・50条〔1項ただし書を除く〕。）[1]。

3 申立ての却下

家事調停事件の申立てが不適法である場合は，これを却下する審判を行う。この審判に不服があれば，即時抗告をすることができる（法255条3項）。家事調停事件の申立てが不適法となるのは，例えば，申立人に当事者適格がない場合などが考えられる。

4 申立ての併合，申立ての変更，申立書却下

前記2のとおり，審判申立ての規定が準用され（法255条4項），2つ以上の事項についての調停を申し立てる場合に，これらの事項の手続が同種であり，これらの事項が同一の事実上及び法律上の原因に基づくときは，一つの申立てで数個の調停を求めることが可能である（申立ての併合）（法255条4項・49条3項）[2]。数個の関連する事件を同一の手続で進めることにより手続の重複等を避けることができ，手続経済にも資すると考えられたことによる。ただし，併合管轄は認められていないので，いずれの申立てについても当該裁判所に管轄がなければならない。

また，申立ての基礎に変更がない限り，申立ての趣旨又は理由を変更することもできる（申立ての変更）（法255条4項・50条）。申立ての基礎に変更がないと

---

[1] 家事調停の申立て及び申立書については，家事事件手続規則127条に具体的に記載すべき事項等について規定されている。

[2] 例えば，夫婦関係調整（離婚調停）と婚姻費用の調停のように，訴訟事項に関する調停と審判事項に関する調停とを併合することもでき，これらの調停を一つの申立て（1通の申立書）で行うことができる。ただし，事件としては複数であるとされるので，事件番号や手数料の納付，事件ごとに必要となる。

は，調停を求める事項に係る権利関係の基礎となる事実が共通し，変更後もそれまでの資料を調停の手続に利用することができる場合であると解される。申立ての変更について規律を設ける趣旨は，家事調停の対象を明確にすることにより，審判に移行した場合にその対象が不明確になり，混乱することを防ぎ，また，除斥期間・時効期間のある事件について申立ての時期を明らかにしておくことにある。

なお，家事事件の申立てには，厳密な意味での拘束力があるわけではなく，申立ての趣旨については，その幅が比較的にゆるく，広いものと解されている。そして，その申立ての範囲内で申立ての趣旨や理由を変更する場合には，申立ての変更の必要はないとされている（例えば，養育費の請求において，申立ての趣旨に金額を明示していた場合，その金額を超えたからといって申立ての趣旨の変更が必要となるものではない。）。

申立てを柔軟に取り扱う，という点については，当事者に利用しやすい手続という意味からすれば，審判よりも調停の方がゆるやかな運用とするのが相当であろう。円満な紛争解決のために，手続の進行にしたがって話合いの対象を変化させることは当然許容されるべきである。

申立書に必要な記載がない場合や家事調停の申立ての手数料を納付しない場合は，裁判長は，相当の期間を定め，その期間内に不備を補正すべきことを命じる（法255条4項・49条4項）。申立人が不備を補正しないときは，裁判長は，命令で，家事調停の申立書を却下しなければならない（法255条4項・49条5項）☆3。これは，相手方の住所の記載が不正確であったために補正を命ぜられた申立人が，正当な理由なく補正に応じないために裁判所が申立書の送付ができない場合や申立書送付費用又は呼出費用の予納をしない場合に，家事調停手続の進行が困難になることに対応するためである。

その命令に対しては即時抗告をすることができる（法255条4項・49条6項）。

☆3　前記のとおり，調停の場合は，「申立ての趣旨」と「申立ての理由」が相まって，求める調停の内容が特定されることもあり，その意味では，「申立ての理由」によって求める内容が審判より抽象的であっても特定されているといえる場合もあるから，申立書却下の判断においては，その違いを考慮すべきである。

Ⅲ 家事調停に関する手続 〔1〕 総　　則　論点 55

5　申立書の写しの送付

　家事事件手続法では，原則として調停の申立書の写しを相手方に送付することが規定された（法 256 条 1 項）。
　家事審判法では，申立書の写しを相手方に送るかどうかは，家庭裁判所の裁量に委ねられていたが，相手方が申立ての内容を知ったうえで調停に臨むことが，調停を充実させ，早期の解決の観点から重要と考えられるため，申立書を送付することとされたのである。ただし，申立てが不適法であったり，家事調停の期日を経ないで調停をしない措置により調停を終了させるときは除かれている。家事審判事件とは違い，家事調停では，裁判所が申立てに理由があるか否かについて公権的に判断するものではないため，「理由がないことが明らかなとき」であっても，申立書の写しを送付しなければならない。したがって，申立書の記載内容が明らかにおかしなものであり，その内容では，調停が成立する見込みはなく，不成立になる可能性が高いとしても，他の例外事由がない限り，申立書を送付しなければならない点には留意する必要がある。ただし，申立書を送付することにより，相手方との感情的対立が激しくなるおそれがあったり，申立書に個人の秘密にわたる内容が記載されているような場合は，家事調停の円滑な進行を妨げるおそれがあるものとして例外的に申立書を送付しなくてもよいとされている。そのような場合は，家事調停の申立てがあったことを通知することをもって，家事調停の申立書の写しの送付に代えることができる（法 256 条 1 項ただし書）。

6　調停前置主義

　家事事件手続法 244 条により調停を行うことができるとされる「人事に関する訴訟事件その他家庭に関する事件」について訴えを提起しようとする者は，まず家庭裁判所に家事調停の申立てをしなければならない（法 257 条 1 項）。これを「調停前置主義」という。これは，家庭に関する事件をいきなり訴訟手続によって公開の法廷で争わせるのは，家庭の平和と健全な親族共同生活の維持を図るという見地からは望ましくないので，こうした紛争については，当事者の互譲により円満かつ自主的に解決しようとするためである。これ

第2編 各 論 新法の解説

は，家事審判法18条1項の規律を維持するものである。

　家事調停の申立てをすることなく人事訴訟等の訴えが提起された場合は，受訴裁判所は職権で，事件を家事調停に付さなければならない。ただし，裁判所が事件を調停に付することが相当でないと認めるときは，家事調停に付さなくてもよい（法257条2項ただし書）。例えば，相手方が所在不明であるような場合は，調停をしても出頭の見込みがないので，家事調停をせずに訴えの提起をすることができると考えられる。これは，家事審判法18条2項ただし書の規律を基本的に維持するものである（付調停の手続等については後記**論点 59**参照）。

　なお，別表第2事件の審判事件については，調停前置主義の適用はないとされている☆4。

〔髙取　真理子〕

☆4　家審法講座(3)・34頁〔沼邊愛一〕，注解家審法・67頁〔岩井俊〕。実務上は，調停による解決が望ましいとして，付調停の制度を利用して，いわゆる運用上の調停前置が行われる場合が多い。

論点 56 家事調停の手続

1 家事審判の手続の準用

　家事事件手続法においては，家事調停の手続について家事審判と同様の規律のときには，家事審判の規定を準用している（法258条1項）。

　家事審判法のもとでは，強制参加，参加，受継や事実の調査及び証拠調べ（家審法20条・12条，家審規131条・14条・15条・137条・7条1項）のように審判手続の規定が調停手続に準用されているものもあったが，その趣旨から同様に解されながら，必ずしも明文をもって準用されていないものもあった。

　家事事件手続法は，家事審判及び家事調停の手続を整備し，審判手続の規定を調停手続に準用する必要があるものについては，明文をもって規定した。

　これを概略的にいえば，家事調停においても，家事審判と同様に，当事者が主体的に紛争を解決する姿勢に乏しいなど，調停の進行に協力的でなく，調停に必要な資料をなかなか提出しなかったり，家庭裁判所調査官の調査にもなかなか応じようとしなかったりすることがある。そのため，こうしたことが家事調停の進行の障害とならないように，事実の調査及び証拠調べにおける当事者の責務（法56条2項）の規定が家事調停にも準用されている。調停を充実させるためには，その趣旨を踏まえて，当事者に対して，調停に必要となる資料等の提出等に協力するように積極的に働きかけることが期待される。また，子の意思の把握等（法65条）についても，子の意思を把握することの重要性は，家事調停においても変わらないことから準用されている。家事調停事件においては，家事調停委員の果たす役割が大きいので，今後は，まず家事調停委員自身が子の意思の把握の重要性について十分理解し，そのうえで家庭裁判所調査官を活用するなどして，その趣旨を踏まえた調停運営がなされることが期待される。さらに，電話会議，テレビ会議の方法（法54条）についても，これらの手

続が家事調停に準用され，これらの方法で家事調停を進行させることが可能となった（詳細は**論点57**「**4 電話会議，テレビ会議**」のとおりである。）。今後は，具体的にどのように活用すべきかについて十分検討されるべきである。その他，参加（法41条～43条），受継（法44条），期日（法51条～55条），事実の調査及び証拠調べ（法56条1項・57条～62条・64条），家事調停に関する審判（法73条・74条・76条〔1項ただし書を除く。〕・77条・79条），家事調停に関する審判以外の裁判（法81条）の規定も準用されているが，これらをどのように具体化し，活用すべきかについて十分検討されなければならない。

2　調停委員会の権限

　調停委員会は，しかるべき調停合意点の探知，調停案の作成及び当事者間の調停合意の形成に向けた調整といった本質的調停行為のために必要な，①手続代理人の許可等（法260条1項1号），補佐人の許可等（同項2号），傍聴の許可（同項3号），手続の併合等（同項4号），申立ての変更（同項5号），参加，排除，受継，事件の関係人の呼出し，電話会議又はテレビ会議の方法よる通話の方法による手続並びに事実の調査及び証拠調べに関する権限（同項6号），②調停をしない場合の事件の終了（法271条），③調停前の処分（法266条）等を行う権限を有する。

　これらの本質的な調停活動に関わる行為についての権限は調停委員会に，それ以外の準備的又は事後的行為についての権限は手続上の調停裁判所に，それぞれ属することを前提に振分けがなされている。

　また，調停委員会は，決議により，調停委員会を組織する裁判官に事実の調査及び証拠調べをさせ，あるいは裁判官をして家庭裁判所調査官による家庭環境等の調整的措置や裁判所書記官による事実の調査等を命じさせることができる（法261条）（後記**4**(3)参照）。

　調停委員会が家事調停を行う場合には，手続代理人の選任等（法23条1項・2項），期日の指定（法34条1項），調書の作成に関する裁判長の権限（法253条ただし書）は，家事調停の準備的又は事後的行為として，調停委員会を組織する裁判官が行う（法260条2項）。前記**I論点9**「家事事件の審理」のとおり，家事事件手続法では，期日の指定の規定は裁判長が行うものと明記されたが，

期日の指定は手続の進行を図るものであり，簡易迅速に行う必要があるため，調停委員会を組織する裁判官が行うことが相当とされたものである。

3 調停委員会による調停運営

調停委員会は合議制の調停機関である。

調停委員会の意思決定は，構成員の決議によることになるが，決議は過半数の意見により，可否同数の場合は，裁判官の決するところによる（法248条3項，家審規135条）。

決議の前提として，十分な評議（調停委員会の構成員が意見を交換し，相談すること）を要するが，この評議の内容や構成員の意見は秘密とされている（法248条4項，家審規136条）。

調停委員会が行う家事調停の手続は，調停委員会を組織する裁判官の指揮のもとに進められる（法259条）。家事審判規則134条も同旨（家事審判官が指揮するとされていた。）であった。これについては，家事審判の手続（法52条）と異なり，規律の対象を期日における手続に限っていないので，調停委員会の評議における手続指揮等期日外における手続指揮も想定されている。

4 調停手続における事実の調査等

家事事件手続法では，調停委員会が調停に必要な資料を収集するための手段として，以下のような制度が採用されているが，おおむね家事審判法や家事審判規則の規律が維持されている。

(1) 調停委員会等が行うもの

調停委員会は，必要な事実の調査及び証拠調べをしなければならないとされている（法260条1項6号・56条1項）。調停委員会は，これらを自ら行うほかに，当該調停委員を組織する調停委員に事実の調査をさせたり（法262条本文），調停委員会の決議により，当該調停委員会を組織する裁判官に事実の調査及び証拠調べをさせたりすることができる（法261条1項）。これらは，家事審判規則137条の2，同条の4の規律を維持するものである[☆1]。

なお，家事審判法のもとでは，家事事件の公益性や対世効を認める必要等か

ら職権探知主義が採用され，遺産分割事件のように，財産上の紛争で公益性が薄く，しかも，争訟性が強く，当事者の協力なくしては解決困難な紛争については，当事者主義的な運用がされていたものの，それ以外の紛争については，職権探知主義が比較的厳格に適用されていた。こうしたことから，家事審判法は，当事者に証拠調べの申立権を認めていなかった。しかし，家事事件手続法は，職権探知主義を維持しつつも，当事者の手続保障を図るために，家事審判事件において当事者に証拠調べの申立権を認め（56条1項），これが家事調停の手続に準用されているから（258条1項），家事調停においても，当事者から証拠調べの申立てがあったときには，これを実施する必要がある。

(2) 家庭裁判所調査官の活用

家庭裁判所調査官制度と医師である裁判所技官の配置は，家庭裁判所の特長の一つである。家事事件の担当裁判官が事案の解明等のために事実の調査が必要になれば，家庭裁判所調査官に事実の調査をさせたり，医師である裁判所技官に事件の関係人の心身の状況について診断させたりすることができる（法261条2項）[☆2]。

家庭裁判所調査官及び医師である裁判所技官は，事実の調査の結果を書面又は口頭で報告し，その報告に意見を付することができる（法261条3項・58条3項・4項）。これまでも，調停における家庭裁判所調査官及び医師である裁判所技官の果たす役割は大きく，家庭をめぐる紛争が複雑化し，精神的に不安定な当事者が増加している現在，その役割はますます大きくなっているところである。

なお，これは，家事審判規則7条の2・7条の6の規律を維持したものであ

☆1 調停委員会を組織する家事調停委員は，家事調停委員会の手続における証拠調べにおいて，調停委員会を組織する裁判官に告げて，証人，当事者本人又は鑑定人を尋問することができる（規則128条2項）。

☆2 家庭裁判所調査官の調査としては，親権者の指定・変更，面会交流，子の引渡しなど，子についての調査を行うことが多い。調査の方法としては，裁判所内で子と会うほか，家庭訪問をするなどして，子の意向や監護状況等を調査し，また，児童室を利用して，試行的面会交流をするなどしている。

(3) 裁判所書記官による事実の調査

上記と同様に、家事事件の担当裁判官が事案の解明等のために事実の調査が必要な場合、相当と認めるときは、裁判所書記官に事実の調査をさせることができる（法261条4項）。

しかし、家庭裁判所調査官に事実の調査をさせることが相当なときは、裁判所書記官に事実の調査をさせることはできないとされている（法261条4項ただし書）。これは、前記のとおり、家事調停においては、当事者や関係者等の心情の機微に触れるような調査が必要な場合があり、心理学等行動科学の専門家である家庭裁判所調査官が調査を行うべき事項については、裁判所書記官が関与すべきではないことを明確にしたものである。

実際に裁判所書記官が行う調査としては、当事者に対する意向調査や、金融機関、その他の団体に対する調査嘱託などが考えられる。

(4) 他の裁判所又は簡易裁判所への事実の調査又は意見の聴取の嘱託

家庭裁判所は、他の家庭裁判所又は簡易裁判所に事実の調査を嘱託することができる（法258条1項・61条1項）。これは、家事審判規則7条2項の規律を維持するものである。

家事調停の手続における事実の調査の嘱託を受けた家庭裁判所は、家庭裁判所調査官又は裁判所書記官に当該嘱託に係る事実の調査させることができる（法258条2項）。

また、調停委員会は、他の家庭裁判所又は簡易裁判所に事件の関係人から紛争の解決に関する意見を聴取することを嘱託することができる（法263条1項）。このとき、意見聴取の嘱託を受けた家庭裁判所は、相当と認めるときは、家事調停委員に当該嘱託に係る意見を聴取させることができる（同条2項）。これは、家事審判規則136条の3の規律を維持するものである。

(5) 専門家調停委員

調停委員会は、当該調停委員会を組織していない家事調停委員の専門的な知

識経験に基づく意見を聴取することができる（法264条1項）。遺産分割や財産分与の調停において，不動産鑑定士や公認会計士及び税理士の資格を持つ調停委員から不動産の価格や税法上の問題について専門的見地からの意見を聞くことが必要な場合あるからである。家事審判法22条の2第1項及び同規則136条の2の規律が維持されたものである。

意見を聴取する家事調停委員は，家庭裁判所が指定し（法264条2項），指定を受けた家事調停委員は，調停委員会に出席して意見を述べるものとされている（同条3項）。

5 調停の場所

調停委員会は，事件の実情を考慮して，裁判所外の適当な場所で調停を行うことができる（法265条）。家事審判規則132条の規律と同様である。実務上，必要があれば，遠方の当事者の住所地などで調停が行われることもある。

6 調停前の処分

調停委員会は，家事調停事件が係属している間，調停のために必要であると認める処分（仮の措置）を命ずることができる（法266条1項）。

調停前の仮の措置は，調停を解決に導くための保全的措置であり，調停のために特に必要があると認める場合に限ると解される（民調12条1項参照）。当事者の申立てを要件とせず，調停機関が職権をもって命ずることができる。

家事事件手続法の制定過程においては，民事調停法12条1項と同様に「相手方その他の事件の関係人に対して処分を命ずる」と対象者を明示することも検討されたが，見送られ，これまでの家事審判規則133条1項の規律が維持された。

調停のためにいかなる内容の措置が必要であるかは，調停機関の裁量に委ねられている。調停前の仮の措置に対する不服申立ても認められていない。調停前の仮の措置を取り消したり，変更ができる旨の規定はないが，仮の措置が調停のために調停機関の自由裁量によってなされるものである以上，調停事件の推移，進展に応じて，当然に取り消し，変更ができると解される。

急迫の事情があるときは，調停委員会を組織する裁判官が調停前の仮の処分

を命ずることができる（法266条2項）。民事保全法15条と同様の規定であり，調停委員会において調停手続を行っている場合に，緊急の必要があるときに限り，調停委員会を組織する裁判官が処分を命ずることができるものとした。

調停前の処分は執行力を有しない（法266条3項）が，これを命ぜられた当事者又は利害関係参加人が正当な理由なくこれに従わないときは，家庭裁判所は，10万円以下の過料の制裁に処する（同条4項）[☆3]。

調停は，和やかな雰囲気のうちに，手続を円満に進行させて調停の成立を図るものであるから，調停成立前に強制力を伴う強力な措置を許すことは，手続の円滑な進行を妨げることになり相当でないために執行力はないとされたのである。しかし，家事事件手続法においては，調停の申立てがあれば審判前の保全処分（前記**II論点24**参照）の申立てができるようになり（法105条～116条），調停係属中に強制力を有する保全処分の発令もなし得ることになった。今後，調停係属中にいかなる仮の処分の発令を求めるべきか，その手続の使い分けが検討されるべきである。

7　裁判官のみで行う調停

前記**論点54**の「**4　調停委員会**」のとおり，調停は調停委員会で行うのが原則であって，裁判官のみで行う調停は例外的である（法247条1項）。

裁判官のみで行う調停が相当と認められるかどうかを判断するのは，当該受調停裁判所である。どのような場合に裁判官のみで行う調停が相当と認められるかは，具体的事案によるが，①事案が極めて簡単であるか，あるいはその解決が主として法律上の解釈のみにかかっていて，特に調停委員会を開くまでもない場合，②極めて緊急迅速な処理を要し，調停委員会を開く間がないとき，③当事者が裁判官だけの調停を希望する場合で，調停委員会を開くのが適当でない場合，④事案が複雑で法律的な論点も多いため，争点整理が必要な場合などが裁判官のみで行う調停が相当な場合と解されている[☆4]。実務上は，裁判官

☆3　家事審判規則では，調停委員会は，調停前の処分をする場合には，同時に，その違反に対する法律上の制裁を告知しなければならないとされていた（家審規133条3項）。家事事件手続規則においても同様の規定（規則129条）が設けられている。

☆4　実務講義案・176頁。

が申立て後に手続選別（インテーク）をして，委員会調停か単独調停かを振り分けることが一般的である。

　単独調停で開始しても，途中から委員会調停を相当と認めるときには，調停委員会による調停に移行させることができるし，委員会調停で開始した調停を単独調停に移行させることもできると解されている。

　なお，前記**論点 54** の 4 のとおり，当事者が調停委員会による調停を申し立てた場合には，何らの理由を要せず，かつ，当事者の一方からの申立てによって，調停のいかなる段階においても，調停委員会の調停を行わなければならない（法247条2項）。

　裁判官のみで行う調停において，家庭裁判所は，相当と認めるときは，裁判所書記官に事実の調査をさせることができる（法267条1項）。ただし，前述のとおり，家庭裁判所調査官に事実の調査をさせることを相当と認めるときは，裁判所書記官に調査をさせることはできないとされている（同項ただし書）。

　また，裁判官のみで行う調停においても，意見聴取の嘱託（法263条），家事調停委員の専門的意見の聴取（法264条），調停の場所（法265条），調停前の処分（法266条）の規定が準用されている（法267条2項）。

　家事審判法においては，合議体により家事調停手続を行うことはできない（合意に相当する審判及び調停に代わる審判を除く。）と解されていた。しかしながら，訴訟事件又は審判事件を合議体で審理していた裁判所がその事件を調停に付して自ら処理する場合において，これを裁判官のみで行うときは，合議体により調停手続を行うことになるし，難解な法的問題がある場合に合議体で判断を行ったうえで調停を行うなど合議体による家事調停手続を認めることが相当な場合があり得る。家事事件手続法は，合議体により調停手続を行うことができることを前提とする規定を設け，裁判官のみで行う調停を合議体で行う場合においては，裁判長が期日における手続を指揮する（法258条による52条の準用）が，家庭裁判所は受命裁判官に期日における手続を行わせることができる（法258条による53条の準用）としている。

8　調書の作成

　裁判所書記官は，家事調停の期日調書を作成しなければならないが，裁判長

Ⅲ　家事調停に関する手続〔1〕総　　則　論点 *56*

が必要ないと認めるときは作成しなくてよい（法253条）。調書を作成するのは，家事調停手続が正当な調停機関により，適正な手続に基づいて公正に行われていることを公証するためである。しかしながら，家事調停手続は，当事者間の任意の合意により紛争の円満な解決を目指すものであるから，合意形成に向けて調整をすることが中心であり，審判のように詳細な調書を作成する必要性はそれほど高くない。むしろ，調停においては調書を作成すると，かえって当事者の真意に基づく自由な発言が阻害されるおそれがあることも懸念される。そこで，家事事件手続法は，家事審判規則10条の規律を維持することにした。調書を作成するかどうかは，裁判官の裁量によるところであるが，実務的には，特に重要な行為が行われた期日を除き，調書の作成を省略して，事件経過表等を作成することが多いであろう☆5。

9　記録の閲覧等

　当事者又は利害関係を疎明した第三者は，家庭裁判所の許可を得て，裁判所書記官に対して，家事調停事件の記録の閲覧もしくは謄写，その正本，謄本もしくは抄本の交付又は家事調停事件に関する事項の証明書の交付を請求することができる（法254条1項）。

　家事調停事件の記録中に録音テープ又はビデオテープ等などの電磁的記録物がある場合については，閲覧謄写等の家事事件手続法254条1項の規定は適用されず，当事者又は利害関係を疎明した第三者は，家庭裁判所の許可を得て，裁判所書記官に対してこれらの複製を請求することができる（同条2項）。

　家庭裁判所は，当事者又は利害関係を疎明した第三者から家事調停事件の記録の閲覧・謄写等の申請があった場合，相当と認めるときは，これを許可することができる（法254条3項）。

　家事調停手続は，当事者の紛争を話合いによって円満に解決できるように促す手続であるが，感情的な対立のある当事者間においては，心情面での配慮を

　☆5　調停期日において，重要な法律的な主張や中間的な合意が行われた場合（例えば，遺産分割調停事件において遺産の範囲についての中間合意ができた場合など）は期日調書でその内容を明らかにしておくことが望ましい。

必要とすることもある。また，事件記録には，他方当事者を非難，攻撃した内容のものがあったり，家庭内又は親族間の細部にわたる事項や個人の高度なプライバシーに関わる事項に関するものが含まれることがある。したがって，当事者であっても記録の閲覧等を無条件で認めると，子の福祉に悪影響を及ぼしたり，個人のプライバシーを侵害したり，裁判所の調査に対する関係者の信頼を損なったりするおそれがある。このような観点から，家事調停事件の記録の閲覧・謄写等は，家事審判手続に比べ制限的となることはやむを得ないといえる。他方，家事調停事件は多様であり，円滑な運用のためには，当事者が情報を知ったうえで調停に臨み，合意するかどうかを決することができるよう，事件記録の閲覧・謄写等を認めなければならない場合も少なくない☆6。そこで，家事調停記録の閲覧・謄写等については，裁判所にある程度広い裁量を認め，家事調停事件の事案に応じて対応することが相当であるといえる。このようなことから，家事事件手続法においては，記録等の閲覧・謄写等について，これまでと同様の規律とされた（家審規12条1項）☆7。

合意に相当する審判についての調停事件（法277条1項）において，当事者から調停事件記録の閲覧・謄写等の申請があった場合は，家事審判手続における記録の閲覧・謄写等の規定を準用する（法254条6項・47条）。合意に相当する審判は，簡易の人事訴訟の手続という性質を有し，判断作用を含んでおり，その審判は異議申立ての対象となることから，家事審判手続と同様の規律とされたのである。

☆6 例えば，婚姻費用分担・養育費の調停事件では，提出される資料は基本的にお互いの収入の資料など経済的なものに限られ，また，調停段階においても当事者双方がお互いの収入を性格に把握したうえで，言い分を尽くし，話合いをすることが相当であり，双方が提出した資料をオープンにしても話合いの妨げにはなりにくいといえる。財産分与事件や遺産分割事件も同様であり，これらの事件類型では，調停段階から提出された資料について他方当事者の閲覧・謄写等を認める運用になると考えられる。他方，夫婦関係調整調停，面会交流，親権者変更などの事件類型では，調停段階において提出される資料に，家庭の秘密や高度なプライバシーに関する事項や他方当事者を感情的に非難し，円滑な話合いの妨げになるものが含まれていることがある。したがって，調停段階では，他方に資料を開示しないことが相当である場合も多く，原則的に閲覧・謄写等を認めるという運用にはならないであろう。

III 家事調停に関する手続 〔1〕総　則　**論点 56**

　家事調停事件の記録の保存又は裁判所もしくは調停委員会の執務に支障があるときは，閲覧・謄写等の申請は認められない（法254条5項）。

　また，①審判書その他裁判書の正本，謄本又は抄本，②調停において成立した合意を記載し，又は調停をしないものとして，もしくは調停が成立しないものとして事件が終了した旨を記載した調書の正本，謄本又は抄本，③家事調停事件に関する事項の証明書については，家庭裁判所の許可を得ることなく，裁判所書記官にその交付を申請することができる（法254条4項）。家事審判規則12条2項では，当事者のほかに，事件本人も含まれていたが，「事件本人」の範囲が不明確であり，また，家事事件手続法においては，当事者以外の者も許可を得れば裁判書の正本等の交付を申請できる（法254条1項）ことから，裁判所の適正な裁量に委ねることとなり，許可なく裁判書の正本等の交付を申請できる者は当事者のみに限定された（もっとも，調停の内容に重大な影響を受ける者〔例えば，親権者の指定又は変更事件における子など〕について，調停が成立した合意を記載した調書の写しの交付申請があった場合には，通常は許可されることになろう。）。

　なお，家事調停事件の記録の閲覧等の許可の申立てが却下された場合には，合意に相当する審判の調停事件（これには，家事審判事件の記録の閲覧等の規定が準用されている。法254条6項・47条3項・8項）を除き，不服申立ては認められていない。これも，上記のとおり，家事調停事件の記録の閲覧等に裁判所の幅広い裁量が認められているためである。

　今後，裁判所の判断においては，閲覧等を認めることについて弊害が少ない資料等については，原則として閲覧等を認め，当事者らのプライバシーの保護

☆7　別表第2事件においては，調停が不成立になると当然に審判手続に移行し，調停段階で提出された資料は，裁判官が事実の調査を行うと審判の資料となり，法定の例外事由に該当しない限り閲覧・謄写等の対象となる（法47条4項）。そのため別表第2事件の当事者は，審判手続に移行すれば，他方への非開示を希望したとしても，裁判官が審判に必要だと判断した資料は，法定の例外事由に該当しない限り閲覧・謄写等の対象となることを調停段階から認識しておく必要があろう。例えば，夫婦関係調整調停事件と婚姻費用分担調停事件がともに申し立てられている場合には，婚姻費用分担調停事件が審判手続に移行する場合には，資料が閲覧・謄写等の対象となる可能性があるので，一般調停事件と別表第2の事件の調停事件がともに申し立てられている場合に資料を提出する際には特に注意を払う必要がある。

等を考慮しなければならない資料等については，調停の適切妥当な進行という観点から，検討されることになろう。

〔髙取　真理子〕

論点57 調停の成立

1 調停の成立

調停において当事者間に合意が成立し、調停機関がこの合意を相当と認めてこれを調停調書に記載したときは、調停が成立したものとして調停手続は終了する（法268条1項）。

家事調停事件の一部について当事者間に合意が成立したときは、その一部について調停を成立させることができる。手続の併合を命じた数個の家事調停事件中その一について合意が成立したときも、同様とされる（法268条2項）。合意が成立した部分についてだけでも調停を成立させることができるとすることが便宜であり、民事訴訟法243条2項及び3項の規定を踏まえて、新たにこの規定が設けられた。

なお、後記**4**のとおり、離婚又は離縁の調停事件においては、電話会議、テレビ会議の方法で調停を成立させることはできない（法268条3項）。また、合意に相当する審判における調停事件については、後記**論点60**「合意に相当する審判」のとおりであり、調停成立という形では事件終了しない（法268条4項）。

2 成立調書の効力

調停が成立し、これを調書に記載したときは、その記載は、確定判決（別表第2の事件の事項にあっては、確定した審判）と同一の効力を有する（法268条1項）。家事審判法21条と同様の規律である。

なお、確定した審判は、それが金銭の支払、物の引渡し、登記義務の履行その他の給付を命ずるものであれば、執行力のある債務名義と同一の効力を有する（法75条）ので、この場合、確定判決と異なり、執行文の付与手続が不要と

なる。

3 調停条項の書面による受諾

当事者の一部が遠隔地に居住するなどの理由で裁判所に出頭することができない場合には，出頭することができない当事者が調停条項案を受諾する旨の書面を提出し，他の当事者が調停期日に出頭して当該調停条項案を受諾することにより，調停を成立させることができるものとされた（法270条1項）。

家事審判法では，遺産分割の事件についてのみこの方法によって調停を成立させることができ（家審21条の2），遺産分割調停においてしばしば活用されていたが，家事事件手続法では調停一般にこの方法が利用できるようにした。このような書面による受諾の制度が利用できるものとすることがより当事者の便宜にかない，また紛争の迅速な解決にも資すると考えられる[☆1]。

調停条項の書面による受諾の方法は，当事者があらかじめ書面を提出しておくものであるから，調停成立時における真意の確認としては不十分であることは否定できず，調停の成立により直接身分関係に変動が生じる事件については書面による受諾の制度を導入することは相当でないと考えられたため，離婚又は離縁についての調停手続は，調停条項の書面による受諾によって成立させることはできないとされた（法270条2項）。

4 電話会議，テレビ会議

家事事件手続法においては，新たに，当事者が遠隔地に居住している場合やその他相当と認めるときは，家事調停の期日が電話会議システム又はテレビ会

[☆1] 家事事件手続法においては，家事審判法のもとにおける遺産分割事件の受諾書面についての調停条項案の提示方法（家審規137条の7），調停委員会による真意の確認（家審規137条の8）及び調停条項案受諾者への調停成立の通知（家審規140条の2）と同旨の規則（規則131条1項・2項・130条1項）を設けた。ただし，利害関係参加人がいる場合には，調停条項案受諾者への調停成立の通知は，当事者のみならず，利害関係参加人にも通知しなければならないとされた。なお，実務においては，出頭当事者間において成立予定の合意内容に基づき調停条項案を作成し，これを中間合意として調書に記載したうえで調書内容を不出頭当事者に提示することが多い。

議システムを利用してできるようになった（法258条1項・54条1項）。現に調停を行っている裁判所（調停裁判所）に出頭しなくとも調停裁判所に出頭したものとみなされることになる。民事訴訟法のもとでは、当事者の一方が裁判所に出頭しなければならないが（民訴170条3項ただし書）、家事事件手続法においては、この規律が採用されていないから、複数の当事者が遠隔地に居住している場合は、いずれの当事者も出頭しなくても電話会議システム又はテレビ会議システムを利用して調停を成立させることも可能となった。ただし、前記3の調停条項の書面による受諾の手続と同様、離婚と離縁の調停においては同システムで成立させることはできない（法268条3項）。また、こうしたシステムを利用した手続においては、合意に相当する審判の合意を成立させることはできない（法277条2項）。

なお、証拠調べについては、テレビ会議システムに限って利用することができる（法258条1項・64条、民訴204条・210条・215条の3）。

電話会議、テレビ会議のシステムと書面による受諾の方法を組み合わせて調停を成立させることも可能である。

電話会議システム等の利用は、紛争の迅速な解決と遠隔地に居住する当事者等の便宜を図ることができるが、他方、当事者及びその真意の慎重な確認が必要であり、どのような場面でこれらのシステムを利用することが相当か、具体的にどのようにこれらのシステムを利用するかについては、今後、実務において、幅広く検討されなければならない[☆2]。

5 調停調書の更正決定

調停調書に計算違い、誤記その他これらに類する明白な誤りがあるときは、家庭裁判所は、申立てにより又は職権で、いつでも更正決定をすることができる（法269条1項）。このように更正を行う機関は、当該調停事件を処理した家庭裁判所であり、調停機関ではないので、当該調停が調停委員会により成立し

[☆2] 電話会議は、当事者とその代理人が遠方に居住している場合はその代理人事務所との間で行うことが考えられる。また、テレビ会議は、遠方に居住する当事者等が最寄りのテレビ会議システムを備えた裁判所に出頭して行うことになろう。

た場合であっても，家庭裁判所において更正審判をすることになる。

　民事訴訟法257条の規定にならって，調停調書を簡易迅速に是正するために新たに設けられた規定である。ただし，家事審判法のもとでも，規定はないものの，判決の更正に準じて，更正審判をすることができると解されており，実務もそのように運用されていた。

　更正決定は，審判以外の裁判ではあるが，裁判書を作成しなければならないとされている（法269条2項）。

　更正決定に対しては，即時抗告をすることができる（法269条3項）。

　また，更正決定の申立てを不適法として却下する決定に対しても即時抗告をすることができる（法269条4項）。即時抗告ができるのは，更正決定の申立てを不適法として却下された決定に対してであって，更正決定の申立てを理由がないものとして却下した決定に対しては，調停を成立させた裁判所が自ら誤りがないと判断しているのであるから，それ以上他の裁判所による審査の機会を与えるまでの必要性がないと考えられ，即時抗告はできないと解される。

〔髙取　真理子〕

論点58 調停の成立によらない事件の終了

1 調停不成立

調停委員会は，当事者間に合意が成立する見込みがない場合又は成立した合意が相当でないと認める場合には，調停が成立しないものとして，事件を終了させることができる（法272条1項）[☆1]。調停が不成立となった場合は，事件が終了した旨を調書に記載する（法254条4項2号）。

当事者が，調停が不成立により終了した旨の通知を受けた日から2週間以内にその調停事件についての訴えを提起したときは，家事調停の申立てのときに訴えの提起があったものとみなされる（法272条3項）。また，別表第2の事件は，調停が不成立で終了した場合，審判手続に移行するが，調停の申立てがなされた時に，その事件の家事審判の申立てがあったものとみなされる（同条4項）。

合意による審判をすることができる事件の当事者の一方が死亡したことにより合意に相当する審判をする余地がなくなった場合も「調停が成立する見込みがない場合」として調停事件は終了する（法277条1項ただし書）。

なお，調停が不成立となり，事件が終了したときは，家庭裁判所は，当事者に対し，その旨を通知しなければならず（法272条2項），裁判所書記官は，利害関係参加人に対し，遅滞なく，その旨を通知しなければならない（規則132条1項）。

2 調停申立ての取下げ

調停申立ての取下げについて，家事審判法では特に規定は置かれていなかっ

☆1 調停に代わる審判をする場合には調停事件は終了しない。

たが，家事事件手続法で明文の規定が設けられた（法273条1項）。

申立人は，家事調停事件が終了するまで，いつでも調停の全部又は一部を取り下げることができる。当事者間の自主的な話合いによる紛争の円満な解決という家事調停事件の本質にかんがみると，申立人の手続の続行についての意思を尊重すべきであり，申立ての取下げを制限して手続の続行を強要することは相当でないからである。

調停の申立ての取下げの方式及び効果については，民事訴訟法261条3項及び262条1項が準用されており（法273条2項），申立ての取下げは書面でしなければならない（調停期日において取り下げる場合は口頭ですることができる。）。調停申立ての全部が有効に取り下げられたときは，調停事件は終了し，初めから係属していなかったものとみなされる[☆2]。

ちなみに，調停の申立てが全部取り下げられたとしても，調停事件の相手方が調停手続による解決を望むのであれば，自ら調停の申立てをすることができる。

なお，家事事件の審判の申立てや訴えをした後，その事件が調停に付された場合において，当該事件を取り下げるときは，調停の取下げではなく，審判や訴訟自体を取り下げることになる。

3　調停をしない措置

調停委員会（裁判官のみで調停を行う場合にあっては裁判官）は，事件が性質上調停を行うのに適当でないと認めるとき，又は当事者が不当な目的でみだりに調停の申立てをしたと認めるときは，調停をしないものとして事件を終了させることができる（法271条）。これは，いわゆる「（調停）なさず」の場合であり，家事審判規則138条の規律を維持するものである。

調停委員会又は裁判官がこのような理由により調停をしないことに決したときには調停事件は終了する。調停の不成立の場合との均衡にかんがみ，また，

[☆2] 申立ての取下げにより調停が終了したときは，裁判所書記官は，当事者及び利益関係参加人に対し遅滞なく，その旨を通知しなければならない（規則132条3項・1項）。

当事者は再度申立てをすることを妨げられないことから、この判断に対しては即時抗告をすることはできないとされている。

　調停をしない措置については、調停不成立とは異なり、別表第2の事件が調停をしないとして終了しても審判手続に移行するとの規定は置かれておらず、また、訴訟事項について調停をしないものとした場合に当事者が一定の期間（調停不成立の場合は2週間）以内に訴えを提起すれば、調停の申立ての時に訴えの提起があったものとみなす、という規定もない[☆3]。

4　その他の終了事由

① 合意に相当する審判、調停に代わる審判については後記**論点60**「合意に相当する審判」、**論点61**「調停に代わる審判」のとおりである。
② 家事調停の申立てを不適法として却下する審判、家事調停の申立書を却下する審判があった場合において、これらに対して即時抗告されなかったとき、即時抗告を却下又は棄却する決定が確定したときは、これにより調停事件は終了する（法255条3項・4項・256条2項・49条5項・6項）。
③ 離婚や離縁等当事者の一身に専属する権利に関する調停事件は、当事者の死亡により当然終了する。親権者の指定又は変更、子の監護に関する処分等において、対象となっている子が死亡した場合についても、調停の目的が消滅するから、調停事件は、その原因事実の発生時に当然に終了すると解されている。

〔髙取　真理子〕

[☆3] 調停をしない措置により調停が終了したときは、裁判所書記官は、当事者に対し遅滞なく、その旨を通知しなければならない（規則132条1項）。

論点 59 付調停等

1 付調停の手続

(1) 人事訴訟の訴え提起時における付調停

人事訴訟の訴え提起時における付調停については，前記**論点 55** の「**6　調停前置主義**」のとおり，家事調停の申立てをすることなく訴えを提起した場合には，裁判所は，職権で，事件を家事調停に付さなければならない（法257条1項）。ただし，裁判所が事件を調停に付することが相当でないと認めるときはこの限りでない（同条2項）。これは，家事審判法18条2項の規律を維持したものである。

受訴裁判所が，事件を調停に付す場合には，その事件を管轄権を有する家庭裁判所に処理させなければならない。ただし，家事調停事件を処理させるために特に必要があると認めるときは，事件を管轄のない家庭裁判所に処理させることができる（法257条3項）。これは，家事調停事件においては裁量移送及び自庁処理が認められていることから，家事調停事件を処理するために特に必要があれば，管轄裁判所以外の家庭裁判所が事件を処理することができることが家事審判法のもとで解釈上認められていたため，家事事件手続法でそれが明文化されたものである。管轄権を有しない家庭裁判所に事件を処理させるものであることを考慮し，「特に必要があるとき」に限るとされた。

(2) 人事訴訟又は審判事件係属中の付調停

調停を行うことができる事件について訴訟又は家事審判事件が係属している場合，裁判所は，当事者（本案について被告又は相手方の陳述がされる前にあっては，原告又は申立人に限る。）の意見を聴いて，いつでも，職権で，事件を家事調停に付することができる（法274条1項）[☆1]。これは，基本的に家事審判法11条及

び19条1項の規律を維持するものであり，これらの規定は，別表第2の事件（家事審判法においては乙類事件）については，当事者の選択によって調停の申立ても審判の申立てもなし得るところ，家庭の平和と健全な親族共同生活の維持を図るためには，なるべく当事者の合意による自主的解決である調停によって解決することが望ましいことから，家庭裁判所は，いつでも，何度でも審判手続中の事件を調停に付することができると規定したものである。家事審判法においては，事件を家事調停に付することについて，当事者から意見を聴することは必要とされていなかった。しかし，訴訟を提起し，家事審判を申し立てた者については，その手続選択権を保障するためにも，また，手続がある程度進行した場合には当該手続による事案解決による被告又は相手方の期待に配慮するためにも，家事事件手続法においては，当事者から意見を聴かなければならないとされたのである。

裁判所が，事件を調停に付す場合には，その事件の管轄権を有する家庭裁判所に処理させなければならない。ただし，家事調停事件を処理させるために特に必要があると認めるときは，事件を管轄のない家庭裁判所に処理させることができる（法274条2項）。この趣旨は，家事事件手続法257条3項と同様であるが，さらに，家庭裁判所及び高等裁判所がする付調停の場合には，自ら処理することができることとされた（法274条3項）。

当事者間の話合いを基本とする家事調停の性質及び家庭裁判所の機動性・専門性を考慮し，家事審判法のもとでは，高等裁判所は家事調停事件を処理することが許されていなかった。したがって，高等裁判所が訴訟事件又は家事審判事件を調停に付する場合は家庭裁判所の家事調停に付するほかなかったのである。しかし，実際には，高等裁判所における訴訟手続又は家事審判手続の中で協議が調っているなど，事案をよく知る高等裁判所において自ら処理した方が，適切かつ迅速に事案を解決することができることも少なくないこと，また，高等裁判所にも家庭裁判所調査官が配置されている（裁61条の2第1項）ことから，高等裁判所においても家事調停事件が処理できるとすることが相当

☆1 遺産分割事件と寄与分を定める処分の審判事件が係属する場合，遺産分割審判事件のみを調停に付することは相当でないと解されている（実務講義案・200頁）。

であるといえる。こうしたことから，家事事件手続法では高等裁判所における家事調停事件の自庁処理が認められた。

高等裁判所における家事調停事件については後記**論点 62**「高等裁判所における調停」参照。

2 訴訟手続及び家事審判手続の中止

家事調停の申立てがあった事件について訴訟が係属しているとき，又は訴訟が係属している裁判所がその事件を付調停としたときは，受訴裁判所は，調停が終了するまで訴訟を中止することができる（法275条1項）。

同じように，家事調停の申立てがあった事件について家事審判事件が係属しているとき，又は家事審判事件が係属している裁判所がその事件を付調停としたときは，家事審判が係属している裁判所は，調停が終了するまで家事審判事件を中止することができる（法275条2項）。

これは，訴訟については家事審判規則130条，家事審判については同規則20条の規律が維持されたものである。同一の事件が別の手続に同時に係属することにより生ずる当事者の負担と手続上の不経済を軽減し，当事者間の任意の合意により紛争の円満な解決を図る家事調停手続を優先させるという趣旨に基づくものである。

3 訴えの取下げの擬制等

訴訟が係属している裁判所が事件を調停に付した場合において，調停が成立し，又は合意に相当する審判もしくは調停に代わる審判が確定したときは，当該訴訟について訴えの取下げがあったものとみなされる（法276条1項）。これは家事審判法19条2項の規律が維持されたものである[2]。

家事審判事件が係属している裁判所が事件を調停に付した場合において，調停が成立し，又は調停に代わる審判が確定したときは，当該家事審判事件は終

☆2 法276条1項又は2項によって訴えの取下げがあったものとみなされるとき又は家事審判事件が終了したときは，裁判所書記官は，当該訴えに係る訴訟又は当該家事審判事件が係属していた裁判所に対し，遅滞なく，その旨を通知しなければならない（規則133条1項・2項）。

Ⅲ　家事調停に関する手続　〔1〕　総　　則　**論点 59**

了する（法276条2項）。家事審判法及び同規則に規定は設けられていなかったが，裁判所が家事審判事件を調停に付した場合に，調停が成立したとき又は調停に代わる審判が確定したときは，当該家事審判事件は当然に終了すると解されており，家事事件手続法でこの点が明確となった。

〔髙取　真理子〕

〔2〕 合意に相当する審判

論点 60 合意に相当する審判

　人事に関する訴え（離婚及び離縁の訴えを除く。）を提起することができる事項についての家事調停の手続において，当事者間に申立ての趣旨どおりの審判を受けることについて合意が成立し，当事者双方が申立てに係る無効もしくは取消しの原因又は身分関係の形成もしくは存否の原因について争わない場合には，裁判所は必要な事実を調査したうえ，その合意を正当と認めるときは，当該合意に相当する審判をすることができる（法277条）。

　婚姻の無効又は取消し等の特定の身分に関する事件は，本来任意処分を許さず，本来人事訴訟の手続によって解決されるべきであるが，当事者間において原因事実について争いがなく，合意が成立している紛争性のない事件についてまで訴訟で争わなければならないとすることは望ましいことではない。そこで，事実関係に争いがなく，合意に相当する審判を受けることについて合意がある場合には，家庭裁判所の非訟手続によって簡易迅速に処理することを認めたのである。つまり，人事に関する訴えを提起することができる事項は，本来人事訴訟法により処理されるべきものであるが，訴訟経済及び当事者の負担軽減のために，一定の要件のもとで，人事訴訟手続の代用ないし簡易手続による処理を認めたのである。これが合意に相当する審判の制度である。基本的には，家事審判法23条の制度の趣旨及び構造が維持されている。

1　合意に相当する審判の対象

　家事審判法では，婚姻又は養子縁組の無効・取消し，協議離婚又は離縁の無

効・取消し，認知，認知の無効・取消し，民法773条の父を定めること，嫡出否認，身分関係の存否確定が合意に相当する審判の対象となると規定されていた（家審23条1項・2項）が，人事訴訟法2条の「その他身分関係の形成又は存否の確認を目的とする訴え」すなわち，基本的身分関係を媒介として派生する第二次的身分関係の存否確認[☆1]が合意に相当する審判の対象となるかどうかについては争いがあった。しかし，合意に相当する審判の制度の趣旨からすると，人事訴訟の手続と合意に相当する審判の手続でその対象を異にする合理的理由は見いだし難い。そこで，家事事件手続法では，合意に相当する審判の対象を人事訴訟法2条に定める人事に関する訴え（ただし，離婚の訴え及び離縁の訴えを除く。）に係る事件とした（法277条1項）。

2　合意に相当する審判の当事者

合意に相当する審判の当事者は誰を指すのかについて，家事審判法23条の解釈上争いがあった。人事訴訟法上の当事者適格を有する者が23条事件，すなわち合意に相当する審判の手続についても当事者適格を有するという見解，人事訴訟法上の当事者適格を有する者のうち，検察官を除いた者が合意に相当する審判事件の手続についても当事者適格を有するという見解，当該身分行為の当事者又は当該身分関係の主体のみが合意に相当する審判事件の手続について当事者適格を有し，それ以外の第三者は当事者適格を有しないという見解等があり，このいずれの見解を採るかによって，身分関係の当事者の一方が死亡した場合に合意に相当する審判ができるかどうかについて差異を生じるとされていた。しかしながら，合意に相当する審判は人事訴訟の簡易手続であるから，同手続の当事者は人事訴訟の手続と同様と解するのが相当ではあるが，合意に相当する審判の対象となる原因事実を最もよく知る身分関係の当事者の一方を欠いている場合には，事実関係の真実性が十分担保されているとはいえず，人事訴訟手続によらずに合意に相当する審判の手続によることを許容し得る前提を欠くと考えられるので，家事事件手続法においては，合意に相当する

[☆1] 例えば，夫婦の一方が死亡した場合の生存配偶者による婚姻関係終了の意思表示が問題となる場合の姻族関係の確認を求める事件などである。

審判の対象となる事項にかかる身分関係の当事者の一方が死亡した後は合意に相当する審判をすることはできないとされた（法277条1項ただし書）。

なお，人事訴訟において検察官を被告とすべきときには，検察官を相手方として調停を申し立てることはできないから，合意に相当する審判をすることもできない。

3　調停手続の主体

家事審判法では，23条審判の調停手続は調停委員会によることが想定されていたが，家事審判官（裁判官）だけで調停を行い，合意に相当する審判をすることができないかということが問題となっていた[☆2]。

しかし，裁判官のみによる調停で合意に相当する審判をすることを否定すべき特段の理由もないことから，家事事件手続法では，これを明文で認めている。つまり，合意に相当する審判をすることのできる場合について，これを限定することなく一般的に規定し（法277条1項），そのうえで，調停委員会において家事調停を行っているときに合意に相当する審判をする場合には，調停委員会を構成する家事調停委員の意見を聴かなければならないという規定を付加しているのである（同法3項）。

家事事件手続法では，高等裁判所でも調停をすることができるとされている（法274条3項）から，合意に相当する審判は高等裁判所においてもすることができるが，高等裁判所が自ら処理をする場合においては，事件が係属する高等裁判所の裁判官が行うことになる。

4　合意に相当する審判の期日等

合意に相当する審判における調停事件は，合意が成立しただけでは，確定判決と同じ効力が生じない。そのためには，家庭裁判所が必要な事実調査をし，その内容を正当と判断したうえで，合意に相当する審判をすることが必要であ

[☆2] 家事審判法のもとでは，同法23条で調停委員の意見を聴くことを要請している立法の趣旨からすれば，家事審判官が自己の判断のみに基づいて単独で行うべきではないという見解も多かった（実務講義案・362頁）。

る（法277条1項）。また，事件の一部についてのみ成立させることはできない（法268条4項）。

合意に相当する審判における調停の期日は，基本的に通常の調停手続の期日と異なるところはない。しかし，家事事件手続法では，一般に電話会議システム等を用いて家事調停の期日を開いて手続を行うことができ（法258条1項・54条1項），また，調停条項案の書面による受諾により当事者間に合意が成立したものとみなすとされている（法270条1項）が，合意に相当する審判の手続では，電話会議システム等の期日や書面による受諾の方法では，合意に相当する審判の対象となる事項について申立ての趣旨どおりの審判を受けることについての合意を成立させることはできないとされている（法277条2項）。合意に相当する審判においては，当事者の真意や事実関係をより慎重に確認する必要があるからである。

合意に相当する審判の調停事件の記録の閲覧・謄写等の規定については，前記**論点56**の「**10　記録の閲覧等**」のとおり，審判手続と同じ規律とされている（法254条6項・47条）。

5　合意に相当する審判の方式等

合意に相当する審判の方式については，家事事件手続法に明記されていない。しかし，合意に相当する審判は，確定すると人事訴訟の確定判決と同一の効力を有することになるから，審判の方式については，審判書を作成しなければならず（法76条1項・2項），その内容も，申立人の主張する原因事実と裁判所の認定した事実及び理由を民事訴訟法253条の趣旨にのっとって記載すべきであり，審判書の作成を省略することはできないと解すべきである。この点は，家事審判法のもとでも，同様に解されていた[☆3]。

☆3　実務講義案・363頁。この点について，家事事件手続法には規定が設けられなかった。合意に相当する審判における一部審判，自由心証主義，審判の告知，審判書の記載事項，更正審判等の家事審判に関する手続の総則規定の準用等も同法には規定されていない。

6　合意に相当する審判の申立ての取下げ

　家事調停の申立ての取下げは，合意に相当する審判がされた後は，相手方の同意を得なければすることができない（法278条）。家事審判法に規定はなかったが，家事事件手続法で新設された。合意に相当する審判の性質上，申立人の事後的かつ一方的な翻意により，その効力を失わせることは相当でなく，相手方の当該審判に対する期待を保護する必要があるからである。

7　異議の申立て

　合意に相当する審判自体に対しては，即時抗告をすることができず，当事者及び利害関係人は，合意に相当する審判に対し，家庭裁判所に異議を申し立てることができる（法279条1項）[4]。家事審判法のもとでは，合意に相当する審判に対する不服申立てとして，利害関係人（法律上の利害関係人をいい，単なる事実上の利害関係人は含まれないと解されている。）についてのみ異議申立権を認めていた（家審規139条1項）。しかし，当事者間の合意が不存在又は無効である場合には当事者も異議申立てをすることができるという判例[5]の趣旨を踏まえ，家事事件手続法では，同法277条1項各号の要件を欠いている場合には当事者にも異議申立権を認めた（法279条1項）。

　なお，異議申立権は放棄することができる（法279条4項）。

　異議の申立ては，異議の申立てをすることができる者が審判の告知を受ける者である場合にあってはその者が審判の告知を受けた日から，審判の告知を受ける者でない場合にあっては当事者が審判の告知を受けた日（複数ある場合には，そのうち最も遅い日）から2週間以内にしなければならない（法279条2項・3項）。

　そして，利害関係人からの適法な異議の申立てにより，合意に相当する審判

---

[4] 当事者による合意に相当する審判に対する異議の申立ては，異議の理由を記載した書面でするとともに，異議の理由を明らかにする資料を添付しなければならず，また，利害関係人による異議申立ては，利害関係を記載した書面でするとともに利害関係を明らかにする資料を添付しなければならない（規則125条1項～3項）。

[5] 最決昭44・11・11民集23巻11号2015頁。

は効力を失う（法280条4項）。当事者からの異議申立てについては後述のとおり審判をすることになる。

8　異議申立てに対する審判

上記のとおり，家事事件手続法においては，当事者からの異議申立権を認めたため，異議申立てに対する審判の規律を整理した。

そして，家庭裁判所は，合意に相当する審判に対して，①当事者がした異議申立てが不適法であるとき，又は異議の申立てに理由がないと認めるとき，②利害関係人がした異議申立てが不適法であるときには，これを却下しなければならない（法280条1項）。

異議の申立てが却下された場合には，異議を申し立てた当事者又は利害関係人は，却下審判に対して即時抗告をすることができる（法280条2項）。

当事者から適法な異議の申立てがあり，これに理由があると認めるときは，家庭裁判所は，合意に相当する審判を取り消さなければならない（法280条3項）。

合意に相当する審判が取り消された場合には，合意に相当する審判がされる前の状態に戻る。したがって，その場合は，改めて合意の成立を確認し，再び合意に相当する審判をするか，合意が成立する見込みがないと認められれば，調停不成立として事件を終了することになる（法272条1項）。

利害関係人から適法な異議の申立てがあった場合は合意に相当する審判は効力を失う。この場合，家庭裁判所から当事者に対し，合意に相当する審判が利害関係人からの異議申立てにより効力を失った旨を通知しなければならない（法280条4項）。通知を受けた当事者は，その日から2週間以内に，調停の申立てをした合意に相当する審判にかかる事件について訴えを提起すれば，調停を申し立てたときに訴えの提起があったものとみなされる（同条5項）。

9　合意に相当する審判の効力

合意に相当する審判がなされた場合において，当事者及び利害関係人から異議の申立てがないとき，又は異議の申立てを却下する審判が確定したときは，合意に相当する審判は確定判決と同一の効力を有し，これにより調停事件は終

了する（法281条）☆6。これは，家事審判法の規律（法25条3項）を基本的に維持したものである。

10 婚姻の取消しについての合意に相当する審判の特則

家事審判法のもとでは，合意に相当する審判（23条審判）とこれに付随する事項が乙類審判事項がともに申し立てられたときに，23条審判と乙類審判を一括して審判することができるかという問題があった。23条審判の付随事項である限り，一括して審判できるという説（積極説），一括して審判することはできないという説（消極説）及び婚姻の取消しについて合意に相当する審判をするときに，当事者間に未成年の子がある場合には，婚姻の取消しとそれに付随する親権者指定のみ一括して審判することができるという説（折衷説）が存在したが，婚姻の取消しと親権者指定についてにどのようにすべきかは，同法の解釈上必ずしも明らかとはいえなかった。しかしながら，子の親権者について争いがあるのに，婚姻の取消しについて合意があるとして，原則どおり合意に相当する審判をし，合意のない親権者については別途家庭裁判所が判断することにすると，親権者の判断のために相当な調査が必要になる一方，親権者を争う当事者が異議の申立てをする（この場合，親権者の指定に不服がある当事者は理由なく異議申立てをすることができる規律とする必要がある。）ことにより，親権者の指定に関して家庭裁判所がした調査の結果がむだになるということになる。しかし，これでは，簡易な手続で迅速に処理する制度を設けた趣旨に反することになってしまう。

そこで，家事事件手続法では，婚姻の取消しについて合意に相当する審判をするときは，当事者間の合意に基づき，子の親権者を指定しなければならないとし，子の親権者の指定について当事者間に合意が成立しなければ，婚姻の取消しについて，合意に相当する審判をすることができないとした（法282条）。これは，上記の折衷説と同旨である。

☆6 合意に相当する審判について，異議の申立てがないとき，又は異議の申立てを却下する審判が確定したときは，裁判所書記官は，遅滞なく，事件本人の本籍地の戸籍事務を管掌する者に対し通知しなければならない（規則134条）。

11 申立人の死亡により事件が終了した場合の特則

　夫が嫡出否認についての調停の申立てをした後に死亡した場合において、その子のために相続権を害される者など夫の三親等内の血族が夫の死亡から1年以内に嫡出否認の訴えを提起したときは、夫がした調停の申立ての時に嫡出否認の訴えの提起があったものとみなされる（法283条）。

　これは、例えば、夫が子の出生を知ったときから1年以内に子の嫡出否認の家事調停の申立てをしたが、家事調停が係属中に夫が死亡し、それが子の出生を知ってから1年を経過した後であった場合には、民法の規定によれば、その子のために相続権を害される者など夫の三親等内の血族が訴訟を提起することはできないことになってしまう（民777条）。ところが、人事訴訟法においては、夫が嫡出否認の訴えを起こした後に死亡した場合には、その子のために相続権を害される者など夫の三親等内の血族は、夫が死亡してから6か月以内にその訴訟を受け継ぐことができる（人訴41条2項）として、こうした不都合さを回避する規定を設けている。このように嫡出否認の家事調停を申し立てた場合と嫡出否認の訴えを提起した場合とで違いを生じさせることについて合理的な理由はないから、家事事件手続法において人事訴訟法41条2項と同様の規定を新たに置いたのである。

〔髙取　真理子〕

〔3〕 調停に代わる審判

論点 61 調停に代わる審判

　家事事件手続法における調停に代わる審判は，家事審判法における調停に代わる審判（24条審判）と基本的構造において大きな変更はない。調停では，わずかな相違で合意に至らない場合や積極的には協力しないが反対まではしないという当事者が存在する場合がある。そのような場合に調停に代わる審判を活用することが考えられる。

　調停に代わる審判は，家事審判法のもとでは，一般調停事件についてのみ利用することができた（家審24条2項）が，家事事件手続法では，後記**2**のとおり，別表第2の事件についても調停に代わる審判ができる（法284条）ため，調停不成立・審判移行前に調停案を示すことの延長として調停に代わる審判を選択することができるようになった。

1　調停に代わる審判の主体

　家事審判法においては，調停に代わる審判をするときは，調停委員会を組織する調停委員から意見を聴くものとされており（家審24条1項），調停に代わる審判ができる調停としては，調停委員会によるもののみが想定されていた。調停委員会は，当事者等から事情を聴取し，事実調査を通じて当該紛争の実情を把握しているはずであるから，調停に代わる審判をするに際し，いかに解決すべきであるかについての意見を家事調停委員に聴くことが相当であるとされていたのである。ところで，裁判官の単独調停で，調停に代わる審判をすることができるかという問題がある。この点については，家事審判法のもとでは，上

記の家事審判法24条1項の趣旨から，消極に解するものとされていた☆1。

しかしながら，裁判官のみで調停を行っている事件について，調停に代わる審判ができないとする特段の理由はないことから，家事事件手続法においては，これを認めることとし，調停委員会で行われている調停事件において，調停に代わる審判をする場合の要件を別途規定することとした（法284条2項）。

2　調停に代わる審判の対象及び要件

家事審判法においては調停に代わる審判の対象となる事件は，乙類審判事項を除いた家庭に関する一般の事件であり，乙類審判事件の調停は調停に代わる審判ができないとされていた（家審24条2項）。乙類審判事件の調停は，不成立になれば，当然に審判に移行するので調停に代わる審判が不要であると解されていたからである。しかしながら，乙類審判事項，すなわち家事事件手続法における別表第2の事件についても，やはり調停に代わる審判の制度趣旨が妥当すると考えられるので，家事事件手続法においては，調停に代わる審判は，これまでの一般調停事項だけではなく，別表第2の事件の調停においても活用できることとなった（法284条）。

なお，家事審判法のもとでは，同法23条の合意に相当する審判の対象となる事項についても，調停に代わる審判をすることができるかという問題について，これを認めるべきとする見解及び審判例もあったが，多くは，当事者の協議だけで解決することが許されない事項について，調停に代わる審判をすることは相当ではないとして，消極に解していた。この点について，家事事件手続法は，同法277条1項に規定する事項についての家事調停の手続においては，調停に代わる審判をすることができないことを明文をもって規定した（法284条1項ただし書）。

3　調停に代わる審判の方式等

調停に代わる審判の方式については，家事事件手続法に明記されていない。しかし，後記のとおり，調停に代わる審判は，確定すると，別表第2に掲げ

☆1　実務講義案・385頁。

る事項についての調停に代わる審判は，確定した家事事件手続法 39 条の規定による審判と同一の効力（子の引渡し又は金銭の支払その他の財産上の給付その他の給付を命ずる審判は，執行力のある債務名義と同一の効力を有する。）を，その余の調停に代わる審判は，確定判決と同一の効力を有することになるから（法 287 条・75 条・284 条 3 項），審判の方式については，審判書を作成しなければならず（法 76 条 1 項・2 項），審判書の作成を省略することもできないと解すべきである。この点は，家事審判法のもとでも，同様に解されていた[☆2]。

4 調停に代わる審判の特則

家事事件手続法のもとでは，調停に代わる審判がなされた後は，調停の申立てを取り下げることはできない（法 285 条 1 項）。審判の形で裁判所の判断が示されたのであるから，当事者がそれを受け入れたくないのであれば，異議の申立てにより調停に代わる審判の効力を失わせる方法によればよいのであるから，手続をむだにする申立ての取下げを認めるのは相当でないと考えられたためである[☆3]。

調停に代わる審判の告知は，公示送達によることはできない（法 285 条 2 項）。調停に代わる審判は，これが確定すると，重大な身分関係を形成するので，公示送達で告知できるとすると，公示送達の相手方の異議の申立権を奪うことになるからである。調停に代わる審判を告知することができない場合は，これを取り消さなければならない（同条 3 項）[☆4]。

5 異議の申立て

家事審判法では，調停に代わる審判に対して当事者又は利害関係人が異議を

[☆2] 注解家審規則・165 頁〔飯島悟〕。この点について，家事事件手続法に規定を設けることも検討されたが，法律には規定されなかった。調停に代わる審判における，一部審判，自由心証主義，審判の告知，審判書の記載事項，更正審判等の家事審判に関する手続の総則規定の準用も法律事項とはされていない。

[☆3] また，調停に代わる審判がなされた後に申立ての一部取下げができるとすると，審判の残部が切り離されて確定し，審判全体の効力を前提として異議の申立てをしなかった当事者に不測の不利益を被らせることにもなる。

Ⅲ　家事調停に関する手続　〔3〕　調停に代わる審判　論点 61

申し立てることができるとされていた（家審25条，家審規139条1項）。しかしながら，当事者が調停に代わる審判に対して不服がないにもかかわらず，第三者の異議の申立てにより調停に代わる審判の効力を失わせるのは相当でないから，家事事件手続法では，当事者のみが異議を申し立てることができるとされた（法286条1項）☆5。

　なお，異議申立権は放棄することができる（法286条2項・279条4項）。

　異議の申立期間は，当事者が調停に代わる審判の告知を受けた日から2週間以内であり（法286条2項・279条2項・3項），これは家事審判法においても同様であった（家審25条1項，家審規139条2項）。

　家庭裁判所は，調停に代わる審判に対する異議の申立てが不適法であるときには却下しなければならない（法286条3項）。異議を申し立てた当事者は，異議申立てが却下された場合，その却下審判に対して即時抗告することができる（同条4項）。

　審判に対して適法な異議があれば，審判は当然にその効力を失う（法286条5項。家事審判法においても同様〔家審25条2項〕）。この場合，家庭裁判所から当事者に調停に代わる審判が異議申立てにより効力を失った旨を通知しなければならない（法286条5項）。通知を受けた当事者は，その日から2週間以内に，調停の申立てをした事件について訴えを提起すれば，家事審判法と同様に，調停を申し立てたときに訴えの提起があったものとみなされる（同条6項）。また，別表第2の事件についても調停に代わる審判をすることができるようになったことから，別表第2に掲げる事項についての規定を新たに設け，これについて，調停に代わる審判が効力を失った場合には，調停の申立ての時に，家事審判の申立てがあったものとみなした（同条7項）。

☆4　当事者が所在不明になった場合には，調停に代わる審判が確定されない状態のままになり，事件が終了させられないため，審判を取り消し，調停を終了させることができるようにした（法272条1項）。

☆5　調停に代わる審判に対する異議申立ては書面でしなければならない（規則137条1項）。

6　調停に代わる審判に服する旨の共同の申出

　家事事件手続法では，新たに離婚及び離縁の調停事件を除き，当事者が調停に代わる審判に服する旨の共同の申出をしたときは，調停に代わる審判に対して異議を申し立てることができないものとされた（法286条8項）。これは，異議申立権を事実上事前に放棄することによって調停に代わる審判の早期確定を図ることにある。ただし，離婚及び離縁の調停事件については，同趣旨の民事訴訟法265条の規定が人事訴訟法37条2項及び44条によって適用されないこととの均衡から，対象外とされた。調停に代わる審判に服する旨の共同の申出は，書面でしなければならない（法286条9項）が，調停に代わる審判の告知前であれば，相手方の同意を得ないで撤回することができる（同条10項）。

7　調停に代わる審判の効力

　調停に代わる審判がされた場合において，当事者から異議の申立てがないとき，又は異議の申立てを却下する審判が確定したときは，別表第2の事件の調停に代わる審判は審判と同一の効力を，その余の調停に代わる審判は確定判決と同一の効力を有する（法287条）[6]。この場合は，調停に代わる審判により，調停事件は終了する。

　前記のとおり，適法な異議の申立てがあった場合は，調停に代わる審判はその効力を失い，これにより調停事件は終了する。別表第2の事件は，家事審判の申立てがあったものとみなされ（法286条7項），審判手続が開始する。

〔髙取　真理子〕

☆6　離婚，離縁その他戸籍の届出又は訂正を必要とする事項及び親権者の指定又は変更についての調停に代わる審判について，異議の申立てがないとき，又は異議の申立てを却下する審判が確定したときは，裁判所書記官は，遅滞なく，事件本人等の本籍地の戸籍事務を管掌する者に対し通知しなければならない（規則136条）。

〔4〕 高等裁判所が行う調停手続

論点 62　高等裁判所における調停

　家事審判法のもとにおいては，高等裁判所において調停をすることができる旨を定めた規定がなく，また，家事調停事件の性質からも，高等裁判所が自ら調停をすることができないとされていたため，調停をする必要がある場合は，家庭裁判所の調停に付す必要があった（家審 19 条）。

　しかし，前記**論点 59** の「1　付調停の手続」のとおり，高等裁判所が自ら処理した方が迅速かつ適切に処理することができる場合がある。

　そこで，家事事件手続法では，調停を行うことができる事件についての訴訟又は家事審判事件が係属している場合には，高等裁判所は事件を調停に付することができ（法 274 条 1 項），その調停事件を自ら処理できることになった（同条 3 項）[1]。

〔髙取　真理子〕

---

[1]　家事事件手続規則は，審判が家庭裁判所の行う本案についての終局的な判断をする裁判であることから，高等裁判所が自ら家事事件手続法 277 条 1 項及び 284 条 1 項の裁判をする場合には，それぞれ合意に相当する裁判及び調停に代わる裁判としている（規則 134 条 1 項）。

第2編 各　論　新法の解説

論点 63　高等裁判所が調停を行う場合の調停機関

　高等裁判所における調停手続を実施する調停機関については，次のとおり，家庭裁判所が調停手続を行う場合に対応した調停機関について規定している。
① 　高等裁判所が調停委員会で調停を行うときは，当該裁判所がその裁判官の中から指定する裁判官1人及び家事調停委員2人以上で組織された調停委員会（法274条4項）。
② 　相当と認めるときは，調停委員会を組織せず合議体である当該高等裁判所。ただし当事者の申立てがある場合には調停委員会で調停を行わなければならない（法274条5項・247条2項）。
③ 　合議体である高等裁判所が自ら調停を行う場合には，当該高等裁判所は，受命裁判官にその手続を行わせることができる（法274条5項・258条・53条）。

ということになる。
　高等裁判所においては，家事調停官が家事調停を行うことは予定されていない。また，調停委員会を構成する裁判官は1人であるので（法248条1項），高等裁判所の合議体を構成する3人の裁判官が全員調停委員会を構成することはできない。

〔髙取　真理子〕

〔5〕 不服申立て等

論点 64　不服申立て等

　家事調停の手続においてされた裁判に対する不服申立て及び再審については，特別の定めがある場合を除いて，家事審判に関する手続における不服申立ての規定（法第2編第1章第2節）及び再審（同第3節）の規律を準用する（法288条）。家事事件手続法において新設された規定である。

1　家事調停の手続においてされた裁判に対する不服申立て

　家事調停においてされた裁判に対する不服申立ては，家事審判に関する手続の不服申立ての規定が準用されている（法288条）。

　家事調停の手続においてされた裁判に対する不服申立てには，①移送の審判（法246条・9条3項），②調停申立てに対する不適法却下の審判（法255条3項），③調停申立書の却下命令の審判（法255条4項・49条6項），④調停調書の更正決定（法269条3項），⑤調停調書の更正の申立てを不適法却下した決定（同条4項），⑥合意に相当する審判に対する異議申立てを却下する審判（法280条2項），⑦調停に代わる審判に対する異議申立てを却下する審判（法286条4項）に対する即時抗告の申立てがある。

2　家事調停の手続においてされた裁判の再審

　家事審判手続においては，確定した終局裁判は再審の対象になる（法103条）が，家事調停の手続においては，確定した合意に相当する審判，確定した調停に代わる審判ほか家事調停手続における確定した裁判で，終局裁判としての性

質を有するものについても，家事審判手続における終局裁判と同様，再審の対象となると解するのが相当であることから，家事調停の手続においてされた裁判に対しても再審の規定が準用されている（法288条，規則138条）。

〔髙取　真理子〕

Ⅳ 履行の確保・罰則

論点 65 履行の確保

1 家事債務の履行の確保

　家事債務は，民事債務に比較して一般に価額が低く，しかも金銭給付の内容も，少額の分割払いや定期払いとするものが多いため，強制執行をしても費用倒れになるおそれがある。また，家事事件においては，弁護士が代理人となることが少なく，しかも権利者の多くは，法律手続等に通じておらず，更に経済的弱者であることも多いため，強制執行の手続及び費用負担にたえられないことも少なくない。加えて，権利関係が，親族や親族であった者同士であるため，あまり強力な権利実現方法をとることをためらう傾向にある。そのため，家庭裁判所が審判や調停で定まった義務の実現を図る必要がある。そこで，家事審判法のもとにおいて，家事債務の履行確保制度として，履行状況の調査及び履行の勧告，履行命令，寄託が設けられていた（家審15条の5，家審規143条の2・15条の6・15条の7）。

　家事事件手続法においても，基本的に家事審判法の規律を維持したが，解釈を明確にするために修正するなど整理した（法289条・290条）。

第2編 各 論 新法の解説

2 履行勧告

①義務を定める家事事件手続法39条による審判をした家庭裁判所，②抗告裁判所が義務を定める裁判をした場合にあっては，第1審裁判所である家庭裁判所，③審判前の保全処分を命ずる審判に代わる裁判をした高等裁判所が義務を定める裁判をした場合は本案の家事審判事件の家庭裁判所は，権利者の申出があるときは，その審判（抗告裁判所又は高等裁判所の場合は裁判）で定められた義務の履行状況を調査し，義務者に対し，その義務の履行を勧告することができる（法289条1項）。

家事事件手続法においては，義務の履行状況の調査又は履行の勧告について，基本的には家事審判法のもとにおける規律（家審15条の5，家審規143条の2）を維持しているが，家事審判法のもとでは，義務の履行状況の調査又は履行の勧告の手続について，社会福祉機関との連絡の措置（家審規7条の5）や調査の嘱託（家審規8条）等の審判の手続について定められた調査の方法についての規定は置かれていなかった。しかし，義務の履行状況の調査又は履行の勧告における調査の方法と家事審判手続における調査の方法に特段の違いはないため，前記の家事審判手続における調査の方法についての規定が義務の履行状況の調査又は履行の勧告の手続における調査にも類推適用されると解されていた。

家事事件手続法においては，
① 審判をした家庭裁判所は，義務の履行状況の調査又は履行の勧告を他の家庭裁判所に嘱託することができる（法289条2項）[☆1]。
② 審判をした家庭裁判所並びに調査及び勧告の嘱託を受けた家庭裁判所（調査及び勧告をする家庭裁判所）は，家庭裁判所調査官に義務の履行状況の調査又は履行の勧告をさせることができる（法289条3項）。
③ 調査及び勧告をする家庭裁判所は，義務の履行状況の調査又は履行の勧告に関し，事件の関係人の家庭環境その他の調整を行うために必要がある

☆1 家事事件手続規則139条1項・2項において，家事事件手続法289条2項の規定による嘱託の手続は，裁判所書記官がすると規定されている。

と認めるときは，家庭裁判所調査官に社会福祉機関との連絡その他の措置をとらせることができる（法289条条4項）。

④　調査及び勧告をする家庭裁判所は，義務の履行状況の調査又は履行の勧告に必要な調査を官庁，公署その他適当と認める者に嘱託し，又は銀行，信託会社，関係人の使用者その他の者に対し関係人の預金，信託財産，収入その他の事項に関して必要な報告を求めることができる（法289条5項)[☆2]。

と規定し，義務の履行状況の調査又は履行の勧告についての調査の方法についてのこれまでの解釈を明文化している。

義務の履行状況の調査又は履行の勧告は，審判その他の裁判ではないため，家事審判の手続における記録の閲覧・謄写等の規律（法47条）は適用されない。しかし，義務の履行状況の調査又は履行の勧告が当事者からの申出を受けて行う手続である以上，その記録についても一定の範囲で閲覧・謄写等を認めることが相当である。そこで，家事事件手続法においては，調査及び勧告をする家庭裁判所は，新たに義務の履行状況の調査又は履行の勧告の事件の関係人から当該事件の記録の閲覧等又はその複製の請求があった場合において，相当と認めるときは，これを許可することができるものとした（法289条6項)[☆3]。

義務の履行状況の調査又は履行の勧告は，調停，調停に代わる審判において定められた義務，調停前の処分として命じられた事項の履行について準用されている（法289条7項）。執行力のない調停前の処分についても，家事審判法のもとでは，明文の規定はないが，義務の履行状況の調査又は履行の勧告を利用してその実現を目指すことには特段の不都合はないと考えられたため，類推適用により，義務の履行状況の調査又は履行の勧告をすることができると解されていた。家事事件手続法においては，これを明文化した。

☆2　家事事件手続法289条5項についても前掲注（☆1）と同様である。
☆3　家事事件手続規則139条2項において，記録の閲覧等又はその複製の申請に関する事務は，裁判所書記官が取り扱うものとされ，審判の記録の閲覧等の規律が準用されている。

3 履行命令

(1) 対象事件

　義務を定める家事事件手続法39条による審判をした家庭裁判所は，その審判で定められた金銭の支払その他財産上の給付を目的とする義務の履行を怠った者がある場合において，相当と認めるときは，権利者の申立てにより，義務者に対し，相当の期限を定めてその義務を履行すべきことを命ずる審判（以下「履行命令」という。）をすることができる（法290条1項）。

　家事事件手続法は家事審判法15条の6の規律を維持し，これまでと同様に履行命令の対象を金銭の支払その他財産上の給付を目的とする義務としている。面会交流や子の引渡しを定める義務について履行命令の対象とされなかったのは，例えば，面会交流は，過料の制裁で義務の履行を間接的に強制しても履行の見込みがあるとは必ずしもいえないこと，義務の履行を強制する手段としては，より強制力の強い間接強制によることが可能であること，面会交流の履行は，相手方（監護親）の協力が不可欠であり，履行命令による強制よりも，家庭裁判所の調整機能を発揮できる履行勧告や家事調停の再度の申立ての方が相当であることなどの事情を総合考慮したためである。また，子の引渡しについても，家庭裁判所の判断が出たにもかかわらずこれに従わないような場合にも，過料の制裁をもって義務の履行を間接的に強制しても，必ずしも履行の見込みが高くなるとはいえず，子の引渡しの審判事件は，執行の場面でも迅速性を要請されることからすれば，履行命令より強制力の強い間接強制か，端的に直接強制によることが相当といえる。したがって，いずれも履行命令の対象とはされず，財産上の給付のみを目的とする義務のみが履行命令の対象とされたのである。

(2) 内　　容

　履行命令は，その命令をする時までに義務者が履行を怠った義務の全部又は一部についてするものとする（法290条1項）。
　家事審判規則143条の7と同様の規定である。

Ⅳ　履行の確保・罰則　論点 65

(3) 手　続

　義務を定める家事事件手続法39条による審判をした家庭裁判所は，義務の履行を命ずるには，義務者の陳述を聴かなければならない（法290条2項）。

　家事審判規則143条の6と同様の規定である。

(4) 調停又は調停に代わる審判への準用

　履行命令は，調停又は調停に代わる審判において定められた義務の履行にも準用されている（法290条3項）。

　家事審判法25条の2と同様の規定である。

　なお，調停前の仮の処分については，これに従わなかったときの過料の制裁が別途定められている（法266条4項）ので，履行命令の対象とはされていない。

(5) 家事審判に関する規定の準用

　履行命令については，第2編（家事審判に関する手続）第1章（総則）の定めるところによる（法290条4項）。

(6) 過料による制裁

　履行命令により義務の履行を命ぜられた者が正当な理由なくその命令に従わないときは，家庭裁判所は10万円以下の過料に処する（法290条5項）[☆4]。

　家事審判法28条1項と同様の規定である。

(7) 金銭の寄託

　家事審判法には金銭の寄託の制度（家審15条の7）が定められていた。審判後又は調停成立後の義務の履行を当事者間で直接するより第三者を介して行う方が履行の実をあげることができるとして設けられたものであるが，金融機関

　☆4　家事事件手続規則140条1項は，家庭裁判所は，履行命令の審判をする場合には，同時に，義務者に対し，その違反に対する法律上の制裁を告知しなければならないと規定している。

を通じての口座振替，預金口座への振込みの方法の利用が一般化し，この制度を利用する実益は乏しく，実務上もほとんど利用されていないことから，家事事件手続法ではこの制度は置かないものとされた。

〔髙取　真理子〕

論点 66 罰則

1 家事事件手続法における過料の制裁

(1) 呼出しを受けた者が正当な理由なく出頭しない場合の過料の制裁（法51条3項）

呼出しを受けた事件の関係人が正当な理由なく出頭しないときは，家庭裁判所は5万円以下の過料に処する（法51条3項）。これは，基本的には，家事審判法の規律を維持するものである（家審27条）。

家事審判法では，独立の審判との位置づけであったが，家事事件手続法においては，これは，事件の関係人の出頭を確保するためのものであるから，本案の家事事件の手続に付随するものと整理され，審判以外の裁判ということにされた。したがって，判事補が単独ですることができ（法81条），即時抗告については審判以外の裁判に対する不服申立ての規律（法99条～102条）によることになる。

(2) 履行命令違反に対する過料の制裁（法290条5項）

前記**論点 65** の「2(6)　過料による制裁」のとおり，履行命令により義務の履行を命ぜられた者が正当な理由なくその命令に従わないときは，家庭裁判所は10万円以下の過料に処する（法290条5項）。これは，基本的には，家事審判法28条1項の規律を維持するものである。

(1)と同様，家事審判法では独立した審判とされていたが，家庭裁判所が命じた履行命令の実効性をあげるためのものであるから，家事事件手続法では，本案の家事事件の手続に付随ないし派生するものであると整理され，審判以外の裁判と位置づけられる。

(3) 調停前の処分に対する過料の制裁（法266条4項）

調停前の処分として必要な事項を命ぜられた当事者又は利害関係参加人が正当な理由なくこれに従わないときは，家庭裁判所は10万円以下の過料に処する（法266条4項）。これは，基本的には，家事審判法28条2項の規律を維持するものである。

(1)(2)と同様，家事審判法では独立した審判とされていたが，家庭裁判所が命じた調停前の処分の実効性をあげるためのものであるから，本案の家事事件の手続に付随ないし派生するものであると整理され，審判以外の裁判と位置づけられる。

(4) 証拠調べ手続における過料の制裁（法64条1項，民訴192条1項等，法64条3項等）

家事審判法においては，証拠調べについて，民事訴訟法の例によると規定（家審規7条6項）して，民事訴訟法の規定を包括的に準用していたが，家事事件手続法においては，証拠調べにおける過料の制裁の規定を新たに設けた（法64条3項1号・2号・4項1号～3号・6項）。すなわち，文書提出命令等に従わないとき，文書提出義務者が使用を妨げる目的で当該文書等を滅失等させたとき，筆跡等の対照文書等の提出命令に従わないとき，使用を妨げる目的で筆跡等の対照文書等を滅失等したとき，筆跡の対照用の筆記を命じる命令に従わないとき，出頭を命じられた当事者が正当な理由なく出頭せず，出頭した当事者が正当な理由なく宣誓又は陳述を拒んだときなどには，20万円以下又は10万円以下の過料に処せられる。

これについても，家事事件の証拠調べ手続に付随ないし派生するものであるから，審判以外の裁判と位置づけられる。

(5) 過料の制裁の執行等

家事事件手続法による過料の裁判は，裁判官の命令で執行する（法291条1項）。

過料の命令は，執行力ある債務名義と同一の効力を有するとされている（法291条1項）。

過料についての裁判に関しては，非訟事件手続法（第5編の規定。ただし，法119条・121条1項・120条・122条の規定中検察官に関する部分は除かれている。）を準用する（法291条2項）。

家事審判法29条1項と同様の規定であり，具体的な手続についても同条及び家事審判規則13条の規律が維持されている。

2　人の秘密を漏らす罪等の所要の規定

参与員や家事調停委員（これらの職にあった者も含める。）が正当な理由なくその職務上取り扱ったことについて知り得た人の秘密を漏らしたときは，1年以下の懲役又は50万円以下の罰金に処せられる（法292条）。

家事調停委員（これらの職にあった者も含める。）が正当な理由なく①評議の経過，②裁判官，家事調停官又は家事調停委員の意見，③多数決の結果などその職務上取り扱ったことについて知り得た人の秘密を漏らしたときは，30万円以下の罰金に処せられる（法293条）。

参与員も同様である。

これらは家事審判法31条，30条と同様の規定である。

〔髙取　真理子〕

事項索引

あ

異議の申立て ………………… *318, 324*
意見の聴取
　——の嘱託 ………………… *295*
　当事者の—— ……………… *44, 46*
　精神保健及び精神障害者福祉に関する法律に規定する審判事件 ……… *265*
　成年後見に関する審判事件 …… *179, 180*
　任意後見契約法に規定する審判事件 ……………………………… *247*
　保佐に関する審判事件 ………… *185*
　補助に関する審判事件 ………… *190*
遺言に関する審判事件 …………… *242*
遺産の換価を命ずる裁判 ………… *231*
遺産の分割に関する審判事件 …… *230*
遺産の分割の禁止の審判（取消し及び変更） ………………………… *232*
意思能力 …………… *61, 72, 128, 218*
移　送 ………………………… *43, 274*
　——の裁判の拘束力 …………… *47*
　——の申立権 ………………… *46, 47*
　管轄裁判所による—— ………… *45*
　管轄のない裁判所への—— …… *44*
遺留分に関する審判事件 ………… *245*
訴えの取下げの擬制 ……………… *312*
親子に関する審判事件 …………… *203*
音声の送受信による通話の方法 …… *22*
　——による手続 …………… *10, 118*

か

外国人 ……………………………… *63*
回　避 ……………………………… *56*
家事債務の履行の確保 …………… *331*
家事事件
　——の手続の期日 ……………… *92*
　——の手続の期日の変更 ……… *93*

　——の特徴 ……………………… *8*
　——の非公開原則 ……………… *91*
家事審判官 ………………………… *49*
家事審判事項 …………………… *100*
家事審判の申立ての取下げの擬制 …… *35*
家事調停
　——の当事者 ………………… *281*
　——の申立て ………………… *286*
家事調停委員
　——の指定 …………………… *277*
　——の職務 …………………… *278*
家事調停官 ………………… *50, 279*
　——の権限 …………………… *280*
家事調停事項 …………………… *271*
家事調停手続 ………………… *18, 291*
　合議体による—— …………… *298*
家庭裁判所調査官 ………… *280, 294*
　——による事実の調査 ………… *121*
　——の期日への立会い ………… *121*
仮の地位を定める仮処分 ………… *202*
過料の制裁 ……………………… *337*
管　轄 ………………… *38, 131, 274*
　——の合意 …………………… *274*
　——の標準時 …………… *38, 40, 274*
遺言に関する審判事件 …………… *242*
遺産の分割に関する審判事件 …… *230*
遺留分に関する審判事件 ………… *245*
厚生年金保険法等に規定する審判事件 ……………………………… *256*
戸籍法に規定する審判事件 ……… *251*
子の氏の変更についての許可の審判事件 ……………………………… *204*
婚姻等に関する審判事件 ………… *199*
財産分離に関する審判事件 ……… *238*
死後離縁をするについての許可の審判事件 ………………………… *206*
失踪の宣告に関する審判事件 …… *195*

341

事項索引

失踪の宣告の取消しの審判事件 ····· 196
児童福祉法に規定する審判事件 ····· 258
親権に関する審判事件 ············· 213
推定相続人の廃除の審判事件 ······· 227
生活保護法等に規定する審判事件 ·· 261
精神保健及び精神障害者福祉に関する法律に規定する審判事件 ········ 264
性同一性障害者の性別の取扱いの特例に関する法律に規定する審判事件
　 ···································· 254
成年後見に関する審判事件 ········· 178
相続人の不存在に関する審判事件 ·· 240
相続の承認及び放棄に関する審判事件
　 ···································· 234
相続の場合における祭具等の所有権の承継者の指定の審判事件 ······· 229
嫡出否認の訴えの特別代理人の選任の審判事件 ·························· 203
中小企業における経営の承継の円滑化に関する法律に規定する審判事件
　 ···································· 269
特別養子縁組の成立の審判事件 ····· 207
特別養子縁組の離縁の審判事件 ····· 210
任意後見契約法に規定する審判事件
　 ···································· 246
破産法に規定する審判事件 ········· 267
不在者の財産の管理に関する処分の審判事件 ·························· 193
扶養に関する審判事件 ············· 223
保佐に関する審判事件 ············· 184
補助に関する審判事件 ············· 189
未成年後見に関する審判事件 ······· 217
養子縁組をするについての許可の審判事件 ·························· 205
離縁等の場合における祭具等の所有権の承継者の指定の審判事件 ······· 207
管轄裁判所の指定 ················· 39
管轄違いによる原審判の取消し ····· 156
管理者の改任
　親権に関する審判事件 ··········· 216
　成年後見に関する審判事件 ········ 182
　相続人の不存在に関する審判事件 ·· 241

不在者の財産の管理に関する処分の審判事件 ·························· 193
未成年後見に関する審判事件 ······· 220
忌　避 ···················· 49, 51
　──の簡易却下 ············ 35, 56
忌避理由 ····························· 54
給付命令
　遺産の分割に関する審判事件 ····· 232
　婚姻等に関する審判事件 ········· 201
　扶養に関する審判事件 ··········· 224
許可抗告 ························· 160
寄与分を定める処分の審判 ········· 231
記録の閲覧 ·················· 169, 299
記録の閲覧謄写 ········ 10, 15, 16, 109
　──の却下に対する即時抗告の簡易却下
　 ···································· 35
　──の例外 ······················ 109
金銭の寄託 ······················· 335
禁反言 ··························· 36
検察官に対する通知 ··············· 111
検察官の請求によって審判をすべき場合
　 ···································· 111
合意管轄 ···················· 38, 131
合意に相当する審判 ··············· 314
　──の効力 ····················· 319
　──の申立ての取下げ ············ 318
　婚姻取消しについての── ········ 320
後見登記の嘱託 ··················· 176
後見命令の審判 ··················· 182
公告期間 ························· 196
抗告審
　──の決定 ····················· 155
　──の手続 ················ 151, 152
更正決定 ························· 140
　原裁判所による── ············· 155
厚生年金保険法等に規定する審判事件
　 ···································· 256
高等裁判所における調停 ··········· 327
告　知 ········· 18, 97, 137, 181, 186, 191,
　　196, 197, 209, 211, 214, 243,
　　248, 252, 259, 262, 269
戸籍の記載等の嘱託 ··············· 175

事項索引

戸籍法に規定する審判事件 ………… 251
国庫立替え ………………………… 84
国庫負担 …………………………… 77
子の意思の把握 …………………… 128
子の氏の変更についての許可の審判事件
　………………………………… 203, 204
子の陳述の必要的聴取 …………… 129
子の引渡しの仮処分 ……………… 202
婚姻等に関する審判事件 ………… 198

さ

最高裁判所規則で定める地 ………… 40
財産分離に関する審判事件 ……… 238
再　審 ………………………… 163, 329
再審事件 …………………………… 163
再審手続 …………………………… 164
　──における執行停止 ………… 164
裁判官のみで行う調停 …………… 297
裁判所技官 ………………………… 122
　──の期日への立会い及び意見の陳述
　…………………………………… 122
　──の診断 ……………………… 122
裁判所書記官 ……………………… 49
裁判長の釈明権 …………………… 117
裁判長の手続指揮権 ……………… 117
参　加 ……………………………… 285
参加制度 …………………………… 103
算定表 ………………………… 12, 24
参与員 ………………………… 49, 102
参与員制度 ………………………… 102
事件係属の通知 …………………… 252
事件の関係人の呼出し …………… 116
自己決定権 …………………… 179, 190
死後離縁をするについての許可の審判事件
　…………………………………… 206
事実の調査 ………………… 14, 120, 134
　──の嘱託 ……………… 122, 295
　──の通知 …………… 14, 123, 134
　家庭裁判所調査官による── …… 121
　裁判所書記官による── ……… 295
　調停事件が審判に移行した場合の──
　…………………………………… 135

調停手続における── …………… 293
事情説明書 …………………… 10, 20
自庁処理 ……………………… 42-44, 47
失踪の宣告に関する審判事件 …… 195
失踪の宣告の取消しの審判事件 … 196
実体的真実主義 …………………… 126
児童の権利に関する条約 ………… 129
児童福祉法に規定する審判事件 … 258
受　継 ………………………… 106, 285
受命裁判官による手続 …………… 117
証拠調べ ……………………… 120, 124
除　斥 ……………………………… 49
　家事調停委員の── …………… 51
　家事調停官の── ……………… 50
　家庭裁判所調査官の── ……… 50
除斥・忌避の裁判 ………………… 54
除斥理由 …………………………… 52
職権探知主義 ………… 8, 33, 36-38, 120
職権調査事項 ………………… 59, 61
書面照会 …………………………… 11
信義誠実の原則 ……………… 31, 36
親権者変更事件 …………………… 11
親権喪失制度 ……………………… 213
親権停止の審判 …………………… 212
親権に関する審判事件 …………… 212
真実擬制 …………………………… 126
人事に関する訴訟事件 …………… 271
申述の受理の審判 ………………… 235
審　判 ……………………………… 137
　──の効力発生時期 …………… 138
　──の執行力 …………………… 138
　──の終結日 …………………… 136
　──の取消し又は変更 ………… 141
　──の方式 ……………………… 139
審判以外の裁判 …………………… 143
　──に対する不服申立て ……… 161
審判書 ………………………… 136, 139
　──の作成 ……………………… 139
審判の告知 …………………… 18, 137
　遺言に関する審判事件 ………… 243
　戸籍法に規定する審判事件 …… 252
　失踪の宣告に関する審判事件 … 196

343

失踪の宣告の取消しの審判事件 …… *197*
児童福祉法に規定する審判事件 …… *259*
親権に関する審判事件 ………… *214*
生活保護法等に規定する審判事件 ‥ *262*
成年後見に関する審判事件 ……… *181*
中小企業における経営の承継の円滑化に
　関する法律に規定する審判事件
　……………………………… *269*
特別養子縁組の成立の審判事件 …… *209*
特別養子縁組の離縁の審判事件 …… *211*
任意後見契約法に規定する審判事件
　……………………………… *248*
保佐に関する審判事件 ………… *186*
補助に関する審判事件 ………… *191*
審判日 ……………………… *17, 136*
審判前の保全処分 ………………… *167*
　──の取消し ………………… *173*
　──の申立ての取下げ ………… *168*
審問期日における相手方当事者の立会い
　………………………………… *134*
審問の申出 ……………………… *11*
審理の終結 ………………… *17, 135*
推定相続人の廃除の審判事件 ……… *226*
生活保護法等に規定する審判事件 …… *261*
精神保健及び精神障害者福祉に関する法律
　に規定する審判事件 ………… *264*
性同一性障害者の性別の取扱いの特例に関
　する法律に規定する審判事件 …… *254*
成年後見に関する審判事件 ………… *178*
成立調書の効力 ………………… *303*
専属管轄 ……………………… *40*
専門家調停委員 ………………… *295*
相続人の不存在に関する審判事件 …… *240*
相続の承認及び放棄に関する審判事件
　………………………………… *234*
相続の場合における祭具等の所有権の承継
　者の指定の審判事件 ………… *229*
送　達 ………………………… *95*
送達場所の届出 ………………… *96*
即時抗告 ……… *46, 110, 152, 170, 173*
　──に伴う執行停止 …………… *171*
　──の確定遮断効 ……………… *138*

　──の執行停止効 ……………… *127*
　──の手続 ……………………… *153*
自庁処理に対する── …………… *47*
遺言に関する審判事件 …………… *244*
遺産の分割に関する審判事件 ……… *232*
遺留分に関する審判事件 ………… *245*
厚生年金保険法等に規定する審判事件
　………………………………… *257*
戸籍法に規定する審判事件 ……… *252*
婚姻等に関する審判事件 ………… *201*
財産分離に関する審判事件 ……… *239*
児童福祉法に規定する審判事件 …… *259*
親権に関する審判事件 …………… *215*
生活保護法等に規定する審判事件
　………………………………… *262*
精神保健及び精神障害者福祉に関する法
　律に規定する審判事件 ………… *265*
性同一性障害者の性別の取扱いの特例に
　関する法律に規定する審判事件
　………………………………… *254*
成年後見に関する審判事件 ……… *181*
相続人の不存在に関する審判事件 ‥ *241*
相続の承認及び放棄に関する審判事件
　………………………………… *236*
相続の場合における祭具等の所有権の承
　継者の指定の審判事件 ………… *229*
嫡出否認の訴えの特別代理人の選任の審
　判事件 ………………………… *204*
中小企業における経営の承継の円滑化に
　関する法律に規定する審判事件
　………………………………… *269*
破産法に規定する審判事件 ……… *268*
扶養に関する審判事件 …………… *224*
保佐に関する審判事件 …………… *186*
補助に関する審判事件 …………… *191*
未成年後見に関する審判事件 …… *219*
即時抗告期間 …………………… *152*
　──の起算日 ………………… *153*
訴訟手続及び家事審判手続の中止 …… *312*
疎　明 ………………… *121, 168*

事項索引

た

代襲相続人への通知 …………………… 206
代理権の証明 …………………………… 76
代理権の範囲 ……………………… 65, 73
　　手続代理人の── ………………… 74
　　法定代理人の── ………………… 65
代理人の出頭 …………………………… 116
嫡出否認の訴えの特別代理人の選任の審判
　事件 …………………………………… 203
中間決定 ………………………………… 143
　　──の裁判書 …………………… 143
中小企業における経営の承継の円滑化に関
　する法律に規定する審判事件 …… 269
調書の作成 ……………… 108, 172, 298
調　停 …………………………………… 271
　　──の成立 ……………………… 303
　　──の場所 ……………………… 296
　　──不成立 ……………………… 307
　　──をしない措置 ………… 35, 308
　　──をすることができる事件 …… 101
調停委員会 ……………………………… 277
　　──の権限 ……………………… 292
調停機関 ………………………………… 277
調停事件
　　──における資料 ………………… 18
　　──の進行に関する情報 ………… 19
調停条項の書面による受諾 …… 22, 304
調停前置主義 …………………………… 289
調停調書の更正決定 …………………… 305
調停手続における代理 ………………… 284
「(調停) なさず」 ……………………… 308
調停に代わる審判 ……………… 23, 322
　　──に服する旨の共同の申出 …… 326
　　──の効力 ……………………… 326
調停前の処分 …………………………… 296
調停申立ての取下げ …………………… 307
陳述聴取 ………… 132, 144, 154, 169
　　当事者の── ……………………… 12
　　遺言に関する審判事件 …………… 242
　　厚生年金保険法等に規定する審判事件
　　　………………………………… 257
　　戸籍法に規定する審判事件 ……… 252
　　婚姻等に関する審判事件 ………… 200
　　児童福祉法に規定する審判事件 … 258
　　親権に関する審判事件 …………… 214
　　推定相続人の廃除の審判事件 …… 227
　　生活保護法等に規定する審判事件 … 262
　　成年後見に関する審判事件 ……… 180
　　特別養子縁組の成立の審判事件 … 208
　　特別養子縁組の離縁の審判事件 … 210
　　任意後見契約法に規定する審判事件
　　　………………………………… 248
　　扶養に関する審判事件 …………… 224
　　保佐に関する審判事件 …………… 185
　　補助に関する審判事件 …………… 190
　　未成年後見に関する審判事件 …… 219
　　養子縁組をするについての許可の審判事
　　　件 …………………………………… 205
通　知 …………………………………… 97
通訳人の立会い ………………………… 119
DV 事案 ………………………………… 13
手続からの排除 ………………………… 106
手続行為能力 …………… 58, 104, 282
　　未成年者及び成年被後見人の── … 60
　　戸籍法に規定する審判事件 ……… 251
　　子の氏の変更についての許可の審判事件
　　　………………………………… 204
　　婚姻等に関する審判事件 ………… 199
　　死後離縁をするについての許可の審判事
　　　件 …………………………………… 206
　　失踪の宣告に関する審判事件 …… 195
　　失踪の宣告の取消しの審判事件 … 196
　　児童福祉法に規定する審判事件 … 258
　　親権に関する審判事件 …………… 213
　　推定相続人の廃除の審判事件 …… 227
　　生活保護法等に規定する審判事件 … 262
　　性同一性障害者の性別の取扱いの特例に
　　　関する法律に規定する審判事件
　　　………………………………… 254
　　成年後見に関する審判事件 ……… 179
　　相続の承認及び放棄に関する審判事件
　　　………………………………… 235
　　嫡出否認の訴えの特別代理人の選任の審

345

事項索引

判事件 …………………… 203
特別養子縁組の成立の審判事件 …… 207
特別養子縁組の離縁の審判事件 …… 210
任意後見契約法に規定する審判事件
　………………………………… 247
保佐に関する審判事件 ………… 185
補助に関する審判事件 ………… 190
未成年後見に関する審判事件 …… 218
養子縁組をするについての許可の審判事件 ……………………………… 205
手続上の救助 ………………………… 87
手続代理人 ……………………… 70, 105
　――の代理権消滅の通知 ………… 74
　――の代理権の範囲 ……………… 74
　裁判長による選任 ………………… 71
手続の中止 …………………………… 97
手続の停止 …………………………… 55
手続の併合 ……………………… 94, 231
　――前の証拠調べの結果 ………… 95
手続費用 ………………………… 77, 78
　――確定手続 ……………………… 85
　――の救助 ………………………… 88
　――の強制執行 …………………… 87
　――の立替え ………………… 84, 89
　――の予納 ………………………… 84
　――の予納命令 …………………… 85
手続費用額の確定処分の更正 ……… 86
手続費用の負担の裁判 ……………… 80
　――を求める申立て ……………… 82
電子情報処理組織による申立て …… 99
電話会議及びテレビ会議 …… 10, 22, 304
当事者参加 ………………………… 103
当事者主義的運用 ……………… 32, 36
当事者適格 ………………………… 281
当事者能力 ……………… 58, 69, 281
　法人でない社団等の―― ………… 58
当事者の責務 ……………………… 120
特別縁故者に対する分与の審判 …… 241
特別抗告 …………………………… 158
特別代理人 …………………………… 66
特別の授権 ………………… 63, 65, 73
特別の授権事項 ……………………… 74

特別養子縁組 ……………………… 210
特別養子縁組の成立の審判事件 …… 207
特別養子縁組の離縁の審判事件 …… 210
土地管轄 …………………… 38, 274

な

任意後見契約法に規定する審判事件 ‥ 246
年金分割事件 …………………… 11, 133
ノーマライゼーション ………… 179, 190

は

破産法に規定する審判事件 …… 267
引渡命令等 ……………………… 215
必要的陳述聴取 ……………………… 11
被保佐人 ……………………………… 62
被補助人 ……………………………… 62
評　議 ……………………………… 293
不在者の財産の管理に関する処分の審判事件 ……………………………… 193
不在者の財産の管理の処分の取消し ‥ 194
不出頭に対する制裁 ……………… 116
附帯抗告 …………………………… 151
付調停 ……………………………… 310
扶養に関する審判事件 …………… 222
不利益変更禁止の原則 …………… 151
紛争の蒸し返し ……………………… 36
弁護士費用 …………………………… 73
法定代理権の消滅とその通知 ……… 67
法定代理人 …………………………… 64
　――の代理権の範囲 ……………… 65
保護者等の改任 …………………… 266
保護者の選任及び順位の変更 …… 264
保佐に関する審判事件 …………… 184
補助に関する審判事件 …………… 189
補正命令 ……………………………… 69
保全処分
　職務執行の停止又は職務代行者の選任の――　………………… 182, 187, 192
　親権者の職務執行停止の―― …… 216
遺言執行者の解任の審判事件 …… 244
遺産の分割に関する審判事件 …… 233
婚姻等に関する審判事件 ………… 202

事項索引

児童福祉法に規定する審判事件 ····· 259
親権に関する審判事件 ············· 216
成年後見開始の審判事件 ··········· 182
成年後見監督人の解任の審判事件 ·· 183
成年後見人の解任の審判事件 ······· 182
特別養子縁組の成立の審判事件 ···· 209
特別養子縁組の離縁の審判事件 ···· 211
任意後見監督人の解任の審判事件 ·· 249
任意後見人の解任の審判事件 ······· 250
扶養に関する審判事件 ············· 224
保佐開始の審判事件 ················ 187
保佐監督人の解任の審判事件 ······· 187
保佐人の解任の審判事件 ············ 187
補助開始の審判事件 ················ 192
補助監督人の解任の審判事件 ······· 192
補助人の解任の審判事件 ············ 192
未成年後見監督人の解任の審判事件
　　······························· 221
未成年後見に関する審判事件 ······· 217
未成年後見人の解任の審判事件 ···· 221

ま

申立て
　――の併合 ···················· 114, 287
　――の変更 ···················· 115, 287
　――の方式 ···························· 113
申立権の濫用 ··························· 36
申立書
　――の記載事項 ··············· 113, 286
　――の内容 ···························· 20
申立書の写しの送付 ······· 9, 20, 131, 289
申立書の却下 ····················· 114, 287
　申立書の補正に応じない場合における
　　――······························· 35

申立人の死亡により事件が終了した場合の
　　特則 ······························· 321
申立ての取下げ ······················· 146
　――の擬制 ·························· 148
　――の通知 ·························· 147
　――の同意擬制 ······················ 147
　――の方法及び効果 ················· 147
　――の例外 ·························· 146
申立ての取下げの制限
　遺言に関する審判事件 ············· 243
　遺産の分割に関する審判事件 ······ 233
　婚姻等に関する審判事件 ··········· 200
　成年後見に関する審判事件 ········ 180
　任意後見契約法に規定する審判事件
　　································· 248
　保佐に関する審判事件 ············· 186
　補助に関する審判事件 ············· 191
　未成年後見に関する審判事件 ······ 220

や

優先管轄 ························ 38, 41, 45
養子縁組をするについての許可の審判事件
　　································· 205
予納命令 ······························· 85
　裁判長の―― ······················· 154
　手続費用の―― ······················ 85

ら

離縁等の場合における祭具等の所有権の承
　継者の指定の審判事件 ············· 207
利害関係参加 ···················· 103, 104
　未成年者の―― ····················· 104
履行勧告 ······························· 332
履行命令 ······························· 334

347

判例索引

最高裁判所

最判昭 33・7・25 民集 12 巻 12 号 1823 頁 ······················· *67*
最判昭 34・7・17 民集 13 巻 8 号 1095 頁 ························ *53*
最決昭 37・10・31 家月 15 巻 2 号 87 頁 ·························· *92*
最判昭 43・8・27 民集 22 巻 8 号 1733 頁 ························ *65*
最判昭 44・11・11 民集 23 巻 11 号 2015 頁 ····················· *318*
最決昭 46・7・8 家月 24 巻 2 号 105 頁 ··························· *92*
最決昭 48・10・8 刑集 27 巻 9 号 1415 頁 ························ *54*
最判昭 50・7・21 判時 791 号 76 頁 ································ *93*
最判平 7・7・4 民集 49 巻 7 号 2674 頁・家月 47 巻 10 号 50 頁 ······ *163*
最決平 16・12・16 集民 215 号 965 頁 ···························· *141*

高等裁判所

名古屋高決昭 29・11・25 高民集 7 巻 10 号 822 頁 ················ *47*
高松高決昭 35・4・15 家月 13 巻 1 号 138 頁 ······················ *73*
東京高決昭 36・12・1 家月 14 巻 6 号 110 頁 ····················· *47*
東京高決昭 39・1・16 下民集 15 巻 1 号 4 頁 ····················· *56*
名古屋高決昭 44・1・10 家月 21 巻 7 号 77 頁 ···················· *47*
東京高決昭 47・4・12 家月 25 巻 4 号 45 頁 ······················ *88*
大阪高決昭 58・1・31 家月 36 巻 6 号 47 頁 ······················ *51*
東京高決平 16・3・30 判時 1861 号 43 頁 ························ *180*

地方裁判所

東京地判昭 32・1・31 下民集 8 巻 1 号 183 頁 ···················· *76*

家庭裁判所

東京家審昭 41・2・23 家月 18 巻 9 号 93 頁 ······················ *32*
東京家審昭 46・4・26 家月 24 巻 5 号 63 頁 ······················ *47*
神戸家審昭 57・12・3 家月 36 巻 6 号 49 頁 ······················ *51*
横浜家審平 8・9・11 家月 49 巻 4 号 64 頁 ······················· *32*

《編著者紹介》

秋 武 憲 一（あきたけ　けんいち）

昭和22年生まれ　東京都出身
昭和52年4月　福岡地方裁判所判事補任官
　以後，東京地方裁判所等を経て，
平成12年4月　東京高等裁判所判事
平成15年4月　東京家庭裁判所判事（部総括）
平成20年7月　東京家庭裁判所所長代行
平成21年6月　仙台家庭裁判所長
平成24年4月　退官
現在　　　　　山梨学院大学法科大学院教授

概説　家事事件手続法

2012年10月25日　初版第1刷発行
2014年9月25日　初版第5刷発行

Ⓒ編著者　秋　武　憲　一
発行者　逸　見　慎　一

発行所　東京都文京区本郷6丁目4の7　株式会社　青林書院

振替口座 00110-9-16920／電話 03(3815)5897〜8／郵便番号 113-0033
印刷・シナノ印刷㈱　落丁・乱丁本はお取り替え致します。
Printed in Japan　ISBN978-4-417-01575-8

JCOPY 〈(社)出版者著作権管理機構 委託出版物〉
本書の無断複写は著作権法上での例外を除き禁じられています。複写される場合は，そのつど事前に，(社)出版者著作権管理機構（電話 03-3513-6969，FAX 03-3513-6979，e-mail: info@jcopy.or.jp）の許諾を得てください。